# CANTIQUES

A L'USAGE

## DU DIOCÈSE DE BELLEY.

## MISSIONS ET RETRAITES,

### FÊTES DE L'ANNÉE,

PREMIÈRE COMMUNION, CONFIRMATION, MOIS DE MARIE, ROSAIRE,
CHEMIN DE CROIX, ETC.

Edition où l'on a rétabli, autant que possible, le texte des anciens
Recueils ;

AVEC APPROBATION DE Mgr L'ÉVÊQUE DE BELLEY.

J. B. PÉLAGAUD, IMPRIMEUR-LIBRAIRE
DE N. S. P. LE PAPE.

LYON,
GRANDE RUE MERCIÈRE,
N° 48.

PARIS,
RUE DE TOURNON,
N° 5.

# CANTIQUES

A L'USAGE DU DIOCÈSE DE BELLEY.

# APPROBATION.

Nous adoptons et renouvelons dans leur entier les sages avis donnés par Monseigneur DEVIE, de si grande et si pieuse mémoire, dans l'approbation de la première partie du *Recueil de Cantiques à l'usage du Diocèse*, et Nous approuvons, Nous-même, la seconde partie de ce recueil.

Bourg, le 15 septembre 1857.

† PIERRE-HENRI,

*Evêque de Belley.*

MAGNIN,

*Chan.-Hon. Secrétaire.*

---

Lyon. — Imp. de J.-B. Pélagaud.

# CANTIQUES

## A L'USAGE DU DIOCÈSE DE BELLEY.

### DEUXIÈME PARTIE.

**J. B. PÉLAGAUD, IMPRIMEUR-LIBRAIRE**
DE N. S. P. LE PAPE.

| LYON | PARIS |
|---|---|
| Grande rue Mercière, | Rue de Tournon, |
| 48. | 5. |

1864.

# CANTIQUES
## A L'USAGE DU DIOCÈSE DE BELLEY.

### DEUXIÈME PARTIE.

### CANTIQUES PRÉLIMINAIRES.

#### CHANT DES LOUANGES DE DIEU.

Air : *Quel feu s'allume dans mon cœur.* (N° 58.)

C. 1. Pécheurs, ne troublez plus les airs
Par une coupable harmonie :
(*Loin de ces lieux vos chants pervers !*)
Le Dieu puissant de l'univers,
Ce Dieu qui nous donna la vie,
Seul est digne de nos concerts.
CHŒUR.   Sion, chante sa gloire,
Que toujours ses bienfaits vivent dans ta mémoire.

2. Ciel! en quels transports enchanteurs
Me ravissent tes saints cantiques !
Mes yeux se remplissent de pleurs.
(*Objet des soupirs de nos cœurs,*)
Séjour des Saints, tours magnifiques,
Quand verrai-je enfin vos splendeurs ?

3. L'Ange alors, l'Ange à mes accords
Unira sa lyre immortelle,
(*Pour soutenir mes doux efforts.*)
Quoi ! j'entendrai de mes transports
Retentir la voûte éternelle !
Détruis, Seigneur, mon faible corps.

4. Ah ! préludons à ce beau jour,
Animons nos voix innocentes ;

Brûlons, brûlons du pur amour.
*(En chœur s'unissant à leur tour.)*
Des élus les voix triomphantes
Nous répondront de leur séjour.

5. Justes, venez, venez, pécheurs,
Bénir ce Dieu, la bonté même,
*(Qui nous prodigue ses faveurs.)*
Épris de ses pures douceurs,
Dites qu'il mérite qu'on l'aime :
Tous enfin donnons-lui nos cœurs.

## MÊME SUJET. (N° 175.)

1. Tout l'univers est plein de sa magnificence :
Qu'on l'adore, ce Dieu ; qu'on l'invoque à jamais.
Son empire a des temps précédé la naissance ;
   Chantons, publions ses bienfaits.
CHOEUR. Tout l'univers, etc.

2. En vain l'injuste violence
Au peuple qui le loue imposerait silence ;
   Son nom ne périra jamais.
Le jour annonce au jour sa gloire et sa puissance ;
Tout l'univers est plein de sa magnificence :
   Chantons, publions ses bienfaits.
CHOEUR. Tout l'univers, etc.

3. Il daigna révéler aux enfants des Hébreux
De ses préceptes saints la lumière immortelle :
   Il voulut à ce peuple heureux
Ordonner de l'aimer d'une amour éternelle.
CHOEUR. Tout l'univers, etc.

4. O divine, ô charmante loi !
   O justice ! ô bonté suprême !
Que de raisons, quelle douceur extrême
D'engager à ce Dieu son amour et sa foi !
   O divine, ô charmante loi !
   O justice ! ô bonté suprême !
CHOEUR. Tout l'univers, etc.

Jean RACINE.

## DIEU BÉNI DANS SES OUVRAGES.

Cantique des enfants dans la fournaise.

Air : *Tout n'est que vanité.* (N° 5.)

(Un peu vite et avec précision.)

1. Au Dieu de l'univers
Que tous les peuples divers
Consacrent, dans tous les temps,
Leurs concerts, leurs vœux, leur encens
Qu'à lui soit tout honneur,
Que tout être
Loue et son Auteur,
Et son Maître ;
Que toutes les voix
Chantent son saint nom à la fois.

2. Seul, il avait été,
Régnant sur l'éternité ;
Et tout, à lui seul présent,
Etait dans l'oubli du néant.
Il dit, et sous ses yeux
Naît le monde,
La terre et les cieux,
L'air et l'onde ;
Tout le genre humain
Ne fut qu'un essai de sa main.

3. Anges et Séraphins,
Puissances et Chérubins,
Vous tous, que ses saints attraits
Raviront d'amour à jamais !
Des célestes ardeurs
De vos flammes
Brûlez et les cœurs
Et les âmes ;
Dans tous les mortels
Rendez vos transports éternels.

4. O Cieux ! produisez-vous ;
Brillez, développez-nous

Ces traits de gloire entassés,
Que ses doigts divins ont placés.
Quel azur lumineux
Vous colore !
Quel essaim de feux
Vous décore !
Que de fortes voix
Prêchent sa puissance à la fois ?

5. O jour ! que ta clarté,
Ta douce sérénité,
L'ensemble de tes bienfaits
Nous font bien sentir ses attraits !
Malgré tous tes appas,
Ta parure,
Tu n'es même pas
La figure
Du jour immortel
Qui luit sur son trône éternel.

6. O nuit ! de ton Auteur
Révèle la profondeur :
Sa gloire et sa majesté
Sont empreintes dans ta beauté.
Tes doux flambeaux, la paix
De tes ombres,
Tes voiles épais,
Tes traits sombres,
Le font, à leur tour,
Aussi grand que le plus beau jour.

† 7. Astre brillant des jours !
Poursuis ton rapide cours :
Fais voir l'éclat de tes feux
Aux climats les plus ténébreux ;
Etale sa splendeur
Sur les ondes,
Montre sa grandeur
Aux deux mondes ;
Annonce, en tout lieu,
Que ton Créateur est seul Dieu.

8. Vous, astres de la nuit,
Par qui son ombre nous luit,

De quels amas de clartés
Frappez-vous nos yeux enchantés !
   Vos courses, vos retours,
     Vos absences,
   Vos vastes contours,
     Vos distances,
   Diront à jamais
Que le bras d'un Dieu vous a faits.

   9. Terre ! c'est le Seigneur,
   Qui fut le seul Créateur
   Des germes de ces trésors,
Dont il enrichit tes dehors.
    Montre-nous tes beautés,
     Tes spectacles,
    Ses dons, ses bontés,
     Ses miracles,
    Et bénis sa main
Qui rend si fertile ton sein.

   10. Plaines, déserts, vallons,
   Collines, rochers et monts.
   Ruisseaux, fleuves et forêts,
Célébrez sa gloire à jamais.
    Que vos divers accents
     Se confondent ;
    Que les éléments
     Vous secondent ;
    Que tous les vivants
Soient autant d'échos de vos chants.

   11. Du bruit de sa grandeur
   Portez au loin la terreur,
   Nuages, qu'un Dieu vengeur
Charge de sa juste fureur !
    Que vos éclairs perçants,
     Vos ténèbres,
    Vos éclats bruyants
     Et funèbres,
    Disent aux humains
Que la foudre n'est qu'en ses mains.

   12. Rends son nom glorieux,
   O mer ! étale à nos yeux

Ton calme brillant et doux,
Les horreurs de ton fier courroux,
Tes monstres, tes tyrans,
Tes victimes,
Tes flots, tes torrents,
Tes abîmes,
Tes bords, où son bras
Mit un frein à tes attentats.

13. Vous, animaux divers,
Dont l'air, la terre et les mers
Nous montrent l'agilité,
Les essaims, l'instinct, la beauté;
Mêlez, unissez tous
Votre hommage;
Que tout soit, en vous,
Un langage,
Qui rende au Seigneur
Son tribut d'amour et d'honneur.

14. Déployez, ô saisons!
Vos eaux, vos feux, vos glaçons,
Vos neiges, vos aquilons,
Vos zéphirs, vos charmes, vos dons.
Venez, de jour en jour,
Nous instruire;
Venez, tour à tour,
Nous redire
Qu'un Dieu tout-puissant
Règle votre cours renaissant.

15. Chef-d'œuvre de ses mains!
Portrait de ses traits divins!
O toi, pour qui sont éclos,
Homme, tant d'ouvrages si beaux!
Admire la splendeur
De ton être;
Mais rends-en l'honneur
A ton Maître;
Poussière et néant,
Reconnais que seul il est grand.

16. Prêtres de l'Eternel,
Ministres de son autel,

Echos de ses saintes lois,
Elevez pour lui votre voix.
　　Vivez purs, à ses yeux,
　　　　De tout crime ;
　　Offrez en tous lieux
　　　　La Victime,
　　Qui, par sa valeur,
Peut seule égaler sa grandeur.

17. Vous, justes, dont le cœur
　　Pour lui brûle de ferveur,
Sans cesse de vos transports
Redoublez l'ardeur, les efforts :
　　La pure activité
　　　　De vos flammes,
　　La sincérité
　　　　De vos âmes,
　　Vos vœux innocents,
Sont pour lui le plus doux encens.

18. De l'aurore au couchant,
　　Du nord au climat brûlant,
　　Que tout ce qui voit le jour
Soit rempli de son saint amour.
　　Au seul nom du Seigneur,
　　　　Que tout plie,
　　Que toute hauteur
　　　　S'humilie ;
　　Que tous les mortels
Ceignent à jamais ses autels.

19. Auguste Trinité !
　　O seul Dieu de majesté !
　　Que toute l'éternité
Loue, adore ta sainteté,
　　Tes lois, ton équité,
　　　　Ta puissance,
　　Ton nom, ta bonté,
　　　　Ta clémence,
　　Ton infinité,
Ta grandeur, ton immensité.

Le P. de Latour.

MÊME SUJET. (N° 176.)

1. Ouvrages du Seigneur,
Célébrez sa grandeur,
Annoncez sa puissance et sa gloire ;
Ouvrages du Seigneur,
Célébrez sa grandeur,
Rendez gloire à votre Créateur.
Vos beautés, vos attraits,
De ses divins bienfaits
Rappellent la mémoire ;
Vos beautés, vos attraits,
De ses divins bienfaits
Nous offrent mille traits.

2. Quel éclat radieux
Dans la voûte des cieux !
Qu'on y voit de beautés ineffables !
Quel éclat radieux
Dans la voûte des cieux !
Que d'objets y ravissent nos yeux !
Astres du firmament,
Louez incessamment
Ses grandeurs adorables ;
Astres du firmament,
Louez incessamment
Un Maître si puissant.

3. Soleil, brillant flambeau,
Des astres le plus beau,
Tu lui dois ta vertu si féconde ;
Soleil, brillant flambeau,
Des astres le plus beau,
Fais entendre un cantique nouveau :
Quand tu finis le jour,
Que la lune, à son tour,
T'imite et te seconde ;
Quand tu finis le jour,
Que la lune à son tour
Exalte son amour.

4. Que la terre, les airs,
Que les fleuves, les mers,
De son nom tout-puissant retentissent ;
Que la terre, les airs,
Que les fleuves, les mers,
De sa gloire instruisent l'univers :
Que les tendres oiseaux,
Par les chants les plus beaux,
De concert le bénissent ;
Que les tendres oiseaux,
Par les chants les plus beaux,
L'apprennent aux échos.

5. Que l'aimable printemps,
Que l'été, dans son temps,
Viennent rendre au Très-Haut leur hommage ;
Que l'aimable printemps,
Que l'été, dans son temps,
A l'envi le chantent tous les ans :
Que l'automne, en son fruit,
Que l'hiver, qui le suit,
Tiennent même langage ;
Que l'automne, en son fruit,
Que l'hiver, qui le suit,
L'honorent jour et nuit.

6. Venez tous, ô mortels !
Au pied des saints autels,
Adorer ce Monarque suprême ;
Venez tous, ô mortels !
Au pied des saints autels,
L'honorer par des vœux solennels.
Il vous fait, chaque jour,
Eprouver son amour,
Aimez-le comme il aime ;
Il vous fait, chaque jour,
Eprouver son amour,
Aimez-le à votre tour.

7. Anges, répétez-nous
Ces cantiques si doux,
Que vos voix font entendre sans cesse ;
Anges, répétez-nous
Ces cantiques si doux,

ous voulons louer Dieu comme vous.
  Qu'à jamais notre cœur
  Imite la ferveur
  Du zèle qui vous presse ;
  Qu'à jamais notre cœur
  Imite la ferveur
  Qui fait votre bonheur.

## DIEU BÉNI DANS LES OISEAUX. (N° 177.)

1. Bénissez le divin Maître,
Oiseaux, qui peuplez les airs;
Seul votre Auteur, il doit être
L'objet seul de vos concerts.
Devenez les interprètes
Des êtres inanimés ;
Prêtez à leurs voix muettes
Tous les sons que vous formez.

2. La fraîcheur de nos feuillages,
L'écho qui redit vos chants,
Vos retraites, vos ombrages,
De sa main sont des présents.
Il émaille vos plumages ;
Il vous enrichit d'appas ;
Il vous donne vos ramages :
Ne le chanteriez-vous pas ?

3. Quand le jour, à la nature
Rendant ses vives clartés,
Vient de toute créature
Nous dépeindre les beautés ;
Du Seigneur à vos bocages
Racontez les doux bienfaits ;
Dites-leur que ses ouvrages,
Près de lui, sont sans attraits.

4. Quand la nuit étend ses voiles
Sur la terre et sur les cieux,
Et que les feux des étoiles
Se dérobent à nos yeux ;
Apprenez aux rives sombres,
Aux collines d'alentour,
Que c'est lui qui fit les ombres
Comme la splendeur du jour.

5. Echappés de vos asiles,
Dans un jour serein et pur,
Quand, par vos efforts agiles,
Du ciel vous bravez l'azur ;
Annoncez au loin sa gloire
Aux êtres de l'univers ;
Remplissez de sa mémoire
Le vide immense des airs.

6. Quand, de vos ailes légères
Suivant le rapide essor,
Vers des rives étrangères
Vous tentez un autre sort ;
N'y volez, que pour étendre
Sa puissance et sa grandeur ;
N'y chantez, que pour apprendre
Son amour et sa douceur. *P.*

LE P. DE LATOUR.

### CANTIQUE DU MATIN. (N°° 178. 51.)

1. Des feux de la brillante aurore
Le ciel commence à s'enflammer ;
Un nouveau jour est près d'éclore :
Chrétiens, il faut nous ranimer.
Laissons au sein de la mollesse
Dormir les esclaves des sens ;
Faisons d'une sainte allégresse
Retentir au loin les accents.

2. Dès que la main toute-puissante
Eut formé ce vaste univers,
La nature reconnaissante
Entonna ses divins concerts.
Imitons ce touchant hommage,
En sortant des bras du sommeil ;
Du néant il est une image :
Chantons le bienfait du réveil

5. De votre clémence infinie,
Seigneur, nous recevons ce jour ;
Vous nous avez rendu la vie,
Nous la vouons à votre amour.
Dans nos cœurs versez votre grâce :
Qu'elle en règle les mouvements,
Et qu'un saint repentir efface
Les fautes des jours précédents.

4. Que nos prières soient ferventes,
Et notre travail assidu,
Toutes nos démarches prudentes,
Tout notre amour pour la vertu.
Que nos mœurs soient irréprochables :
Soyons modestes, vigilants,
Sobres, doux, humbles, charitables,
Résignés et persévérants.

### MÊME SUJET. (N°° 179. 405.)

1. L'astre du jour commence sa carrière,
La nuit au loin s'enfuit et disparait :

Dieu tout-puissant, éternelle lumière,
Soyez béni de ce nouveau bienfait !

2. Nous l'avouons, hélas ! par nos offenses,
Nous méritions de périr sans retour ;
Mais vous daignez, pour fléchir vos vengeances,
Au repentir donner encor ce jour.

3. Que vous offrir, ô Dieu ! pour satisfaire
A votre amour tant de fois outragé ?
Ah ! recevez les pleurs d'un cœur sincère,
Que le remords et la grâce ont changé.

4. Nous consacrons à votre saint service
Tous les instants de ce jour précieux.
Guidez nos pas, loin des routes du vice,
Dans le sentier qui nous conduit aux cieux.

5. Versez sur nous vos grâces salutaires ;
Sanctifiez nos vœux et nos désirs,
Nos saints projets, nos œuvres, nos prières,
Nos biens, nos maux, nos travaux, nos soupirs.

✝ 6. Nous commençons ce jour sous vos auspices,
Daignez, Seigneur, en protéger le cours ;
Nous ne marchons qu'au bord des précipices,
Tout notre espoir est dans votre secours.

7. De toutes parts l'ennemi nous assiége,
Ah ! défendez la porte de nos sens ;
Veillez sur nous et détournez le piége
Qu'il veut dresser à vos faibles enfants.

8. Le monde au loin de ses fausses maximes
Fait circuler les poisons corrupteurs ;
Pénétrez-nous de vos leçons sublimes
Pour résister à ses appas trompeurs.

9. Contre l'esprit, la chair, hélas ! conspire,
Tous ses penchants nous éloignent du Ciel ;
Rendez, Seigneur, à l'esprit son empire,
Et terrassez son ennemi cruel.

10. Dieu de bonté, faites régner sans cesse
Dans notre cœur l'ardente charité,
Dans notre esprit la divine sagesse,
Dans nos discours la sainte vérité.

11. Que votre loi soit nos seules délices ;
Que notre cœur, épris de ses attraits,
De chaque jour consacre les prémices
En vous jurant de la suivre à jamais.

12. Louange, gloire, amour, honneur, hommage,
Vous soient rendus, auguste Trinité !
Que votre nom soit chanté d'âge en âge,
Et dans le temps, et dans l'éternité.

#### MÊME SUJET. (N° 180.)

1. L'aurore fuit et le flambeau du monde
Pur et brillant apparaît à nos yeux :
Des doux rayons de sa clarté féconde
Il embellit et la terre et les cieux.

2. Divin soleil, lumière de mon âme,
Dieu créateur, apporte-lui le jour ;
Répands sur elle un rayon de ta flamme,
Viens l'animer de ton puissant amour.

3. A son réveil, quand la nature entière
Chante son hymne au Maître souverain,
Je viens aussi, saluant la lumière,
T'offrir mes vœux et l'encens du matin.

4. O Dieu d'amour ! dont le souffle est la vie,
Source ineffable et de grâce et de paix,
Exauce-moi, quand ma voix attendrie
Bénit ton nom, implore tes bienfaits.

5. L'astre du jour aspire la rosée,
Le ruisseau fuit vers l'Océan, son roi ;
Et toi, Seigneur, absorbe ma pensée,
Et que mon cœur tende toujours à toi.

6. Daigne aujourd'hui par la main me conduire,
Loin des chemins que suit l'iniquité ;
Daigne bientôt à mes yeux faire luire
Le jour sans fin de l'immortalité.

Hon. Greppo.

## CANTIQUE DE MIDI. (N° 181. 266.)

1. L'astre du jour, du haut de sa carrière,
De feux remplit l'immensité des cieux ;
Un mot de Dieu du chaos ténébreux
A fait jaillir ces torrents de lumière.

2. Qu'il est brillant dans un ciel sans nuage !
Quel œil pourrait soutenir sa splendeur ?
Du Dieu puissant, son immortel Auteur,
Il n'est encor qu'une bien faible image.

3. Vers le couchant son cours se précipite,
Au sein des mers il va cacher ses feux ;
Emblème, hélas ! des humains malheureux :
Vers le tombeau nous courons aussi vite.

4. Bientôt la nuit va de ses sombres ailes
De la nature éclipser la beauté ;
D'un jour sans fin la brillante clarté
Doit succéder à nos clartés mortelles.

5. Méprisons donc le néant de ce monde,
Que tous nos vœux se portent vers le Ciel ;
Il n'est de paix qu'au sein de l'Eternel :
Du vrai bonheur c'est la source féconde.

## CANTIQUE DU SOIR. (N° 182.)

1. Au déclin de ce jour,
Je viens, Dieu de lumière,
T'adresser ma prière
Et t'offrir mon amour,
Bénir ta Providence
De ses soins protecteurs,
Implorer ta clémence.
Qui pardonne aux pécheurs.

2. Jette sur tes enfants
Un regard favorable ;
Garde, ô Père adorable !
Et nos cœurs et nos sens :
Quand le corps se délasse,
A la fin des travaux,
Que l'âme dans ta grâce
Trouve aussi son repos.

3. L'ennemi rugissant,
Qui se cache dans l'ombre,
Erre dans la nuit sombre,
Comme un loup dévorant :
De la voûte éternelle,
Seigneur, entends nos cris,
Contre sa dent cruelle
Protége tes brebis.

4.Oh! quand pourrons-nous voir,
Dans la sainte patrie,
Le jour digne d'envie,
Qui n'aura plus de soir ;
Et, joints aux chœurs des Anges,
Dans l'éternelle paix,
Célébrer tes louanges
Et t'aimer à jamais !

Hon. GREPPO.

## MÊME SUJET. (N° 215.)

(Fin d'exercice.)

1. Comme au réveil,
Quand le soleil
A terminé sa carrière,
Nous t'adorons,
Nous t'implorons,
Dieu, bénis notre prière.

2. Le jour s'enfuit :

Déjà la nuit
Déroule son voile sombre ;
Mais ta clarté,
Dieu de bonté,
Brillera pour nous dans l'ombre.

Sœur SAINTE-MACRINE.

## MÊME SUJET. (N° 183.)

1. Un autre jour en cet instant finit ;
Je dois chanter, ô mon Dieu ! tes louanges,
Avec amour, comme font les saints Anges ;
Car ton pouvoir me garde et me bénit.

2. Mais que de fois tu devrais me punir,
Quand j'ai, Seigneur, oublié tes défenses !
Que ton pardon efface mes offenses,
Et donne-moi force pour l'avenir.

3. Le doux sommeil qui va fermer mes yeux
Semble arrêter et suspendre ma vie ;
De tout danger ta puissance infinie
Me défendra, car tu me vois des cieux.

4. Avec bonheur je m'endors en ton sein,
O mon Sauveur ! ami tendre et fidèle ;
Et ton amour pour moi se renouvelle,
Quand je m'éveille à l'heure du matin. *p.* 121.

11.

## CANTIQUE DE LA NUIT. N° 184.)

1. Lorsque tout dort durant la nuit obscure,
Et que nul bruit ne trouble ce séjour,
Seigneur des cieux, auteur de la nature,
Reçois encor les vœux de mon amour.

2. Toi, dont le jour dit la magnificence,
La nuit aussi révèle ta grandeur;
Et ce beau ciel, qui se meut en silence,
Au cœur ému montre son Créateur.

3. Astre d'argent, flambeau des heures sombres,
Tente d'azur qu'il tendit de sa main,
Mondes nombreux qui brillez dans les ombres,
Chantez votre hymne au Maitre souverain.

4. Puissé-je aussi, Dieu puissant que j'adore,
Bénir ton nom et chanter tes bienfaits,
Jusqu'au moment où paraitra l'aurore
Du jour heureux qui ne finit jamais !

Hon. Greppo.

# VÉRITÉS GÉNÉRALES.

## VAINES OCCUPATIONS DES GENS DU SIÈCLE. (N° 185.)

1. Quel charme vainqueur du [monde
Vers Dieu m'élève aujourd'ui !
Malheureux l'homme qui fonde
Sur les hommes son appui !
Leur gloire fuit et s'efface,
En moins de temps que la trace
Du vaisseau qui fend les mers,
Ou de la flèche rapide
Qui, loin de l'œil qui la guide,
Cherche l'oiseau dans les airs.

2. De la sagesse immortelle
La voix tonne et nous instruit
« Enfants des hommes, dit-elle,
« De vos soins quel est le fruit?
« Par quelle erreur, âmes vaines,
« Du plus pur sang de vos veines
« Achetez-vous si souvent,

«Non un pain qui vous repaisse,
«Mais une ombre qui vous laisse
« Plus affamés que devant ?
3. « Le pain que je vous propose
« Sert aux Anges d'aliment ;
« Dieu lui-même le compose
« De la fleur de son froment.
« C'est ce pain si délectable
« Que ne sert point à sa table
« Le monde que vous servez.
« Je l'offre à qui veut me suivre
«Approchez: voulez-vous vivre?
« Prenez, mangez, et buvez.»
4. O sagesse ! ta parole
Fit éclore l'univers,
Posa sur un double pôle
La terre au milieu des airs.
Tu dis : et les cieux parurent,
Et tous les astres coururent
Dans leur ordre se placer.
Avant les siècles tu règnes ;
Et qui suis-je, que tu daignes
Jusqu'à moi te rabaisser ?

5. Le Verbe, image du Père,
Laissa son trône éternel,
Et d'une mortelle mère
Voulut naître homme mortel.
Comme l'orgueil fut le crime
Dont il naissait la victime,
Il dépouilla sa splendeur,
Et vint, pauvre et misérable,
Apprendre à l'homme coupable
Sa véritable grandeur.
6. L'âme, heureusement captive,
Sous ton joug trouve la paix,
Et s'abreuve d'une eau vive
Qui ne s'épuise jamais.
Chacun peut boire en cette onde,
Elle invite tout le monde ;
Mais nous courons follement
Chercher des sources bourbeuses
Ou des citernes trompeuses
D'où l'eau fuit à tout moment.

Jean RACINE.

ELOGE DE LA LOI DU SEIGNEUR.

Air : *Allons parer.* (N<sup>os</sup> 421. 371.)

1. De l'homme ici-bas la richesse
Est de s'attacher au Seigneur :
Sa loi, source de la sagesse,
Seule nous mène au vrai bonheur.
 Tout dans la vie
 N'est que folie,
Si son flambeau ne nous conduit ;
 Notre carrière,
 Sans sa lumière,
Ne serait qu'une affreuse nuit.

2. Ce fut au bruit de son tonnerre
Que l'Eternel dicta ses lois ;
C'est un Sauveur, un tendre Père,
Dont j'entends aujourd'hui la voix :
 « Viens, me dit-elle,
 « Ame fidèle,
« Vivre sous une loi d'amour. »
 Jésus me presse ;
 A sa tendresse
Je m'abandonne sans retour.

3. Viens, Esprit-Saint, en traits de flamme
Graver cette loi dans mon cœur ;
Viens faire éprouver à mon âme
Pour elle la plus vive ardeur.
 Fais que sans cesse,
 Dans ma jeunesse,
Elle éclaire et guide mes pas ;
 Que sa lumière,
 Dans ma carrière,
M'accompagne jusqu'au trépas.

4. Le monde étale en vain ses charmes,
Jamais il n'aura mon encens ;
Des regrets, d'éternelles larmes
Suivent ses perfides présents.
 Poison funeste,
 Je te déteste ;
Loin de moi tes fausses douceurs !
 Mon cœur docile,
 De l'Evangile
Embrasse les saintes rigueurs.

5. O sainte loi ! loi sans pareille,
L'or ne m'est rien auprès de toi ;
Et le plus doux miel de l'abeille
A bien moins de douceur pour moi.
 Sous ton empire,
 L'on ne respire
Qu'une innocente volupté ;
 Cher esclavage !
 Il est le gage
De l'heureuse immortalité.

## SERVICE DE DIEU. (N° 186.)

1. Le don de notre cœur
Fait tout notre bonheur ;
Faut-il qu'un monde impur en profite?
De nos cœurs jaloux,
Il se montre doux ;
Ingrat envers nous,
Il nous quitte.
Le don, etc.

2. Ses perfides douceurs
Nous cachent ses rigueurs ;
Le trouble suit toujours ses largesses.
Il a beau flatter,
Surprendre, enchanter,
Je ne peux goûter
Ses caresses.
Ses perfides, etc.

3. S'il nous promet d'abord
De nous conduire au port,
C'est pour nous préparer au naufrage.
Son poison endort,
Pour donner la mort ;
Quel funeste sort!
Quel partage !
S'il nous promet, etc.

4. Un plus charmant vainqueur
Mérite notre cœur ;
Cédons à son amour ineffable.
Dieu semblable à nous,
Dieu Sauveur de tous :
Quel objet plus doux,
Plus aimable !
Un plus charmant, etc.

5. Aimons-le vivement,
Aimons-le constamment,
Ses dons surpasseront nos tendresses.
Qu'au séjour des Cieux,
Ce Roi glorieux
Prépare à nos yeux

De richesses !
Aimons-le, etc.
6. Pour des biens passagers,
Inconstants et légers,
Il nous offre une gloire éternelle.
Chérissons ses lois,
Embrassons sa Croix,
Si tôt que sa voix
Nous appelle.
Pour des biens, etc.

## LA JEUNESSE INVITÉE A SE DONNER A DIEU. (N° 187.

C. 1. Tendre jeunesse,
Que votre tendresse,
Que votre cœur
Soit tout pour le Seigneur.
Heureux qui l'aime
Lui seul dès le berceau même !
En l'aimant toujours,
On n'a que de beaux jours.

2. Grandeurs mondaines,
Que vous êtes vaines !
De vos appas
Que je fais peu de cas !
Dans votre pompe,
Tout nous plaît, mais tout nous [trompe:
C'est un faux brillant
Que dissipe un instant.

3. Je te déteste,
Volupté funeste,
Fatal poison,
Qui séduis la raison.
Tu nous enchantes
Par des images riantes ;
Mais que tes douceurs
Entraînent de malheurs !

4. Biens méprisables,
Trésors périssables,
Par quelle erreur
Abusez-vous le cœur ?
Combien de vide

Trouve dans vous l'homme avi-
Plus il vous connaît, [de
Moins il est satisfait.

5. Monde profane,
Jésus te condamne ;
Qui suit ta loi
Se perdra comme toi.
Monde perfide,
Tes biens n'ont rien de solide ;
Non, non, tes attraits
Ne me vaincront jamais.

6. Dieu, seul aimable,
Seul bien véritable,
De notre cœur
Peut faire le bonheur.
Heureuse l'âme
Qu'il embrase de sa flamme :
Lui seul peut charmer
Des cœurs faits pour l'aimer.

7. O tendre Père !
Sauveur débonnaire,
Rien n'est si doux
Que de n'aimer que vous.
Oui, je vous aime
Plus que tout, plus que moi-même
Mon cœur, sans retour,
Vous donne son amour.

P. 50.

Le P. DE LATOUR.

## VANITÉS DU MONDE. (N° 188.)

1. Entendrons-nous vanter toujours
 Des beautés périssables,
De faux plaisirs, de vains amours,
 Passagers et coupables?
Songes brillants, beaux jours perdus,
Beaux jours, vous ne reviendrez plus.

2. Nous passons d'erreurs en regrets,
 De mensonge en folie :
Hélas! nous ne vivons jamais
 Nous attendons la vie ;
Et l'espoir, qui suit les désirs,
Est plus trompeur que les plaisirs.

3. L'amertume est dans les douceurs,
 Dans nos projets la crainte,
Le néant au sein des grandeurs,
 Dans les travaux la plainte.
O bonheur ! désiré de tous,
Bonheur tranquille, où fuyez-vous ?

4. Vous êtes d'un Dieu créateur
 Et l'essence et l'ouvrage :
Habiteriez-vous dans un cœur
 Criminel et volage ?
Bonheur, enfant du pur amour,
La terre n'est point ton séjour.

5. Que cet amour porte mes vœux
 Sur son aile rapide
Au trône qu'entourent ses feux,
 Où le repos réside :
Grand Dieu ! quel être dois-je aimer,
Que l'Être qui m'a su former?

6. Nos jours sont courts et douloureux ;
 Ce n'est qu'une ombre vaine :
Notre gloire échappe comme eux,
 Et l'oubli nous entraine ;
Mais le tendre amour de ta loi
Nous rend éternels comme toi.   P. 27.

V.....

## FINS DERNIÈRES. (N° 189.)

1. Vous, qui courez sans crainte au précipice,
Loin du sentier des préceptes divins;
Pour vous tirer de l'abîme du vice,
Pensez souvent à vos dernières fins.

### MORT.

2. Il faut mourir, nul ne peut s'en défendre;
La mort soumet toute chose à ses lois :
Souvenez-vous qu'elle peut vous surprendre,
Et qu'après tout l'on ne meurt qu'une fois.

### JUGEMENT.

3. Du jugement la mort sera suivie :
Terrible et prompt mais juste jugement !
Malheur, hélas ! à celui dont la vie
Se trouvera coupable en ce moment !

### ENFER.

4. Pour le péché la céleste vengeance
A préparé des cachots ténébreux :
Là, le pécheur, sans aucune indulgence,
Sera puni par des tourments affreux.

### PARADIS.

5. Jetez les yeux sur le trône de gloire
Que le Seigneur prépare à ses élus ;
Occupez-en souvent votre mémoire,
Pensez-y bien, vous ne pécherez plus.

6. Mort ! jugement ! enfer ! trône de gloire !
Tristes ensemble et douces vérités,
Peut-on trouver de malice si noire
Qui n'ouvre enfin les yeux à vos clartés ?

## PARAPHRASE DU *LIBERA ME*. (N° 190.)

1. Délivre-moi, Seigneur, de la mort éternelle,
Et regarde en pitié mon âme criminelle,
Languissante, étonnée et tremblante d'effroi ;

Cache-la sous ton aile au jour épouvantable,
Quand la terre et les cieux s'enfuiront devant toi,
En le voyant si grand, si saint, si redoutable.

2. Tu paraîtras alors dans ta majesté sainte,
Ebranlant l'univers qui frémira de crainte,
Et je renouvelant par tes feux allumés :
Jour cruel, jour de deuil, de troubles, de misères,
De clameurs, de sanglots, de soupirs enflammés,
De grincements de dents et de larmes amères !

3. En ce dernier des jours, si ta colère extrême
Vient répandre l'effroi dans l'Ange pur lui-même,
Hélas ! que deviendra le pécheur réprouvé ?
En quel lieu fuira-t-il ta vengeance implacable ?
Et si même le juste est à peine sauvé,
Où paraîtrai-je alors, moi qui suis si coupable ?

4. Que dirai-je, grand Dieu ! que me faudra-t-il faire ?
Rien ne sera pour moi, tout me sera contraire ;
Je verrai mon péché s'élever contre moi :
Mon Juge est juste et saint, je suis plein d'injustices !
Moi, rebelle sujet, vis-à-vis de mon Roi !
Mon Roi brillant de gloire, et moi noirci de vices !

5. Une voix éclatante et partout entendue,
De la terre et des cieux a rempli l'étendue :
O vous ! morts, levez-vous, nourriture des vers,
Laissez vos monuments, reprenez la lumière ;
L'Eternel à ses pieds appelle l'univers :
Sortez pour écouter sa volonté dernière.

6. Seigneur, qui créas tout, et qui peux tout détruire,
Qui m'as formé de terre, et qui peux m'y réduire,
Souviens-toi que ton sang m'a sauvé de la mort.
Au grand jour où mon corps, malgré sa pourriture,
Sortira du tombeau, prends pitié de mon sort,
Et n'arme point ton bras contre ta créature.

7. Exauce, exauce, ô Dieu ! mon ardente prière,
Détourne loin de moi le poids de ta colère :
Que je puisse, en ce jour, implorer ta faveur.
Ouvre-moi d'Abraham le sein si désirable,
Sois alors et mon Père et mon tendre Sauveur,
Et prononce un arrêt qui me soit favorable.

Ph. Desportes.

## BONHEUR DES JUSTES ET MALHEUR DES RÉPROUVÉS.
(N°˙ 191. 185.)

1. Heureux qui, de la sagesse
Attendant tout son secours,
N'a point mis en la richesse
L'espoir de ses derniers jours!
La mort n'a rien qui l'étonne;
Et, dès que son Dieu l'ordonne,
Son âme, prenant l'essor,
S'élève d'un vol rapide
Vers la demeure où réside
Son véritable trésor.

2. De quelle douleur profonde
Seront un jour pénétrés
Ces insensés qui du monde,
Seigneur, vivent enivrés!
Quand, par une fin soudaine,
Détrompés d'une ombre vaine
Qui passe et ne revient plus,
Leurs yeux, du fond de l'abîme,
Près de ton trône sublime,
Verront briller tes élus.

3. Infortunés que nous sommes!
Où s'égaraient nos esprits?
Voilà, diront-ils, ces hommes,
Vils objets de nos mépris :
Leur simple et pénible vie
Nous parut une folie;
Mais, aujourd'hui triomphants,
Le ciel chante leur louange,
Et Dieu lui-même les range
Au nombre de ses enfants.

4. Pour trouver un bien fragile
Qui nous vient d'être arraché,
Par quel chemin difficile
Hélas! nous avons marché !
Dans une route insensée
Notre âme en vain s'est lassée
Sans se reposer jamais,
Fermant l'œil à la lumière,
Qui nous montrait la carrière
De la bienheureuse paix.

5. De nos attentats injustes
Quel bien nous est-il resté?
Où sont les titres augustes
Dont notre orgueil s'est flatté?
Sans amis et sans défense,
Au trône de la vengeance
Appelés en jugement,
Faibles et tristes victimes,
Nous y venons, de nos crimes
Accompagnés seulement.

6. Ainsi, d'une voix plaintive,
Exprimera ses remords
La pénitence tardive
Des inconsolables morts.
Ce qui faisait leurs délices,
Seigneur, fera leurs supplices;
Et, par une égale loi,
Tes saints trouveront des char-
[mes
Dans le souvenir des larmes
Qu'ils versent ici pour toi,

Jean RACINE.

## MORT DU PÉCHEUR. (N° 192.)

1. Que je te plains, pécheur, en ton heure dernière!
Tous les maux à la fois sont rassemblés sur toi;

Le noir enfer, séjour rempli d'effroi,
    T'attend au bout de ta carrière.

2. Où sont tant de beaux jours, que tu donnais au crime?
Il ne t'en reste, hélas! qu'un triste souvenir;
    Et devant toi d'un affreux avenir
    Tu vois s'ouvrir le noir abîme.

3. Que sert, en ce moment, l'amas de tes richesses?
Pour toi leur vain secours n'est plus rien aujourd'hui;
    N'espère point, par un si faible appui,
    Braver les flammes vengeresses.

4. Où sont ces faux plaisirs, cette ombre de délices,
Ecueil pernicieux de ton coupable cœur?
    Infortuné, leur perfide douceur
    Se change en d'éternels supplices.

5. Ce corps aimé, flatté, nourri dans la mollesse,
Bientôt ne sera plus qu'un spectacle d'horreur;
    Ton âme, hélas! en fit, pour son malheur,
    L'indigne objet de sa tendresse.

6. Grandeurs et dignités pour toi vont disparaître,
Ce n'est qu'une vapeur qui fuit devant tes yeux;
    Dieu, tôt ou tard, abat l'audacieux:
    Tout tombe aux pieds d'un si grand Maître.

7. Tu perdis mille fois ton Dieu, ton bien suprême,
Pour ces objets trompeurs dont tu fus enchanté;
    Funeste fruit de ton iniquité!
    Tu t'es enfin perdu toi-même.

                        LACEDAMONT.

## ENFER. (N° 193.)

1. Quelle fatale erreur, quel charme nous entraine!
Rien n'égala jamais notre stupidité;
Il est pour les pécheurs une éternelle peine,
    Et nous osons suivre l'iniquité.

2. De Dieu sur nos excès voyant le long silence,
Nous croyons que sans crainte on le peut offenser;
Mais, s'il exerce tard sa terrible vengeance,
    Son temps enfin viendra de l'exercer.

3. C'est après notre mort que, montrant sa justice,
Il sait rendre à chacun ce qu'il a mérité ;
Mais, soit qu'alors sa main récompense ou punisse,
    Gloire ou tourment, c'est pour l'éternité.

4. Devant Dieu les damnés seront toujours coupables,
En mourant criminels, ils sont morts endurcis ;
Il faut donc qu'en enfer, des maux toujours durables
    De leurs forfaits soient le funeste prix.

5. La beauté du Seigneur, l'éternel héritage,
Les plaisirs ravissants du céleste séjour,
Jamais des réprouvés ne seront le partage :
    Pour eux tout bien est perdu sans retour.

6. Qu'un éternel néant leur semble désirable !
Ils voudraient n'être plus pour cesser de souffrir
Mais c'est du ciel contre eux l'arrêt irrévocable :
    Souffrir toujours et ne jamais mourir.

7. Toujours dans les tourments la même violence
Jamais ils ne verront un état plus heureux ;
Jamais rien ne viendra consoler leur souffrance,
    C'est pour toujours un désespoir affreux.

† 8. O brasiers de l'enfer ! ô flammes dévorantes !
Qu'un Dieu dans son courroux ne cesse d'allumer,
Vous brûlez le pécheur dans ces prisons ardentes,
    Vous le brûlez, mais sans le consumer.

9. Un mal, quoique léger, nous semble insupportable,
Lorsque c'est pour longtemps qu'il nous faut l'endurer
Mais l'enfer est le mal le plus intolérable,
    Et la rigueur en doit toujours durer.

10. Après avoir souffert des millions d'années,
Et le temps le plus long que l'esprit peut penser,
Les damnés, loin de voir leurs peines terminées,
    Les sentiront toujours recommencer.

11. De ces peines sans fin la pensée accablante
Afflige leur esprit sans cesser un moment :
L'éternité pour eux tout entière est présente ;
    L'éternité fait leur plus grand tourment.

12. Eternels hurlements ! tortures éternelles !
Feux, brasiers éternels ! éternelle fureur !

O peines de l'enfer! que vous êtes cruelles !
Peut-on vous croire et demeurer pécheur?

13. O vous! cœurs obstinés, aveuglés par le crime,
Qui ne redoutez point les coups vengeurs des cieux,
Un jour, ensevelis dans l'éternel abime,
Hélas! trop tard vous ouvrirez les yeux.

14. Craignons, mortels, craignons ce gouffre formidable,
Portons-en dans l'esprit un souvenir constant :
Le vice alors pour nous n'aura plus rien d'aimable
Et la vertu plus rien de rebutant.

15. Grand Dieu, Dieu tout-puissant, terrible en vos ven-
Purifiez nos cœurs avant notre trépas ; [geances,
Coupez, brûlez, tranchez, punissez nos offenses,
Mais pour toujours ne nous condamnez pas. *P.* 47.

## DÉSIRS DU CIEL. (N° 194.)

1. Quand vous contemplerai-je
O céleste séjour?
Mon Dieu, quand vous verrai-je
Vous, mon unique amour?

*Refrain :*

O Régions si belles!
Où tout comble les vœux,
Ah! que n'ai-je des ailes,
Pour m'envoler aux cieux !
Oui, Seigneur, m'envoler aux
[cieux !

2. Couronnez mon attente,
En m'attirant à vous ;
Ici l'âme souffrante
N'éprouve que dégoûts.

3. Oui, j'ose vous le dire,
Je vous aime, Seigneur;
Après vous je soupire,
En vous est mon bonheur.

4. Quoi! tant d'hommes avides
Des faux biens d'ici bas!
Et les seuls biens solides,
On ne les cherche pas!

5. Je méprise la terre,
Ses grandeurs, ses plaisirs,
Rien ne saurait m'y plaire :
Au ciel sont mes désirs.

6. O mon Dieu! qui m'arrête
Ici que fais-je encor?
Je sens mon âme prête
A prendre son essor.

7. Partez donc, ô mon âme !
Pour le séjour divin;
D'une céleste flamme
Allez brûler sans fin.

8. Si Dieu, dans sa justice,
Diffère mon bonheur,
Amour, du sacrifice
Adoucis la rigueur.

MÊME SUJET. (N<sup>os</sup> 189. 195.)

1. Ce bas séjour n'est qu'un pèlerinage ;
Cherchons, mon âme, un bonheur permanent ;
Ne fixons point en ce triste passage
Un cœur que Dieu peut seul rendre content.

2. Loin du tumulte, en cette solitude,
Goûtons en paix les délices des cieux ;
Que Jésus seul soit toute notre étude,
Que Jésus seul soit l'objet de nos vœux.

3. L'unique bien que j'attends, que j'espère,
C'est mon Jésus, le charme de mon cœur ;
Ce tendre espoir, dans ce lieu de misère,
De mon exil adoucit la rigueur.

4. Si vous voyez Celui que mon cœur aime,
Ah ! dites-lui que je languis d'amour ;
Que de le voir mon désir est extrême :
Mon doux Jésus, quand viendra ce beau jour ?

5. On m'entendra, comme la tourterelle,
Le soir gémir et gémir le matin,
Toujours me plaindre et soupirer comme elle,
Si je ne vois Jésus, l'Époux divin.

6. O douce mort ! sans tarder davantage,
Daigne finir un trop malheureux sort ;
Fais que mon corps, par un heureux naufrage,
En périssant mette mon âme au port.

7. Heureux moment, qui dois briser mes chaînes
Me délivrer de la captivité,
Quand viendras-tu m'affranchir de mes peines ?
Quand vous verrai-je, éternelle beauté ?

8. Ah ! pour vous voir, permettez que je meure,
Divin Jésus ! c'est trop longtemps souffrir ;
Je ne vis plus, je languis à toute heure,
Et je me meurs de ne pouvoir mourir.

*Refrain à volonté :*

Beauté divine, ô beauté ravissante !

Tu fais l'objet du suprême bonheur ;
Ah ! quand naîtra cette aurore brillante,
Où nous pourrons contempler ta splendeur ? *P.* 53.

CARACTÈRE DES ÉLUS. (N° 196.)
Ps. 14. *Domine, quis habitabit.*

1. Seigneur, dans ta gloire adorable
Quel mortel est digne d'entrer ?
Qui pourra, grand Dieu, pénétrer
Ce sanctuaire impénétrable,
Où tes saints inclinés, d'un œil respectueux,
Contemplent de ton front l'éclat majestueux ?

2. Ce sera celui qui du vice
Evite le sentier impur ;
Qui marche d'un pas ferme et sûr
Dans le chemin de la justice ;
Attentif et fidèle à distinguer sa voix,
Intrépide et sévère à maintenir ses lois.

3. Ce sera celui dont la bouche
Rend hommage à la vérité ;
Qui sous un air d'humanité
Ne cache point un cœur farouche ;
Et qui, par des discours faux et calomnieux,
Jamais à la vertu n'a fait baisser les yeux.

4. Celui devant qui le superbe,
Enflé d'une vaine splendeur,
Paraît plus bas, dans sa grandeur,
Que l'insecte caché sous l'herbe ;
Qui, bravant du méchant le faste couronné,
Honore la vertu du juste infortuné.

5. Celui, dis-je, dont les promesses
Sont un gage toujours certain ;
Celui qui d'un infâme gain
Ne sait point grossir ses richesses ;
Celui qui, sur les dons du coupable puissant,
N'a jamais décidé du sort de l'innocent.

6. Qui marchera dans cette voie,
Comblé d'un éternel bonheur,

Un jour des élus du Seigneur
Partagera la sainte joie;
Et les frémissements de l'enfer irrité
Ne pourront faire obstacle à sa félicité.

J.-B. ROUSSEAU.

## PROVIDENCE DIVINE. (N<sup>os</sup> 510. 60.)

1. O douce Providence!
Dont les divines mains
Répandent l'abondance
Sous les pas des humains ;
Qui pourrait méconnaître
L'Auteur de ces présents,
Et ne pas se remettre
Entre ses bras puissants?

2. O Sagesse profonde!
Il veille, en même temps,
Sur les maîtres du monde
Et sur la fleur des champs.
Quelle force invincible
Accomplit ses desseins !
Quelle douceur paisible
Mène tout à ses fins !

3. Dans toute la nature
On voit briller ses dons,
Jusque sur la verdure
Et l'émail des gazons ;
Il donne leur parure
Aux lis éblouissants ;
Il fournit leur pâture
Même aux oiseaux naissants.

4. S'il verse ses richesses
Sur la fleur du printemps,
S'il étend ses largesses
Jusqu'à l'herbe des champs ;
Que fera sa tendresse
Pour l'homme qu'il chérit,
Pour l'être où sa Sagesse
Imprima son esprit ?

5. Si ce Dieu qui nous aime
Accorde son secours
Au passereau lui-même,
Dont il soutient les jours ;
Auteur de la nature,
Mettra-t-il en oubli
L'homme, sa créature,
La plus digne de lui ?

6. Oui, sa sollicitude
Veille à tous nos besoins ;
Sans nulle inquiétude,
Jetons sur lui nos soins :
Notre Dieu, c'est un Père,
Qui nous porte en son cœur,
Et la plus tendre mère
N'eut jamais sa douceur.

7. Avant tout, ô mon âme !
Cherche sa sainte loi ;
Que son amour t'enflamme,
Et le reste est à toi.
Doucement endormie
Sur son sein paternel,
Tu quitteras la vie
Pour t'envoler au ciel.

## ESPÉRANCE CHRÉTIENNE.

Air : *Il faut prier.* (N⁰ˢ 409. 410. 62.)

1. J'espère en vous,
Dieu de bonté, Dieu de puissance,
J'espère en vous,
O Père si tendre et si doux !
C'est vous dont la munificence
Sème sous nos pas l'abondance :
J'espère en vous.

2. J'espère en vous,
Fidèle dans votre promesse ;
J'espère en vous,
Généreux, prodigue envers tous ;
Vous promettez avec tendresse,
Et vous donnez avec largesse :
J'espère en vous.

3. J'espère en vous,
Quelque disgrâce qui m'accable ;
J'espère en vous,
Quelque pesants que soient vos coups ;
C'est la main d'un Juge équitable,
D'un bon Maître et d'un Père aimable :
J'espère en vous.

4. J'espère en vous,
Dans la langueur, dans la souffrance,
J'espère en vous ;
La souffrance est un bien pour nous :
Par elle votre Providence
Veut éprouver notre constance :
J'espère en vous.

5. J'espère en vous,
Quoique l'enfer médite ou fasse,
J'espère en vous :
Non, je ne craindrai point ses coups ;
Il n'est point, avec votre grâce,
D'ennemi que je ne terrasse :
J'espère en vous.

6. J'espère en vous,
Malgré mes fautes, ma misère ;
J'espère en vous :
Me prosternant à vos genoux,
J'implore ma grâce, ô mon Père !
Apaisez donc votre colère :
J'espère en vous.

7. J'espère en vous :
Ah ! sauvez-moi, je le désire ;
J'espère en vous :
Jésus meurt pour nous sauver tous ;
Il pense à moi, quand il expire ;
Couvert de son sang, j'ose dire :
J'espère en vous.

#### MÊME SUJET.

Air : *Chantons mortels l'amour immense.* (N° 292.)

*Refr.*   Dieu de bonté, d'un cœur coupable
Ecoutez les gémissements ;
Dieu de bonté, Dieu charitable,
Fermez le lieu de vos tourments.

1. Malgré l'enfer, mon cœur espère
De posséder un jour les Cieux ;
Je sortirai de la misère
Que l'on éprouve en ces bas lieux.
Tendre Pasteur, aimable Père,
Vous serez propice à mes vœux.

2. Fuyez de moi, vaines alarmes !
Loin de mon cœur, injuste effroi !
Puisque le Ciel reçoit mes larmes,
L'enfer ne peut rien contre moi :
Dans un séjour rempli de charmes
J'espère voir mon divin Roi.

3. N'espérons plus, mon âme, au monde :
Ses maux sont vrais, ses biens sont faux ;
Et sa faveur est comme l'onde
Dont le vent soulève les flots.

C'est en Dieu seul que je me fonde,
Il saura bien finir mes maux.

4. Il ne veut pas que je périsse,
Il est mon Père et mon Sauveur;
S'il me dévouait au supplice,
Au fond d'un gouffre plein d'horreur,
Que deviendrait son sacrifice,
Son sang versé pour le pécheur?

5. Vous me rendez toute assurance,
Divin Jésus, j'espère en vous;
Et, puisqu'enfin votre clémence
Désarme un trop juste courroux,
En moi renaît la confiance :
Je vais jouir d'un bien si doux.

PELLEGRIN.

## AMOUR DE DIEU. (Nos 197. 249.)

1. Puisque mon cœur sensible et tendre
A l'amour ne peut résister,
Loin de vouloir le lui défendre,
Je veux chercher à l'augmenter;
Mais ce n'est qu'à l'Etre suprême
Que je consacre mon ardeur :
Aimer mon Dieu plus que moi-même,
Voilà ma gloire et mon bonheur.

2. Disparaissez, cendre et poussière !
Vains objets, je m'arrache à vous;
Dieu veut mon âme tout entière;
Il a droit d'en être jaloux :
C'est à régner qu'il me destine,
Il est mon Père, il est mon Roi;
Fier d'une si noble origine,
Je vois tout au-dessous de moi.

3. O ciel ! ô terre ! ô mer féconde !
Astres, fleurs, plantes, animaux,
Qui faites l'ornement du monde,
Nos destins sont bien inégaux :
Vous existez tous sans connaître

La main de votre Créateur ;
L'homme seul, adorant son Maître,
L'honore en lui donnant son cœur.

4. Que dis-je? hélas ! dans ce partage,
Si je suis beaucoup plus aimé,
Je dois rougir de l'avantage
Que j'ai sur l'être inanimé :
Sans connaissance, mais sans crime,
A son Auteur il est soumis ;
Et je ne puis sonder l'abime
De tous les maux que j'ai commis.

5. O monstre affreux d'ingratitude !
Un Dieu saint, juste et tout-puissant,
Par le supplice le plus rude,
Ne te punit que faiblement :
Si dans l'enfer, lieu de misère,
Gouffre d'une éternelle horreur,
Il te fait sentir sa colère,
Il te fit goûter sa douceur.

6. L'enfer.... voilà le sort terrible,
Qui m'attend après mon trépas.
O Ciel ! êtes-vous inflexible?
Mes pleurs ne vous touchent-ils pas?
Qu'entends-je? une voix favorable
Me promet un Libérateur,
Qui, ne pouvant être coupable,
Prendra la forme du pécheur.

7. Verbe divin, Dieu par essence,
Egal au Père en dignité,
Le terme de sa connaissance,
Engendré dans l'éternité ;
Par un mystère inexplicable,
Que l'on honore par la foi,
Sans perdre son être adorable,
Il s'est rendu semblable à moi.

8. De nos cœurs bannissons la crainte,
Le Seigneur n'est plus irrité ;
Le sang de la Victime sainte
Est un garant de sa bonté :
Son Fils nous le rendit propice,

Lorsqu'il consentit à mourir;
Et sa formidable justice
Ne trouve plus rien à punir.

9. Quoi! vous me rendez l'innocence,
A moi, pécheur même en naissant!
Par un amour de préférence,
Vous m'adoptez pour votre enfant:
Vous me placez dans votre Eglise,
J'y trouve la sécurité;
Et mon âme, en paix et soumise,
S'y nourrit de la vérité.

10. Mais que vois-je? ô Dieu de clémence!
Vous voulez entrer dans mon cœur!
Pourquoi craindrais-tu ma présence?
Me dites-vous avec douceur;
Je m'accommode à ta faiblesse,
En te voilant ma majesté;
Viens à moi, mon amour me presse
De faire ta félicité.

11. Par quel retour, bonté suprême,
Reconnaître un si grand bienfait?
Pour payer un amour extrême
Je n'ai qu'un amour imparfait.
O feu sacré! je vous réclame,
Qu'attendez-vous de m'enflammer?
Je livre à vos ardeurs mon âme,
Hâtez-vous de la consumer.

## MÊME SUJET.

Air: *Allons parer.* ( N<sup>os</sup> 571. 583.)

1. O toi! qui me donnas la vie
Pour te connaître et pour t'aimer,
Découvre à mon âme ravie
Tes charmes faits pour l'enflammer.
 Que tout mon être,
 Mon divin Maître,
Te soit consacré sans retour;
 Fais que je t'aime,

Et que de même
Je sois l'objet de ton amour.

2\. Comble mes vœux par ta présence,
Enseigne-moi tes saintes lois ;
Que tout en moi fasse silence,
Pour écouter ta douce voix.
  Que ta lumière
  De ma misère
Me découvre la profondeur,
  Et dans mon âme,
  En traits de flamme,
Grave les vertus de ton cœur.

3\. Que le seul désir de ta gloire
Absorbe tout autre désir ;
Que de tes bienfaits ma mémoire
Conserve un tendre souvenir.
  Je veux te suivre,
  Et ne plus vivre
Que de ta sainte volonté ;
  Quoiqu'elle ordonne,
  Je t'abandonne
Et mon cœur et ma liberté.

4\. Punis-moi, lorsque je t'offense ;
J'adore et respecte tes coups ;
Et, si je chéris ta clémence,
Je subis en paix ton courroux.
  O tendre Père !
  Ta main sévère
Frappe et soutient tout à la fois ;
  Si je la baise,
  Ton cœur s'apaise ;
Sur lui je reprends tous mes droits.

5\. Lorsque tu regardes mon âme,
Ah ! quel moment délicieux !
Elle se dilate et s'enflamme ;
Mon cœur te goûte, il est heureux.
  Moment trop rare !
  Il me prépare
Aux horreurs d'une longue nuit :
  Et son passage

M'offre l'image
De l'éclair qui brille et qui fuit.

6. O beau soleil ! que ton absence
M'a causé de tristes regrets !
Je craignais, dans mon ignorance,
De t'avoir perdu pour jamais.
  Mais, la nuit même,
  Un cœur qui t'aime
Trouve l'objet de son amour;
  La foi l'éclaire
  Et sa lumière
Brille comme le plus beau jour.

7. Ce fut la nuit qui te vit naître,
Et la nuit te rendit au jour;
La nuit fut témoin, divin Maître,
Des mystères de ton amour;
  Chères ténèbres
  Voiles funèbres,
Vous n'épouvantez plus mon cœur;
  Sur le Calvaire,
  D'un Dieu sévère
Vous apaisâtes la rigueur.

8. Disciple de ce Dieu victime,
Je dois donc partager son sort.
Croix de Jésus, l'amour m'anime
A te porter jusqu'à la mort.
  Belle ouverture,
  Douce blessure
Du cœur sacré de mon Sauveur!
  Je m'y repose,
  Et l'enfer n'ose
Troubler ma paix et mon bonheur.

## MÊME SUJET.

Air : *O vous dont les tendres ans* (Nos 198. 271.)

1. O digne objet de mes chants!
Daigne écouter mes accents :
Donne-moi cet amour tendre,
Qui seul se fait bien entendre;

Règne à jamais sur mon cœur :
T'aimer, c'est tout mon bonheur.

2. Ah! Seigneur, à te servir
Que je goûte de plaisir!
Si mes yeux versent des larmes,
Mon cœur y trouve des charmes ;
Pourrait-il se désoler,
Quand l'amour les fait couler ?

3. Monde, tu donnes la loi
A ceux qui vivent pour toi ;
Mais que peux-tu sur une âme
Qu'un feu tout céleste enflam-
[me ?
Va, je connais tes douceurs :
Que d'épines sous tes fleurs !

4. Mon exil est prolongé ;
Mon cœur en est affligé.
Seigneur, à toi seul j'aspire,
C'est toi seul que je désire :
Tout l'univers ne m'est rien
Sans toi, mon unique bien.

5. Le Seigneur est mon appui ;
Mon espérance est en lui.
Oui, je connais sa tendresse,
Il me tiendra sa promesse :
Une couronne m'attend,
Si je l'aime constamment.

6. Mon Dieu, je languis d'amour,
Dans l'attente de ce jour :
Quand le céleste héritage
Deviendra-t-il mon partage !
Ah ! serai-je assez heureux
Pour voir combler tous mes vœux

7. Heureux qui garde ses sens,
Qui combat tous ses penchants !
O Cieux ! chantez sa victoire
Il règnera dans la gloire :
C'est là le prix des vertus
Que Dieu donne à ses élus.

8. Si vous craignez le combat.
De ce prix voyez l'éclat.
Ah ! quittez enfin le crime,
Vous en seriez la victime ;
Dieu, las de tant de délais,
Vous frapperait pour jamais.

## DIEU SEUL.

Air : *Chère Sion.* (N° 154.)

1. Il n'est pour moi qu'un seul bien sur la terre,
Et c'est Dieu seul : Dieu seul est mon trésor.
Dieu seul, Dieu seul allége ma misère,
Et vers Dieu seul mon cœur prendra l'essor.
    Je bénis sa tendresse,
    Je redirai sans cesse
Ce cri d'amour, cet élan d'un grand cœur :
Dieu seul ! Dieu seul ! voilà le vrai bonheur.

2. Dieu seul, Dieu seul guérit toute blessure ;
Dieu seul, Dieu seul est un puissant secours ;

Dieu seul suffit à l'âme droite et pure,
Et c'est Dieu seul qu'elle cherche toujours.
    Doux transport de mon âme !
    Ah ! je sens qu'il m'enflamme,
Ce cri d'amour, cet élan d'un grand cœur :
Dieu seul ! Dieu seul ! voilà le vrai bonheur.

5. Quel déplaisir pourra jamais atteindre
Cet heureux cœur que Dieu seul peut charmer ?
Grand Dieu ! quels maux ce cœur pourrait-il craindre ?
Il n'en est point quand on sait vous aimer.
    Aimer un si bon Père,
    C'est commencer sur terre
Ce chant d'amour de la sainte Cité :
Dieu seul ! Dieu seul ! pour une éternité ! *P.* 58. 116

## INGRATITUDE DES HOMMES ENVERS JÉSUS-CHRIST

Air : *Au sang qu'un Dieu.* (N° 42.)

1. Jésus est la bonté même,
Il a mille doux appas ;
Cependant aucun ne l'aime,
On n'y pense presque pas :
Pendant que la créature
Nous embrase de ses feux,
Pour Dieu seul notre âme est dure
Ah ! pleurez, pleurez, mes yeux.

2. Il se rend aux yeux sensible,
Afin de mieux nous charmer ;
Mais, en devenant visible,
A-t-il pu se faire aimer ?
Lorsqu'un tendre amour le
    [presse
De prévenir tous nos vœux,
Quel retour ? nulle tendresse :
Ah ! pleurez, pleurez, mes yeux.

3. D'un enfant il prend les char-
    [mes,
Pour attendrir les humains ;
J'aperçois de douces larmes
Couler de ses yeux divins :
Notre âme est-elle attendrie
Par ces efforts amoureux ?
Elle est toujours endurcie :
Ah ! pleurez, pleurez, mes yeux.

4. De la divine justice
Jésus porte tout le poids ;
Il nous sauve du supplice,
En mourant sur une croix :
Et, pour tant de bienveillance,
Avons-nous, ô malheureux !
La moindre reconnaissance ?
Ah ! pleurez, pleurez, mes yeux.

5. Jésus, dans l'Eucharistie,
Par un prodige d'amour,
Devient notre pain de vie,
Notre pain de chaque jour ;
Au milieu de tant de flammes,

12.

De bienfaits si précieux,
Que de froideur dans nos âmes !
Ah! pleurez, pleurez, mes yeux.

6. Il daigne en vain, de ce trône,
Nuit et jour nous inviter ;
On l'oublie, on l'abandonne,
Au lieu de le visiter.
Sa maison est délaissée,
Son entretien ennuyeux,
Et sa table méprisée :
Ah! pleurez, pleurez, mes yeux.

7. Mon Jésus n'a point d'asile
Contre les coups des mortels ;
C'est un rempart inutile,
Que son trône et ses autels :
Chaque jour, rempli de rage,
Le pécheur audacieux
Au lieu saint lui fait outrage :
Ah! pleurez, pleurez, mes yeux.

8. Tous les jours se renouvelle
Contre mon divin Sauveur,
Cette trahison cruelle
Qui fit tant souffrir son cœur.
Oh! combien de parricides,
Recevant le Roi des cieux,
Donnent des baisers perfides !
Ah! pleurez, pleurez, mes yeux.

9. Une croix pour lui cruelle,
C'est un corps dans le péché ;
A cette chair criminelle
Qu'on l'a souvent attaché !
Tout est souillé par les vices
Que je découvre en tous lieux :
Pour Jésus que de supplices !
Ah! pleurez, pleurez, mes yeux.

### JÉSUS BON PASTEUR. (N° 199.)

C. 1. O mon Sauveur !
Sous quelle douce image
Dans ce beau jour tu parais à mon cœur !
Ah! quel amour et quel touchant langage,
Quand tu me dis : Je suis le bon Pasteur !
O mon Sauveur !

2. Tendres agneaux,
C'est Jésus qui vous mène
Aux bords fleuris des plus limpides eaux ;
Ne craignez point le danger ni la peine,
Car vous serez le plus cher des troupeaux,
Tendres agneaux.

3. Suivez ses pas,
Dans ces charmants asiles ;
Suivez Jésus, Jésus si plein d'appas.
A sa houlette, agneaux, soyez dociles,
Ecoutez-le : ne vous écartez pas,
Suivez ses pas.

4. Je veux mourir
Pour mes brebis que j'aime ;
Oui, dit Jésus, je suis prêt à périr ;
Puisse mon sang, que je livre moi-même,
Du vrai bonheur les faire au ciel jouir !
Je veux mourir.

5. L'entendez-vous ?
O brebis infidèles !
De votre cœur il daigne être jaloux ;
Il meurt pour vous : cessez d'être rebelles,
Venez enfin gémir à ses genoux :
L'entendez-vous ?

6. Heureux séjour,
Séjour de l'innocence,
Ah ! sois pour nous l'objet d'un tendre amour;
Le bon Pasteur de sa douce présence
Nous fait jouir en ton sein chaque jour,
Heureux séjour.

7. O bon Pasteur !
Que les concerts des Anges
Viennent s'unir aux transports de mon cœur !
Et que toujours à chanter tes louanges
Ton cher troupeau trouve un nouveau bonheur,
O bon Pasteur !

## AMOUR DE JÉSUS.

Air : *Que les conquérants.* (N° 267.)

1. Mon doux Jésus, d'un cœur fidèle
Pour encens acceptez l'amour ;
C'en est fait : je veux, chaque jour,
A vous servir marquer mon zèle.

*Refr.* O pur amour de mon Sauveur !
A jamais viens remplir mon cœur.

2. Biens dangereux, monde perfide,
Fausses grandeurs, amers plaisirs,
Vous n'excitez point mes désirs :
L'amour de Jésus est mon guide.

3. Que cet amour est plein de charmes !
Heureux qui goûte ses bienfaits :
Que n'ai-je, hélas ! à ses attraits
Plus tôt, plus tôt rendu les armes !

4. J'ai pour ami mon Dieu lui-même :
O mon âme ! il est ton Epoux ;
Qu'il soit ton espoir le plus doux
Il t'assure un bonheur suprême.

5. Pour mon Jésus quand je soupire
Un sentiment délicieux
Semble me transporter aux cieux :
Là, je le vois et je l'admire.

6. Retirez-vous, mondains perfides,
Je ne veux voir que mon Jésus ;
L'aimer... que me faut-il de plus ?
Tous vos plaisirs sont insipides.

7. Oui, mon Jésus, je vous adore,
Je veux vivre pour vous aimer :
Dès que vous m'avez su charmer,
Que puis-je désirer encore ?

8. Si quelque jour, ingrat, rebelle,
Je devais trahir mes serments,
Faites, ô Dieu ! qu'avant le temps
La mort me touche de son aile.

9. Amour divin, que de ta flamme
Tout mon être soit embrasé ;
Règne en mon cœur favorisé ;
Je te livre toute mon âme. *P. 64.*

## AMOUR DE JÉSUS ET DE MARIE. (N° 200.)

C. 1. Vous que rassemble en ce séjour
D'un Dieu l'aimable Providence,
Vous, les objets de son amour,
Venez célébrer sa clémence.

*Refr.* Venez, unissons tous nos voix ;
Dans cette retraite chérie ;

Chantons, répétons mille fois :
Vive Jésus ! vive Marie !

2. Jésus ! quel charme ravissant
Ce doux nom porte dans mon âme !
Je le prononce : au même instant,
Tout mon cœur s'embrase et s'enflamme.

3. Marie, au pied de tes autels,
Asile heureux de l'innocence,
Mon cœur, par des vœux solennels,
A toi s'engagea dès l'enfance.

4. Jésus veut pour nous chaque jour
Quitter le trône de sa gloire :
De ses bienfaits, de son amour
Gardons à jamais la mémoire.

5. Marie ! à l'ombre de ce nom,
De l'enfer bravons la furie :
Que peut la rage du démon
Contre les enfants de Marie ?

6. Jésus triomphe de mon cœur :
Heureux, je chante sa victoire ;
L'aimer, voilà tout mon bonheur,
Et le servir, toute ma gloire.

7. Marie, exauce tes enfants,
Ecoute leur vive prière ;
Conserve nos cœurs innocents,
Montre-toi toujours notre mère.

8. Jésus ! Marie ! ô noms sacrés !
Notre force et notre espérance,
Ils viendront ces jours désirés
De l'éternelle jouissance.

*Ref*. Aux chœurs divins mêlant nos voix,
Alors, dans la sainte patrie,
Nous répèterons mille fois :
Vive Jésus ! vive Marie !

## REGRETS DE N'AVOIR PAS TOUJOURS AIMÉ JÉSUS.
### (N° 201.)

C. 1. Jésus charme ma solitude
Et comble mes plus chers désirs :
Mon cœur, exempt d'inquiétude,
Trouve en lui seul tous les plaisirs.

*Refr.* Si, dans mon ivresse,
Dieu d'amour, je vous méconnus,
Désormais je dirai sans cesse :
Vive Jésus ! vive Jésus !

2. Quoi ! mon Jésus, est-il possible
Que l'on résiste à vos appas ?
Si plus d'un cœur est insensible,
Ah! que le mien ne le soit pas !

3. Qu'un cœur, dont Jésus est le Maître,
Sent de douceur à le servir !
Comment un chrétien peut-il être
Ou sans l'aimer, ou sans mourir ?

4. Eh ! quand donc aurai-je en partage
D'être constant dans votre amour ?
Faut-il que mon cœur, trop volage,
Vous puisse aimer à peine un jour ?

5. Jésus, notre Sauveur, nous aime,
Aimons-le donc à notre tour ;
Sa bonté pour nous est extrême,
Seul il mérite notre amour.

6. Tout lieu, tout âge est favorable ;
Jésus peut toujours nous charmer.
Ah! puisqu'il est toujours aimable,
Ne cessons jamais de l'aimer. P. 62.

## AMOUR DU PROCHAIN.

Air des grands couplets, (N° 202.)
Air des petits couplets, (N° 62.)

### 1er CHOEUR.

1. Par-dessus tout aimons le Dieu suprême,
C'est notre Maître et notre Souverain;
Lui seul est la bonté même;
Mais on l'aimerait en vain,
A moins qu'on n'aime
Pour lui le prochain.
Dieu même le prescrit,
C'est l'abrégé de l'Evangile;
D'un cœur docile,
Suivons-en l'esprit.

### 2e CHOEUR

O sainte paix !
Fille du ciel, viens sur la terre,
O sainte paix !
Etablir ton règne à jamais.
Sous ton empire salutaire,
L'homme partout retrouve un frère,
O sainte paix !

### 1er CHOEUR.

2. Nous avons tous en Dieu le même Père,
Nous avons tous le même Créateur,
La même Eglise pour Mère.
Et le même Rédempteur;
Chacun espère
Le même bonheur.
Il faut donc qu'entre nous
Un saint amour règne sans cesse ;
Tout nous en presse,
Et rien n'est si doux

### 2e CHOEUR.

Douce union,
Joie et bonheur, voilà tes charmes;
Douce union

Du Ciel n'es-tu pas un rayon ?
Brille dans ce séjour d'alarmes,
Et des humains sèche les larmes,
   Douce union.

#### 1er CHOEUR.

3. C'est en Dieu seul qu'on doit aimer son frère,
Et c'est alors qu'on l'aime en vrai chrétien ;
   Montrons un désir sincère
   De son véritable bien ;
      Dans sa misère
      Soyons son soutien.
Plaignons-le dans ses maux ;
Accordons-lui notre assistance ;
      Avec constance
      Souffrons ses défauts.

#### 2e CHOEUR.

   Du haut des cieux,
Dieu sourit avec complaisance,
   Du haut des cieux,
Aux frères qui s'aiment entr'eux ;
Sa main avec munificence
Autour d'eux verse l'abondance,
   Du haut des cieux.

#### 1er CHOEUR.

4. Loin ces chrétiens dont le cœur implacable
A la douceur ne peut se ramener !
   Leur crime est impardonnable,
   S'ils ne veulent pardonner.
      Homme intraitable,
      Pourquoi t'obstiner ?
   En croix vois ton Sauveur
Pour ses bourreaux plein d'indulgence :
      Que sa clémence
      Calme ton aigreur.

#### 2e CHOEUR.

      Frères jaloux,
Quelle noire et sombre tristesse,
      Frères jaloux,
Plane sans cesse autour de vous !
De ses traits le démon vous presse ;

Pour vous jamais pure allégresse,
Frères jaloux.

#### 1er CHOEUR.

5. Pour le prochain toujours plein d'indulgence,
On ne doit point le juger dans son cœur;
Sur lui gardons le silence,
N'attaquons point son honneur;
La médisance
Doit être en horreur.
Plus de malignité,
De trahison, ni d'artifice;
Plus d'injustice,
Toujours l'équité.

#### 2e CHOEUR.

Faibles mortels,
Que poursuit la cruelle envie,
Faibles mortels,
Vos regrets seront éternels.
Quand pour vous s'éteindra la vie,
Il est un Juge qui châtie,
Faibles mortels.

#### 1er CHOEUR.

6. Que la discorde en tout temps soit bannie;
Que parmi nous règne une aimable paix:
C'est le bonheur de la vie,
Suivons toujours ses attraits.
Fuis, noire envie,
Avec tes excès.
Que par sa charité,
Chacun de nous fasse connaître
Qu'il a pour Maître
Le Dieu de bonté.

#### 2e CHOEUR.

Heureux chrétiens,
Qu'un amour constant et fidèle,
Heureux chrétiens,
Unissait par de doux liens!
Oh! qu'un jour au Ciel sera belle
Votre récompense éternelle,
Heureux chrétiens!

### LES DEUX CHOEURS RÉUNIS.

7. O Charité! vertu la plus aimable,
Heureux qui sent tes divines ardeurs!
   O trésor plus estimable
    Que les biens, que les grandeurs!
     Don ineffable,
   Viens remplir nos cœurs.
   Nous recourons à vous;
Ce bien si grand, si nécessaire,
    Dieu débonnaire,
   Formez-le dans nous.

## COMBATS INTÉRIEURS. (N° 203.)

1. Mon Dieu, quelle guerre cruelle!
Je trouve deux hommes en moi.
L'un veut que, plein d'amour pour toi,
Mon cœur te soit toujours fidèle;
L'autre, à tes volontés rebelle,
Me révolte contre ta loi.

2. L'un, tout esprit et tout céleste,
Veut qu'au ciel sans cesse attaché,
Et des biens éternels touché,
Je compte pour rien tout le reste :
Et l'autre, par son poids funeste,
Me tient vers la terre penché.

3. Hélas! en guerre avec moi-même,
Où pourrai-je trouver la paix?
Je veux et n'accomplis jamais :
Je veux; mais, ô misère extrême!
Je ne fais pas le bien que j'aime,
Et je fais le mal que je hais.

4. O grâce! ô rayon salutaire!
Viens me mettre avec moi d'accord;
Et domptant, par un doux effort,
Cet homme qui t'est si contraire,
Fais ton esclave volontaire
De cet esclave de la mort.

                    Jean RACINE.

## HUMILITÉ.

Air : *Il faut prier.* (N°° 410. 62.)

1. Humilité,
Puissant remède à ma misère,
Humilité,
Abats mon orgueil indompté :
Viens, sous la croix la plus amère,
M'apprendre à souffrir, à me taire,
Humilité.

2. Néant, pécheur,
Nu de vertus, chargé de vices,
Néant, pécheur,
D'où peut donc venir ma hauteur?
Digne des éternels supplices,
Puis-je me plaindre d'injustices,
Néant, pécheur.

3. Mépris, rebuts
De Jésus furent l'apanage ;
Mépris, rebuts
Furent aussi pour ses élus.
Pour moi quel plus sûr avantage
Qu'avec mon Sauveur je partage
Mépris, rebuts ?

4. Humble de cœur,
C'est votre portrait, divin Maître,
Humble de cœur,
Tel soit aussi le serviteur !
Que je n'aime qu'à me soumettre,
Et que tout mon désir soit d'être
Humble de cœur.

5. Petit enfant,
De l'humilité douce image,
Petit enfant,
Jésus dit en te bénissant :
Heureux celui qui d'âge en âge
Saura se faire d'avantage
Petit enfant.

6. Homme orgueilleux,
Tes jours s'écoulent pleins d'alarmes;
Homme orgueilleux,
Où vont tes projets fastueux ?
D'un néant tu poursuis les charmes,
Et tout finira par des larmes,
Homme orgueilleux.

7. Charmant ruisseau,
Ton onde enrichit la vallée;
Charmant ruisseau,
Par toi renait l'humble arbrisseau.
Ton eau, du ciel c'est la rosée
Dont l'âme humble est fertilisée,
Charmant ruisseau.

8. De ses bienfaits
Jésus nourrit l'âme humble et pure;
De ses bienfaits
Qui pourra la priver jamais ?
De l'orgueil fuyons la souillure,
Et pour nous croitra la mesure
De ses bienfaits.

## CHASTETÉ. (N° 204.)

C. 1. Si la chasteté vous est chère,
Sur elle veillez constamment :
C'est une rose passagère,
Qui se flétrit au moindre vent;
C'est le cristal d'une onde claire,
Qu'une feuille trouble en tombant;
C'est un miroir, qu'en un instant
Ternit une vapeur légère.

2. Que jamais votre œil ne s'arrête
Sur aucun objet séducteur;
C'est par là que Satan s'apprête
A pénétrer dans votre cœur.
De la fleur la plus agréable
Souvent le charme trop flatteur
N'est pour vous qu'un appât trompeur,
Qui cache un poison redoutable.

3. Que tout désir, toute pensée,
Dont s'alarmerait la pudeur,
De votre âme à jamais chassée,
N'en ose souiller la candeur.
Fuyez celui qui peut se plaire
A des discours licencieux ;
Du Dieu très-saint qui règne aux cieux
Conservez pur le sanctuaire.

4. Chasteté, vertu toute aimable,
Viens me couronner de tes lis ;
Par toi l'homme devient semblable
Aux purs, aux célestes esprits.
N'est-ce pas du sein de Dieu même
Que tu descends sur les élus ?
O la plus belle des vertus !
Heureux, heureux le cœur qui t'aime !

5. Vierge, des vierges la plus pure,
Vrai temple de la chasteté,
Contre la rebelle nature
Protége mon cœur agité.
Que ma trop fragile jeunesse,
En butte au péril tous les jours,
Trouve son appui, son secours,
Dans ta maternelle tendresse.

MÊME SUJET. (N° 205.)

C. 1. D'un amour extrême,
Que Dieu forme en moi lui-même,
Ah ! que sans cesse je t'aime,
Sainte pureté :
O vertu charmante !
Vertu ravissante,
Ta beauté m'enchante,
J'en suis transporté.

2. Bonheur ineffable !
Dans un corps si misérable,
Par toi l'homme est fait semblable
A de purs esprits :
Heureux qui désire
Ton aimable empire,
Qui pour toi soupire,
O vertu sans prix !

5. Oh ! qu'une âme est belle
Quand elle est à Dieu fidèle,
Et pour toi pleine de zèle,
Divine pudeur !

Trésor admirable !
Don incomparable !
Rien n'est plus aimable
Aux yeux du Seigneur.

4. Fuyons donc sans cesse,
Fuyons tout ce qui la blesse :
Vous surtout, chère jeunesse,
Vivez chastement :
Quel triste naufrage
Lorsque, dès cet âge,
Hélas ! on s'engage
Dans l'égarement !

5. Qu'une impure flamme
N'entre jamais dans votre âme ;
Que toujours ce vice infâme
Vous soit en horreur :
O vice exécrable !
Vice abominable,
Poison détestable,
Loin de notre cœur !

6. D'un Dieu la présence,
Le travail, la tempérance,
Sur vos sens la vigilance,
Sont d'un grand secours.
L'âme qui souhaite
La pudeur parfaite
Cherche la retraite :
Aimez-la toujours.

7. Dieu, plein de clémence,
Gardez en nous l'innocence ;
Aidez par votre puissance
Notre infirmité ;
Que rien ne nous tente ;
Que notre cœur sente
Une ardeur constante
Pour la pureté.

## MODESTIE. (Nos 206. 575.)

1. Descends des cieux, aimable modestie :
Viens, viens régner par tes chastes attraits :
Si Babylone et t'outrage et t'oublie,
Nos cœurs du moins ne t'oublieront jamais.

2. Sainte pudeur, comment peindre tes charmes ?
L'âme innocente est en paix sous ta loi ;
Le méchant cède à tes puissantes armes ;
La beauté même est plus belle avec toi.

3. Loin, loin d'ici, trop coupables parures !
Nos Anges saints fuiraient de toutes parts.
De Dieu sur nous, vertu des âmes pures,
Fixe toujours l'amour et les regards.

## RÉSIGNATION DANS LES SOUFFRANCES. (N° 207.)

1. Voilà donc mon partage,
La souffrance ou la mort !
Dieu l'ordonne, il est sage,
Je dois bénir mon sort.

Au printemps de ma vie,
J'ai cueilli quelques fleurs ;
Pour punir ma folie.
Dieu me condamne aux pleurs.

2. En vain, monde frivole,
Tu veux les adoucir ;
Lorsqu'un Dieu me console,
Ah ! laisse-moi souffrir.
Tes biens, tes espérances,
Tes plaisirs ne sont rien ;
Et j'ai dans les souffrances
La source de tout bien.

3. Si le Dieu des vengeances
Appesantit ses coups,
Mes maux et mes souffrances
Calmeront son courroux.
S'il est Juge, il est Père,
Il entendra ma voix ;
Et le Dieu du Calvaire
Sait adoucir les croix.

4. Il connaît mes alarmes,
Il compte mes soupirs ;
Il veut payer mes larmes
Par d'éternels plaisirs.
Doux espoir qui ranime,
Et soulage mon cœur ;
Si je suis sa victime,
Il sera mon bonheur.

5. J'allais, de crime en crime,
Me perdre pour toujours ;
Déjà le noir abîme
Lui demandait mes jours.
Mais sur moi sa clémence
A daigné s'attendrir ;
Je vis dans la souffrance,
Je ne puis plus périr.

6. Loin de moi le murmure ;
Quand je souffre pour vous,
La peine la plus dure
Est un tourment bien doux :
O Jésus, mon modèle !
Frappez de plus en plus ;
Oh ! qu'une croix est belle,
Quand on aime Jésus !

7. Pour un Dieu, quand on l'aime,
Souffrir est un bienfait ;
Et la souffrance même
Est un plaisir parfait.
Ah ! qu'on trouve de charmes
A pleurer chaque jour,
Quand on répand des larmes
Pour un Dieu plein d'amour !

8. Vous qui de ce bon Père
Eprouvez le courroux,
Montez sur le Calvaire,
Voyez... et plaignez-vous.
Si Jésus, sans se plaindre,
Est mort dans les douleurs,
Un pécheur doit-il craindre
De verser quelques pleurs ?

9. O Marie ! ô ma Mère !
Quelle est votre langueur !
Un glaive sanguinaire
A percé votre cœur.
O Jésus ! ô Marie !
Vous n'aimez que la Croix ;
Et j'aurais la folie
De faire un autre choix !

10. C'en est fait : je t'embrasse,
O Croix ! sceau des élus.
Grand Dieu, que par ta grâce
Je l'aime toujours plus.
Un pécheur, pour te plaire,
A tes pieds doit gémir,
Et, pour te satisfaire,
Ou souffrir ou mourir.

## BÉATITUDES ÉVANGÉLIQUES

ET MALÉDICTIONS QUI LEUR SONT OPPOSÉES. (N° 208.)

*Heureux les pauvres d'esprit.*

1. Heureux qui de l'opulence
A su détacher son cœur,
Ou qui de l'humble indigence
Supporte en paix la rigueur !
Dieu, fidèle en ses promesses,
Infini dans sa bonté,
Par d'éternelles largesses
Enrichit sa pauvreté.

Mais malheur à l'homme avide
Qu'éblouit l'éclat de l'or,
Et dont l'âme toujours vide
Fait son Dieu de son trésor !
Les seuls biens, le seul salaire
Qu'aura sa cupidité,
Sont des trésors de colère
Qu'entasse l'éternité.

*Les doux.*

2. Heureux le cœur débonnaire
Qui ne connaît point l'aigreur,
Et dont nul revers n'altère
L'inépuisable douceur !
Le Dieu de paix lui destine,
Dans son éternel séjour,
Toute l'onction divine
Des douceurs de son amour.

Malheur à l'homme insensible
Qui porte un cœur sans pitié,
Dont l'âme est inaccessible
Aux attraits de l'amitié !
Pour qui n'aime point son frère
Le Ciel jamais ne s'ouvrit ;
Dieu pour lui n'est plus un pè-
C'est un juge qui punit. [re,

*Ceux qui pleurent.*

3. Bienheureux celui qui pleu-
Loin d'un monde séducteur, [re
Que dans sa triste demeure
A visité la douleur !
Viendra le jour plein de charmes
Où Dieu, l'accueillant aux Cieux,
Lui-même essuira les larmes
Qu'on vit couler de ses yeux.

Maudit qui de la mollesse
Aima le charme empesté,
Et qui s'endort dans l'ivresse
De la folle volupté !
Un abîme de souffrance,
Un étang de sombres feux,
L'éternelle pénitence
Succède à ses jours heureux.

*Ceux qui ont faim et soif de la justice.*

4. Heureux qui de la justice
A faim et soif ici-bas,
Qui dans les sentiers du vice
Ne porta jamais ses pas !
L'eau de l'éternelle vie,
Accordée à ses soupirs,
Sans éteindre son envie,
Rassasira ses désirs.

Maudits les hommes frivoles,
Vils esclaves de leurs sens,
Qui se cherchent des idoles
Dans tous les objets présents !
Le Seigneur seul devait être
Leur vrai bonheur à jamais ;
Ils ne pourront le connaître
Que par d'éternels regrets.

*Les miséricordieux.*

† 5. Bienheureux qui pour ses
[frères
Plein d'un cœur compatissant,
A leurs pleurs, à leurs misères
Prodigue un secours puissant !
Le Seigneur Dieu de ses ailes
Se plaît à couvrir ses jours ;
Ses entrailles paternelles
S'ouvrent à lui pour toujours.

Mais malheur à cet avare,
Qui du pauvre gémissant
Voit d'un œil sec et barbare
Les maux, le besoin pressant !
Pour lui le Dieu de clémence,
Fermant à jamais son cœur,
N'aura plus que la vengeance,
L'anathème et la fureur.

*Ceux qui ont le cœur pur.*

6. Heureux ceux dont l'âme pure
Garde avec soin sa blancheur,
Et dont la moindre souillure
Epouvante la pudeur !
Dieu lui-même est leur parta-
Et, dans l'immortalité, [ge,
Ils pourront voir sans nuage
Tout l'éclat de sa beauté.

Malheur à ces âmes lâches
Qu'énerva l'impureté,
Qui par de honteuses taches
Ont souillé leur sainteté !
Loin de la gloire éternelle
Où règne le Saint des saints,
Jamais la palme immortelle
Ne décorera leurs mains.

*Les pacifiques.*

7. Bienheureux les pacifiques
Que le fiel n'émut jamais,
Et dont les désirs uniques
Sont de voir régner la paix !
Dieu, pour eux plein de ten-
Les appelle ses enfants,[dresse,
Et du Ciel avec largesse
Leur promet les biens constants.

Malheur à l'homme implacable,
Dont le cœur, rempli de fiel,
Sur ses frères, qu'il accable,
Répand un venin mortel !
Le Dieu de miséricorde,
Dont il outragea l'amour,
N'admit jamais la discorde
Dans son paisible séjour.

*Qui souffrent persécution pour
la justice.*

8. Heureux ceux que l'injustice
Poursuit de ses traits perçants,
Et dont la sombre malice
Noircit les jours innocents !
Le Très-Haut sera lui-même
Leur soutien et leur vengeur,
Et son riche diadème
Couvrira leur front d'honneur.

Mais maudites sont ces âmes
Dont les complots inhumains
Et les odieuses trames
Conspirent contre les Saints !

Tôt ou tard tristes victimes
De leurs iniques projets,
Elles iront aux abîmes
Eterniser leurs forfaits.

Le P. DE LATOUR. *

## PRIÈRE.

Air : *Que tout cède à la foi.* (N<sup>os</sup> 209. 63.)

1. Pour trouver le Seigneur,
De qui vient la lumière,
Recours à la prière ;
Mais prie avec ferveur,
Pour trouver le Seigneur.

2. Que ton pouvoir est grand,
O divin exercice !
Tu fléchis la justice
Du Seigneur tout-puissant :
Que ton pouvoir est grand !

3. Aux pieds de son Sauveur,
Qu'une âme pénitente
Est heureuse et contente
De répandre son cœur !
Aux pieds de son Sauveur.

4. De tous les bons désirs
La source est la prière :
Cherchons-y la matière
Des solides plaisirs,
Et de tous bons désirs.

5. Même au sein des douleurs,
En Dieu seul si j'espère,
Il me comble, en bon Père,
D'ineffables douceurs,
Même au sein des douleurs.

6. Quand on recourt à lui,
Avec un cœur sincère,
Est-on dans la misère ?
Il devient notre appui,
Quand on recourt à lui.

7. Une ardente oraison
Echauffera notre âme ;
Tout cède à cette flamme :
Quel plus précieux don
Qu'une ardente oraison ?

8. Prions donc notre Dieu,
Et prions-le sans cesse ;
Réclamons sa tendresse.
En tout temps, en tout lieu ;
Prions donc notre Dieu.

9. Pour vous prier, Seigneur,
Que faut-il que je fasse ?
J'ai besoin de la grâce ;
Mettez-la dans mon cœur,
Pour vous prier, Seigneur.

P. 113.

## PATER. (N° 210.)

1. Vous dont le trône est au plus haut des cieux,
Vous, à la fois notre Dieu, notre Père ;

Sur vos enfants daignez jeter les yeux,
Prêtez l'oreille à leur humble prière.

2. Que votre nom, digne de tout honneur,
Mais trop souvent en butte à nos outrages,
Soit à jamais gravé dans notre cœur,
Soit honoré par d'éternels hommages.

3. Vous êtes seul notre souverain bien ;
C'est après vous que notre âme soupire :
Dans cet exil la grâce est son soutien ;
Mais quand viendra votre céleste empire ?

4. Faites régner sur toute volonté
De votre loi la volonté suprême,
Et qu'à jamais, par sa fidélité,
La terre soit l'image du ciel même.

5. Objets chéris de vos soins vigilants,
Seigneur, en vous nous ne voyons qu'un Père :
Dans leurs besoins secourez vos enfants ;
Un peu de pain suffit à leur misère.

6. Que la clémence à vos yeux a de prix !
Elle ravit l'immortelle couronne :
C'en est donc fait, il n'est plus d'ennemis :
Nous pardonnons... et notre Dieu pardonne.

7. Sur cette mer, où vous guidez nos pas,
Mille dangers nous assaillent sans cesse ;
Nous périrons, mon Dieu, si votre bras
A chaque instant n'aide notre faiblesse.

8. De tous côtés environnés de maux,
Votre cœur seul est un abri fidèle ;
Ah ! puissions-nous y goûter le repos,
Y posséder une paix éternelle !

## EUCHARISTIE.

### SAINT SACRIFICE DE LA MESSE. (N° 211.)

1. Quel spectacle nouveau, quel espoir ravissant
A mes yeux attendris ce saint autel présente !

Mon Dieu, tu vois nos cœurs dans une vive attente :
Viens, du Ciel, couronner le vœu le plus ardent.

2. Ah ! nous désirons tous ce prix de ton amour ;
De ce don précieux, chef-d'œuvre de tendresse,
Près de mourir pour nous tu nous fis la promesse ;
Et, depuis, tu remplis ce serment chaque jour.

3. Saint ministre, à l'autel tu me peins le Sauveur,
A son Père en courroux s'offrant en sacrifice :
L'autel, comme la croix, va nous être propice ;
Qui peut donc refuser ses larmes et son cœur ?

4. Enfants du Roi des rois, si tendrement aimés,
Elevons vers Sion nos yeux baignés de larmes ;
Disons : Descends vers nous, ô Dieu si plein de charmes !
De toi seul, tu le sais, nos cœurs sont affamés.

5. Pénétrons nos esprits d'un saint recueillement :
Le Ciel vient de s'ouvrir, et Jésus va paraître ;
Raison, faible raison, soumise à ton bon Maître,
Reconnais sa grandeur dans son abaissement.

6. Cessons de soupirer : l'Agneau rempli d'appas
Du grand Juge envers nous calme encor la colère :
Son sang coule pour nous et nous rend notre père ;
Quel amour, quel retour ne lui devons-nous pas ?

7. Jésus, embrase-nous de ces aimables feux
Qui pénètrent tes Saints au séjour de la gloire ;
Remporte sur nos cœurs une pleine victoire ;
A jamais règne en nous, et tes fils sont heureux.

MÊME SUJET.

COMMENCEMENT DE LA MESSE.

Air : *Vous qui vivez.* (N° 212.)

1. Autour de nos sacrés autels
   Osons tous prendre place ;
   Là, Jésus a pour les mortels
   Le trône de sa grâce.

Allons à ce Dieu de bonté;
　Mais que la confiance,
L'ardeur, la foi, l'humilité,
　L'amour nous y devance.

2. Pour nous ouvrir un libre accès
　Vers un si tendre Père,
Faisons-lui de tous nos excès
　L'aveu le plus sincère ;
Que la plus vive des douleurs
　Nous gagne sa clémence,
Et que l'amour mêle ses pleurs
　A notre pénitence.

3. Exaucez-nous, divin Sauveur,
　Adorable Victime,
Et détruisez dans notre cœur
　Jusqu'à l'ombre du crime.
O bienheureux ! ô Chœurs des Saints !
　Et vous, Reine des Anges,
Offrez-lui de vos pures mains
　L'encens de nos louanges.

Le P. de Latour.

## OFFERTOIRE.

Air : *Adorons sous ce nuage.* (N<sup>os</sup> 214, 57.)

1. Regardez d'un œil propice,
　O Dieu de majesté !
Les saints apprêts du sacrifice
　Qui vous est présenté.
Qu'à vous seul en soit l'honneur ;
Qu'il nous comble de bonheur ;
Qu'il vous rende un digne hommage ;
　Qu'il lave nos forfaits,
Et nous devienne un tendre gage
　De vos nouveaux bienfaits.

2. A nos vœux daignez vous rendre,
　O Fils de l'Eternel !

Du haut des cieux venez descendre
 Pour nous sur cet autel.
Nous ne sommes rien de nous,
Mais nous sommes tout par vous;
Pour nous épargner l'abime,
 Vous daignâtes mourir :
Daignez vous faire encor victime
 Et pour nous vous offrir.

3. Jésus vient : que tout fléchisse
 Devant lui les genoux ;
Que ce saint temple retentisse
 De nos chants les plus doux.
Elevons vers lui nos cœurs,
Ouvrons-les à ses faveurs;
Il descend, l'amour le presse :
 Par un juste retour,
Offrons nous-même à sa tendresse
 Un cœur rempli d'amour.  P. 123.

Le P. de Latour.

## POUR L'ÉLÉVATION ET LA BÉNÉDICTION.
### (Nos 213. 383.)

1. O Victime
 De tout crime!
O Jésus ! Sauveur de tous,
 Qui sans cesse,
 Par tendresse,
Daignez être parmi nous.

2. Qu'on vous aime,
 Pour vous même ;
Qu'à jamais tous les mortels
 Et s'empressent
 Et s'abaissent
Autour de vos saints autels.

3. Chœurs des Anges,
 Nos louanges
Sont trop peu pour ses bien-
 De vos flammes [faits:
 Dans nos âmes
Lancez du moins quelques traits.

4. Que sa gloire,
 Sa mémoire,
Son amour dans tous les temps,
 D'un hommage
 Sans partage
Reçoive en tout lieu l'encens.

Le P. de Latour.

### MÊME SUJET. (Nos 214. 57.)

1. Adorons sous ce nuage
  Le Seigneur tout-puissant ;
Pour recevoir notre humble hommage,
  Sur l'autel il descend.
Il voile à nos faibles yeux
  Son éclat majestueux ;
Mais la foi, lumière pure,
  Pénétrant notre esprit,
Dissipe l'ombre et sans figure
  Nous fait voir Jésus-Christ.

2. Quelle gloire ! sur la terre
  Nous possédons le Ciel ;
L'immortel soleil qui l'éclaire
  Brille sur cet autel.
De sa féconde chaleur
  Nous éprouvons la douceur ;
Il produit pour nous sans cesse
  Des fruits de sainteté ;
Il donne la paix, la sagesse
  Et l'immortalité.

3. Nous avons, par nos offenses,
  Irrité votre cœur ;
O Dieu ! calmez de vos vengeances
  La trop juste rigueur.
O Jésus ! soyez toujours
  Ici-bas notre secours ;
Voyez de notre misère
  Tous les traits accablants ;
Soyez notre tendre et bon père,
  Bénissez vos enfants.

### (MÊME SUJET. (No 215.)

1. Chantons, mortels ;
De nos autels

Des flots de grâces descendent.
  Pleins d'un beau feu,

Pour louer Dieu
Ah! que tous les cœurs s'en-
[tendent.

2. Quelle faveur !
Ce Dieu Sauveur
Des cieux parmi nous s'abaisse;
Il nous sourit
Et nous bénit,
Père brûlant de tendresse.

5. Nous voici tous
A tes genoux :

Nous implorons ta clémence,
Et demandons
Les heureux dons
De foi, d'amour, d'espérance.

4. Rends triomphants
Tes chers enfants,
Console celui qui pleure,
Et que ta main
Nous mène enfin
Dans la céleste demeure.

A. DELACOUR.

## MÊME SUJET.

Air : *Entonnons chrétiens aujourd'hui.* (N° 122.)

1. Chrétiens, quel spectacle à nos yeux,
Plein de majesté, se présente !
Je vois du séjour glorieux
S'entr'ouvrir la voûte éclatante.

*Refrain.* Sur nos autels le Tout-Puissant
Descend
Du sein de la lumière :
Honneur, amour au Dieu vivant,
Présent
Dans ce profond mystère !

2. Le Dieu, que la céleste cour
En tremblant révère et contemple,
Pour obéir à son amour,
Daigne habiter en ce saint temple.

5. Que mon sort est délicieux !
Ah ! je possède en ce mystère
Le trésor le plus précieux,
Qui soit au ciel et sur la terre.

MÊME SUJET.

Air : *Cruel hiver.* (N° 216.)

1. Cieux, tressaillez; mortels, faites silence :
Un Dieu s'abaisse et descend jusqu'à nous.
O Séraphins ! ravis en sa présence,
Brûlez, brûlez de vos feux les plus doux.

2. Près de l'autel, où ma foi te contemple,
Divin Epoux, j'ai retrouvé la paix ;
Puis-je un instant soupirer en ton temple
Sans m'enivrer de tes chastes attraits?

3. Pain des élus, dans son pèlerinage,
Donne toujours la force au vrai chrétien ;
Dans les dangers affermis son courage,
Sois ici-bas son guide et son soutien.

MÊME SUJET. (N° 217.)

1. De la sainte patrie
O pain mystérieux !
Salut, divine Hostie
Qui nous ouvres les cieux !
Ici tu viens encore
T'offrir à l'Eternel,
Et notre foi t'adore
Sur cet auguste autel.

2. Victime salutaire,
Du céleste séjour
Apporte sur la terre
Les dons de ton amour;
Dans son pèlerinage
Soutiens le voyageur ;
Et sois pour nous le gage
De l'éternel bonheur.

HON. GREPPO.

MÊME SUJET.

Air : *Mon bien-aimé.* N°⁸ 218. 248.

1. Contemple, ô ciel ! ce prodige ineffable :
Ton Dieu, ton Roi, descend de sa grandeur.

13.

Père adorable,
Doux Rédempteur,
Si sous un voile il cache sa splendeur,
Ce Dieu d'amour n'en est que plus aimable.

2. A cet autel, où ton cœur se révèle,
O mon Jésus ! je te prie à genoux ;
Ma voix t'appelle,
Céleste Epoux ;
Fais qu'enivré de tes charmes si doux,
A te bénir je sois toujours fidèle.

### MÊME SUJET. (Nos 52. 148.)

1. D'un mortel la voix puissante
A pénétré dans les cieux ;
Quelle merveille éclatante
Soudain s'opère à mes yeux !
L'Eternel, le Dieu suprême,
Descend des splendeurs des [Saints ;
Il vient s'immoler lui-même
Pour le bonheur des humains.

2. Un brillant cortége d'Anges
L'accompagne dans les airs ;
Ils célèbrent ses louanges
Par de sublimes concerts.
A leur divine harmonie
Unissons nos faibles voix ;
Adorons dans cette Hostie
Et chantons le Roi des rois

### MÊME SUJET.

Air des grands couplets. (N° 202.)
Air des petits couplets. (N° 62.)

#### 1er CHOEUR.

1. Le Roi des rois quitte aujourd'hui son trône
Et parmi nous vient fixer son séjour ;
La gloire au Ciel le couronne ;
Ici pour l'homme, en retour,
Son cœur rayonne
D'un tendre amour.
Pour nous offrir la paix,
Ce Dieu s'abaisse

Et sa tendresse
Veut nous combler de ses plus doux bienfaits.

### 2ᵉ CHOEUR.

Qu'il soit béni,
Ce Dieu de bonté, de clémence ;
Qu'il soit béni ;
Gloire à son amour infini !
Son sang, versé pour notre offense,
Du ciel arrête la vengeance :
Qu'il soit béni.

### 1ᵉʳ CHOEUR.

2. Oui, c'est un Dieu caché sous un nuage,
C'est Jésus-Christ le Pontife immortel.
Chrétiens, la foi nous engage
A payer, sur cet autel,
Un juste hommage
Au Roi du ciel.
Cet aimable Sauveur
Pour notre crime
Se fait victime :
Adorons-le, donnons-lui notre cœur.

### LES DEUX CHOEURS RÉUNIS.

Bénissez-nous,
Jésus, notre unique espérance,
Bénissez-nous,
Humiliés à vos genoux ;
Vous êtes un Dieu de puissance,
Et notre misère est immense :
Bénissez-nous.

### MÊME SUJET. (N° 219.)

1. Mortels, dans un profond silence,
Rendons hommage à l'Eternel ;
Prions, implorons sa clémence :
Son sang inonde cet autel.

Pour nous cette auguste Victime
S'offrit et mourut sur la Croix ;
Ah! que son amour est sublime!
Doux Rédempteur, entends nos voix.

2. O toi! qu'un voile impénétrable
Ici cache à nos faibles yeux,
Divin Jésus, Sauveur aimable,
Accueille nos soupirs, nos vœux.
Ici, pour nous donner la vie,
Tu meurs encore et, chaque jour,
L'amour t'immole dans l'hostie :
A toi nos cœurs et sans retour.

## MÊME SUJET. (N° 220.)

1. O ciel! quel miracle
S'opère en ces lieux !
Quel touchant spectacle
Vient frapper mes yeux !
Le Dieu du tonnerre
Voile sa grandeur :
Il vient sur la terre
Sauver le pécheur.

2. Lorsque je contemple
Cet auguste autel,
Mon œil dans ce temple
Cherche l'Eternel ;
Mais la foi m'éclaire
De son divin feu ;
Dans ce sanctuaire
J'adore mon Dieu.

5. Ah! si mon offense
Parle contre moi,
Seigneur, ta clémence
Rassure ma foi.
O douce espérance!
Soutien du pécheur,
Viens de confiance,
Viens remplir mon cœur.

## MÊME SUJET. (N° 221.)

1. Ne gémis plus, ô terre! un Dieu s'avance ;
Grâce à l'amour, le ciel n'est plus au ciel ;
Venez, mortels, remplis de confiance,
Anges, venez, environnons l'autel.

2. O doux Sauveur! bon Jésus, tendre Père,
Ami divin qui cherches des amis,
Nous voici tous : reçois notre prière,
Garde en ton cœur tous nos cœurs réunis.

A. DELACOUR.

### MÊME SUJET. (Nos 222. 592.)

1. O Jésus! aimable victime,
O saint Corps! ô Sang précieux
Ouvrez-nous la porte des cieux
Et sous nos pas fermez l'abime;
Donnez-nous force en nos combats
Et ne nous abandonnez pas.

2. O sainte, ô salutaire Hostie!
Qui, pour apaiser le courroux
D'un Père irrité contre nous,
Avez voulu perdre la vie;
Faites-moi victime à mon tour,
Et m'embrasez de votre amour.

3. Divin Epoux, mon cœur désire
De s'unir à vous pour jamais;
Faites, ô mon Dieu! désormais
Qu'après vous sans cesse il soupire,
Et que rien n'éloigne de vous
Ce cœur dont vous êtes jaloux.

### MÊME SUJET. (N° 223.)

1. O doux moment! ô ravissant spectacle!
Quel saint transport enivre tous mes sens!
Anges, témoins de cet heureux miracle,
Mêlez vos voix à nos faibles accents.

2. Le Créateur du ciel et de la terre
Veut habiter au milieu des mortels;
Le Dieu puissant qui lance le tonnerre
Pour notre amour descend sur nos autels.

### MÊME SUJET. (N° 224.)

1. Sur cet autel
Le Fils de Dieu pour nous sauver s'abaisse:

Sur les pas du Verbe immortel
Accourez, habitants du ciel ;
Venez célébrer sa tendresse,
A cet autel.

2. Sur cet autel
Jetez les yeux, voyez un sacrifice
Plus digne que celui d'Abel ;
Nous cessons, ô Père éternel !
De redouter votre justice,
A cet autel.

3. Sur cet autel,
O mon Jésus ! comme sur le Calvaire,
Au jour sanglant et solennel,
Témoin de ton trépas cruel,
Tu viens encor sauver la terre,
A cet autel.

4. Sur cet autel,
O mon Sauveur ! je te crois, je t'adore ;
A mon regard faible et mortel
La foi montrant le don du ciel,
Je te bénis et je t'implore,
A cet autel.

## MÊME SUJET.

Air : *Quand vous contemplerai-je.* (N° 194.)

1. O prodige ! ô puissance !
Les cieux se sont ouverts ;
Adorons en silence
Le Dieu de l'univers.

*Refrain.*

Anges du sanctuaire,
Réveillez vos accords ;
Oh ! que toute la terre
Eclate en doux transports,
Pour Jésus en doux transports.

2. O salutaire Hostie !
Immolée ici-bas,
Vers la sainte patrie
Guidez, guidez nos pas.

3. Quand l'ennemi nous presse
Soyez notre secours ;
Contre notre faiblesse
Défendez-nous toujours.

Alexandre Dufour.

MÊME SUJET. (N° 230.)

1. Ciel ! quel auguste sacrifice !
   Quel saint moment !
Le prêtre bénit le calice
   Et Dieu descend.
Il revient, Victime chérie :
   O doux retour !
Divin Jésus, toute ma vie
   Sois mon amour.

2. Le ciel est jaloux de ce temple,
   Où le Sauveur
Offre au juste qui le contemple
   Son tendre Cœur.
Pour prix de sa grâce infinie,
   Oui, sans retour,
Je veux vivre toute ma vie
   Dans son amour.

3. Ce Cœur sacré m'ouvre un asile,
   J'y resterai ;
C'est là que je vivrai tranquille,
   Je l'aimerai.
Et dans ce Cœur, source de vie,
   Je veux un jour,
Pour voler au ciel, ma patrie,
   Mourir d'amour.

MÊME SUJET. N°s (225. 253.)

1. O Dieu ! que vous êtes aimable
   Dans le Saint-Sacrement !
Oh ! que vous êtes admirable
   Dans cet abaissement !
      Où cinq mots seulement
      Font ce grand changement.

2. Oh ! que votre amour est extrême,
   Adorable Sauveur !

Vous changez le pain en vous-même,
　　Quel bien ! quelle faveur !
　　Changez aussi mon cœur,
　　Soyez-en le vainqueur.

3. O Sacrement ! ô sainte Hostie !
　　O miracle d'amour !
Vous me communiquez la vie,
　　Sur l'autel, chaque jour :
　　Souffrez donc qu'en retour
　　Je vous fasse ma cour.

4. O Corps sacré ! divin mystère,
　　Digne de tout honneur !
En vous j'adore et je révère,
　　Nous voilant sa grandeur,
　　Mon Dieu, mon Créateur,
　　Mon souverain Seigneur.

5. Sang précieux, ô saint calice !
　　Offert au Tout-Puissant,
Afin d'apaiser sa justice,
　　Coulez en cet instant ;
　　Coulez, Sang innocent,
　　Dans mon cœur languissant.

6. O Pain céleste ! ô Pain de vie !
　　Jésus, nourrissez-moi ;
Dieu caché dans l'Eucharistie,
　　Affermissez ma foi :
　　Que toujours, ô mon Roi !
　　Je suive votre loi.

MÊME SUJET. (Nos 226. 266. 181.)

1. Oui, c'est Jésus qui daigne ici paraître,
C'est l'Eternel, le Souverain des cieux ;
Un voile obscur le dérobe à mes yeux,
Mais mon cœur sent qu'il est près de son Maître.

2. Agneau divin, quelle ardeur vous anime !
Mourir pour moi fut peu pour votre amour ;

Il faut encor que pour moi, chaque jour,
Sur cet autel vous deveniez victime.

3. O bienheureux! chœurs immortels des Anges,
Qui de si près contemplez mon Sauveur,
A mon amour unissez votre ardeur,
A mes accents unissez vos louanges.

## MÊME SUJET. (N° 227.)

1. Prosternez-vous! l'heureux moment s'avance,
Je vois s'ouvrir le séjour immortel;
Le Dieu d'amour, de paix et de clémence,
Du haut des cieux descend sur cet autel.

*Refr.* Il vient : ô bonté ravissante!
L'amour l'abaisse jusqu'à moi.
Chante, ô mon âme! chante, chante
Ton Dieu, ton Roi.

2. O doux Jésus! prodigue de toi-même,
Sois mon bonheur et mon souverain bien :
Pour le chrétien qui te possède et t'aime,
Toi seul es tout, l'univers n'est plus rien.

## MÊME SUJET. (N° 228.)

1. Toi qui m'ouvres les cieux, ô pure et sainte Hostie!
Quand tu viens sur l'autel t'immoler aujourd'hui,
Dans les combats de cette triste vie,
Contre l'enfer prête-moi ton appui.

2. Je te bénis, mon Dieu, dont la chair délectable
Devient mon aliment et ma félicité :
Gloire à ton nom, ô Pasteur adorable!
Et dans le temps et dans l'éternité!

Hon. Greppo.

## MÊME SUJET. (N° 229.)

Sur cet autel avec amour
Adorons l'auguste Victime,
Qui pour nous s'immole en ce jour
Et vient expier notre crime.

CHOEUR. Jésus, vois ton peuple à genoux,
Oublie enfin sa trop longue inconstance;
En ce moment daigne sur nous
Jeter un regard de clémence (1re *fois*);
Abaisser ton regard si doux (2e *fois*).

Ce grand mystère, que je crois,
Me soutient et me fortifie;
Le Dieu qui mourut sur la croix
Sur l'autel est le pain de vie.

## MÊME SUJET. (N° 231.)

1. Sous ces symboles mystérieux,
Jésus s'abaisse en notre présence;
Il est ici sans quitter les cieux,
    Voilé par sa puissance.
O tendre amour ! ce divin Sauveur
    Cache sa grandeur,
    Sa vive splendeur ;
        Il renouvelle
        Sa mort cruelle,
    En notre faveur.
Ce Dieu souffre et s'immole pour nous;
Il adore, il rend grâce à son Père;
Il nous obtient ses dons les plus doux,
    Désarme sa colère.

2. Il vient s'opposer aux châtiments
Que mérite l'homme qui l'offense;
Il vient remplir les cœurs pénitents
    D'une douce espérance;
Il vient, ce Dieu, pour nous sauver tous,

Cet aimable Epoux,
Ce Roi le plus doux.
O grand mystère !
Un Dieu sur terre,
Un Dieu tout à nous !
Il est présent pour notre bonheur;
Sur cet autel il se fait victime :
Répondons tous par notre ferveur
A l'amour qui l'anime.

MÊME SUJET.

Air : *O Croix cher gage.* (N° 280.)

Honneur, hommage,
Gloire à l'Eternel !
Pour nous, pour notre usage
Il descend du ciel.
Honneur, etc.

Chantons d'âge en âge
Ses bienfaits;
Aimons sans partage
Ses attraits.
Honneur, etc.

Mêlez, ô saints Anges !
Vos accents,
Vos voix, vos louanges
A nos chants.
Honneur, etc.

MÊME SUJET. (N° 232.)

1. Chantons en chœur l'auguste et saint mystère ;
Le Tout-Puissant, le Fils de l'Eternel,
    Jésus descend sur l'autel ;
  Ce Dieu d'amour, ce tendre Père,
    Quitte les cieux pour la terre.

2. Vierge sans tache, ô Reine de clémence !
Mère du Christ, asile des pécheurs,
    Voyez à vos pieds nos cœurs ;
  Ah ! réclamez pour notre offense
    Miséricorde, indulgence.

## MÊME SUJET.

Air : *O Dieu que vous êtes aimable !* (Nos 233. 225.)

1. O terre ! ô cieux ! quelle merveille !
   Quel prodige étonnant !
Par une bonté sans pareille,
   Le Fils du Tout-Puissant,
   Spectacle ravissant !
   Sur nos autels descend.

2. Que j'ai de grâces à vous rendre,
   Mon adorable Roi !
Epris de l'amour le plus tendre,
   Vous venez jusqu'à moi ;
   Quel retour je vous doi !
   Tout m'en fait une loi.

3. Seigneur, il faut que je vous aime
   Autant qu'on peut aimer :
N'êtes-vous pas le bien suprême
   Qui seul doit nous charmer ?
   Amour, viens m'animer,
   Pour Jésus m'enflammer.

## MÊME SUJET. (N° 234.)

1. Quel objet adorable
Est celui que je voi ?
Quel prodige admirable
Brille aux yeux de ma foi ?
Je comprends ce mystère :
C'est Jésus, c'est mon Roi,
C'est mon Dieu, c'est mon Père :
Ah ! quel bonheur pour moi !

2. Venez, troupe angélique,
Auprès de cet autel,
Chanter votre cantique
A ce Prêtre éternel.
Et vous, peuple fidèle,
Sensible à ses bienfaits,
Plein d'amour et de zèle,
Bénissez-le à jamais.

3. Devant vous je m'abaisse,
Je ne suis qu'un pécheur ;
Versez en moi sans cesse
Vos grâces, doux Sauveur.
Du haut de votre trône,
Montrez-vous en vainqueur,
Et que chacun vous donne
Son esprit et son cœur.

MÊME SUJET. (N° 255.)

1. Célestes chœurs, anges du sanctuaire,
A nos accents unissez vos transports;
Le Dieu d'amour, victime salutaire,
De ses bienfaits nous ouvre les trésors.

2. Sur cet autel, à l'homme qui l'offense
Il vient offrir un pardon généreux;
Il vient du faible animer la constance,
Rendre la paix au cœur du malheureux.

3. Divin Jésus, à te servir fidèles,
Nous jurons tous de t'aimer sans retour,
Afin qu'un jour de palmes immortelles
Ta main au ciel couronne notre amour.

MÊME SUJET. (N° 256.)

*Solo.* O divine Eucharistie!
    Que vos effets sont puissants!
    Qui sait vous goûter oublie
    Tous les vains plaisirs des sens.
    En vous il trouve la vie,
    Ses délices, son bonheur;
    C'est le seul bien qu'il envie
    Et qui peut remplir son cœur.

CHOEUR. O divine Eucharistie!
    Que vos effets sont puissants!
    Oh! quelle âme n'est ravie
    De vos doux enchantements!
    Que vos bienfaits sont touchants!

*Duo.* Silence: prosternons-nous,
    Le front vers la terre;
    Anges du ciel, voilez-vous
    Dans le sanctuaire. *(fin.)*
    Oh! l'adorable mystère!
    Qui nous révèle un bon Père
    Et l'amour qu'il nous porte à tous. CHOEUR.

MÊME SUJET. (N° 237.)

1. Fuyez, fuyez, ô vaines ombres !
Qui me cachez le Roi des cieux ;
Disparaissez, nuages sombres,
Qui le dérobez à mes yeux.
En vain tout voile sa présence ;
C'est lui, c'est mon Dieu que je vois ;
Mortels, adorez en silence,
Adorez, c'est le Roi des rois.

2. Oh ! quand pourrai-je avec les Anges,
Délivré de tous mes liens,
Célébrer, Seigneur, vos louanges,
Et jouir des célestes biens ?
Jusqu'à cette heure fortunée,
Sans fin mon cœur soupirera
Et mille fois dans la journée,
Dieu d'amour, il vous bénira.

MÊME SUJET. (N° 238.)

1. Adorons le Seigneur
Dans cet auguste sanctuaire ;
Que le ciel s'unisse à la terre,
Et loue un Dieu Sauveur.

2. Il s'approche de nous,
Pécheurs, soyons pleins d'espérance ;
C'est le Dieu d'amour, de clémence :
Tombons à genoux.

MÊME SUJET. (N° 239.)

1. Je vous adore en silence | Votre divine présence
Sur l'autel, ô doux Sauveur ! | M'anime et fait mon bonheur.

Aux saints concerts des An-  
Je m'unie, ô Jésus ! [ges  
Souriez à mes louanges,  
Donnez-moi vos vertus.

2. Cet ineffable mystère  
M'est un gage précieux  
Et de vos dons sur la terre,

Et de la gloire des cieux.  
Ici je sens mon âme  
Se consumer d'amour ;  
Daignez, pour prix de ma flam-  
Me bénir chaque jour. [me,

P. L. A. FRAY.

### MÊME SUJET.

Air : *Jésus vient en ces lieux.* (N° 86.)

1. Spectacle ravissant !  
Le Dieu de la nature  
Contemple en ce moment  
Son humble créature.  
Oui, l'Eternel, le Roi des cieux,  
Pour nous est présent en ces lieux.  
    O quel bonheur !  
    O quel honneur !  
Donnons-lui notre cœur.

2. Aimons ce Dieu d'amour,  
C'est le meilleur des pères ;  
Dans cet heureux séjour,  
Touché de nos misères,  
Il vient combler de ses présents,  
Il vient bénir tous ses enfants.  
    O quel bonheur !  
    O quel honneur !  
Donnons-lui notre cœur.

### MÊME SUJET.

Air : *Silence ciel.* (N° 84.)

1. Un Dieu paraît : mortels, silence !  
Que tout se taise en sa présence.

Des Saints le concert solennel
 Commence.
Adorons le Maître immortel
 Du ciel,

2. Toi, que ma pauvreté réclame,
Embrase d'une vive flamme
Et de la plus constante ardeur
 Mon âme ;
Mon bien-aimé, sois de mon cœur
 Vainqueur.

3. Que notre bonheur est extrême !
Voyez combien Jésus nous aime ;
Puissions-nous, grand Dieu, te chérir
 De même,
Et dans ton bien doux souvenir
 Mourir !

## MÊME SUJET, (N° 240.)

1. Salut, salut, divine Eucharistie,
Toi dont l'aspect fait tressaillir mon cœur,
O Dieu caché dans cette sainte Hostie !
Jésus, mon Roi, Jésus, mon seul bonheur !

2. Salut, salut, ô Dieu plein de tendresse,
Toi que j'implore à chaque instant du jour !
Daigne exaucer les vœux que je t'adresse,
Jésus, mon Roi, Jésus, mon seul amour.

3. Salut, salut, ô Dieu plein de clémence !
Laisse mon cœur reposer près du tien,
Pour y goûter la paix de l'innocence,
Jésus, mon Roi, Jésus, mon seul soutien.

4. Salut, salut, ô Dieu rempli de charmes !
Ah ! dans le ciel quand pourrai-je te voir ?
Viens terminer mes langueurs, mes alarmes,
Jésus, mon Roi, Jésus, mon seul espoir.

CUINET.

## MÊME SUJET.

Air : *Vous qu'en ces lieux.* (N° 125.)

Prosternons-nous devant le Roi des cieux ;
 Unissons-nous aux chœurs des Anges ;
De l'Eternel, présent dans nos saints lieux,
 De concert chantons les louanges. (*fin.*)

1. Ce Dieu puissant, du séjour immortel,
 Abaissant sa grandeur suprême,
Vient chaque jour s'offrir sur cet autel
 Et se sacrifier lui-même.
Prosternons-nous, etc.

2. Heureux chrétiens, aux pieds du Dieu d'amour
 Allons déposer notre offrande ;
Consacrons-lui tous nos cœurs sans retour :
 C'est le seul présent qu'il demande.
Divin Sauveur, adorable Jésus,
 De nos cœurs agréez l'hommage ;
Daignez nous mettre au rang de vos élus,
 Soyez toujours notre partage.
Prosternons-nous, etc.

## MÊME SUJET. (N° 241.)

1. O Victime d'amour !
 Esclave volontaire,
 Vous êtes nuit et jour
 Caché dans ce mystère.
Venez, ô doux Jésus ! et consumez nos âmes
 Par l'ardeur de vos feux et de vos flammes.

2. Il est vrai, j'ai péché,
 Mais je vous le confesse ;
 Mon cœur en est touché,
 Et votre amour le blesse.

Lancez vos traits puissants et consumez nos âmes
Par l'ardeur de vos feux et de vos flammes.

5. O très-Saint-Sacrement !
Le bonheur de ma vie,
Vous aimer dignement,
C'est mon unique envie.
Embrasez tous les cœurs et consumez nos âmes
Par l'ardeur de vos feux et de vos flammes.

### MÊME SUJET. (N° 242.)

1. Je vois s'ouvrir l'auguste tabernacle,
Sur cet autel paraît le Roi des cieux ;
Heureux mortels ! ce temple est un cénacle,
L'esprit d'amour le remplit de ses feux.

2. Divin Jésus, mon âme s'abandonne
Aux saints transports qu'inspire ton amour ;
O mon Sauveur ! tu m'offres ta couronne,
Et tu ne veux que mon cœur en retour.

5. Je suis à toi ; mais quelle est ma faiblesse !
Sur moi répands ta bénédiction ;
Soutiens mon cœur, daigne par ta tendresse
Eterniser cette heureuse union.

### MÊME SUJET.

Air : *Un fantôme brillant.* (N° 59.)

1. Du céleste séjour descendez, chœurs des Anges,
Entourez sur l'autel le Dieu de l'univers ;
Que vos divins accords éclatent dans les airs,
A nos faibles accents unissez vos louanges.

#### CHOEUR.

Abaissez, ô mortels ! devant votre Sauveur
Vos fronts respectueux, adorez en silence.
Tombez, pécheurs ingrats, au pied de sa grandeur,
Il en est temps encore (*bis*), implorez sa clémence.

2. Le flambeau de la foi, sous cet obscur nuage,
Découvre à nos regards le Fils de l'Eternel;
Nos vœux sont accomplis, Jésus est sur l'autel :
Chrétiens, avec amour offrons-lui notre hommage.

3. Pardonnez, doux Jésus, vous êtes notre Père ;
Bénissez vos enfants, ils sont à vos genoux ;
D'un Dieu vengeur du crime apaisez le courroux
Et réconciliez le ciel avec la terre.

## MÊME SUJET.

Air : *Ne me traitez pas ô grand Dieu !* (N° 163.)

1. Bien que mes yeux ne puissent pas,
 O Prêtre et Victime sans tache !
Distraits par les objets d'ici-bas,
 Percer le voile qui vous cache ;
  Sans aucun doute je croi
 Ce que de vous m'apprend la foi.

2. Je vous reconnais pour mon Dieu,
 Pour le grand et souverain Etre ;
Et, tout m'annonçant, dans ce saint lieu,
 Que vous êtes mon divin Maître,
  Je vous adore, Seigneur,
 Ici présent pour mon bonheur.

3. Quand vous aimerai-je à mon tour,
 Père tendre, ô bonté suprême ?
Quand pourrai-je m'immoler d'amour,
 Mourir et revivre en vous-même ?
  Quand vous verrai-je, Jésus,
 Dans le Ciel avec les élus ?

## MÊME SUJET. (N° 446.)

1. Mon doux Jésus, viens régner sur mon âme,
Viens l'embraser d'une céleste ardeur ;
Viens, qu'un rayon de ta divine flamme
En trait brûlant pénètre dans mon cœur.

— 310 —

2. Entends ma voix; de ton saint tabernacle
Descends, Seigneur, sur cet autel sacré,
Où chaque jour renouvelle un miracle
Que ton amour a jadis opéré.

5. Oui! je le sens, mon âme s'abandonne
Au doux transport dont Jésus la remplit.
Oh! c'est bien lui; l'ombre qui l'environne
Le cache aux yeux, mais mon cœur me le dit.

4. Reçois, Seigneur, mes sincères promesses;
Répands sur moi tes bénédictions;
Verse en mon cœur, en tes saintes largesses,
Et ton esprit et tes plus riches dons.

### MÊME SUJET.

Air: *Sur les Apôtres assemblés.* (N°ˢ 152. 584.)

1. Adorons tous sur cet autel,
Adorons la Victime sainte,
Jésus, le Fils de l'Éternel,
Présent dans cette auguste enceinte.
S'il est invisible à nos yeux,
Que la foi perce le nuage;
Sous ce voile mystérieux,
Au Dieu d'amour rendons hommage.

2. Doux Sauveur, pour tant de bienfaits
Que je reçois de ta clémence,
Mon âme ne pourra jamais
T'exprimer sa reconnaissance.
Je veux jusqu'à mon dernier jour
Me donner à toi sans partage
Et, par un généreux retour,
D'un tendre amour t'offrir l'hommage.

### MÊME SUJET. (N° 272.)

1. Devant l'autel, trône de votre grâce,
Voyez, Seigneur, vos enfants prosternés;

Dans votre Cœur ils réclament leur place,
La foi leur dit qu'ils seront pardonnés.
Au cœur contrit vous avez dit : Espère,
Le repentir désarme mon courroux.

CHOEUR.

Daignez encor vous montrer notre Père,
Bénissez-nous.

### MÊME SUJET.

Air : *Lorsque tout dort.* (N° 184.)

1. O seul ami ! que j'adore et contemple,
Divin Epoux, ô Jésus ! mon espoir,
Ah ! près de toi que ne puis-je en ce temple
Couler mes jours jusqu'à leur dernier soir !

2. Si ton amour me ravit par ses charmes,
Ah ! donne-moi de répondre à ses feux ;
Je veux t'aimer dans les croix, dans les larmes,
En attendant de te voir dans les cieux. P. 128.

Marie EUSTELLE.

### MÊME SUJET.

Pour la messe de minuit.

Air : *O doux moment.* (N° 223.)

1. Il est minuit : ô prodige ! ô mystère !
De doux accords éclatent dans les airs :
Gloire au Très-Haut et bonheur à la terre !
Voici le Dieu promis à l'univers.

2. Petit Enfant, si doux, si plein de charmes,
Tous à l'envi nous t'offrons notre cœur ;
Tes jours naissants finissent nos alarmes ;
A ton aspect, tout renaît au bonheur.

3. Heureuse Mère, entre toutes bénie,
Tu mets au jour ton Dieu, ton Créateur ;
La terre émue à ton sort porte envie,
Et dans tes bras adore son Sauveur.

MÊME SUJET. (N° 243.)

Pour un temps de pénitence.

1. Le cœur brisé par la douleur,
Au souvenir de mon offense,
Je me jette à vos pieds, Seigneur,
Pour réclamer votre indulgence.
Ah! j'ai péché, j'ai péché contre vous;
J'ai provoqué votre juste vengeance;
J'ai mérité vos plus terribles coups :
Où fuir, hélas! le céleste courroux?

2. Grand Dieu ! j'adore en frémissant
Votre justice formidable;
Je vois votre bras menaçant
Levé sur ma tête coupable.
Déjà je vois sous mes yeux s'entr'ouvrir
D'un feu brûlant l'abîme épouvantable;
L'horrible enfer est prêt à m'engloutir :
Pauvre pécheur; que vais-je devenir?

3. Mais que dis-je? dans ce saint lieu
Tout ranime ma confiance;
La foi me montre ici mon Dieu
Sur le trône de sa clémence.
Auprès de vous, Jésus, ô Dieu d'amour!
Je sens renaître en mon cœur l'espérance :
Pardonnez-moi, je promets dès ce jour
De vous aimer, d'être à vous sans retour. P. 159.

MÊME SUJET. (N°ˢ 244. 153.)

Pour le Jeudi-Saint.

Air : *Chantons le mystère adorable.*

1. Par un amour inconcevable,
Près de mourir,
Jésus de sa chair adorable
Veut nous nourrir;

Prévenus de tant de faveurs,
 Chantons sans cesse :
Vive Jésus le Roi des cœurs,
 Qui jusqu'à nous s'abaisse.

2. Le pain devient, par sa puissance,
 Son corps vivant,
Et le vin, changeant de substance,
 Devient son sang.
Qui peut concevoir ces faveurs ?
 Chantons sans cesse, etc.

3. S'il paraissait dans ce mystère,
 Sans se cacher,
Qui serait assez téméraire
 Pour approcher ?
L'amour doit payer ces faveurs :
 Chantons sans cesse, etc.

4. Auguste et divine merveille
 Du Sacrement !
Que notre foi donc se réveille
 En ce moment ;
Un Dieu prodigue ses faveurs ;
 Chantons sans cesse, etc.

5. Ah ! daignez au festin céleste
 Nous transporter :
C'est le seul bonheur qui nous reste
 A souhaiter ;
Couronnez, Jésus, vos faveurs,
 Par cette grâce ;
Qu'au ciel, aimable Roi des cœurs,
 Nous voyions votre face.

MÊME SUJET.

Pour le jour de Pâques.

Air : *Reine des cieux.* (N° 135.)

1. Il est vivant et l'univers l'adore,
Le Fils de l'homme au Calvaire immolé !
Il va régner du couchant à l'aurore ;
Satan vaincu dans l'abîme a tremblé.

CHOEUR.

Du Dieu Sauveur célébrons la victoire,
Son bras terrible a terrassé la mort :
A lui toujours salut, honneur et gloire !
Louange, amour au Dieu puissant et fort !

2. Sur cet autel, comme sur le Calvaire,
Il coule encor pour nous, son sang divin.
Nous t'adorons, Victime salutaire,
Mêlant nos vœux aux chants du Séraphin.

3. Soumets nos cœurs à tes lois paternelles,
O bon Jésus ! Roi doux et glorieux ;
Fais qu'à jamais nous te soyons fidèles,
Afin qu'un jour nous chantions dans les cieux !

P. L. A. FRAY.

### MÊME SUJET.
#### Pour une messe à la Sainte Vierge.

Air : *Toi qui donnas la vie.* (N<sup>os</sup> 245, 347.

1. Votre Fils, ô Marie !
Le Fils de l'Eternel,
S'offre et se sacrifie
Pour nous sur cet autel.
Quel excès de tendresse !
   De son séjour
Il descend, il s'abaisse
   Pour notre amour.

2. Pour rendre un digne hom-
A ce Tout-Puissant Roi, [mage
Qu'ici voile un nuage,
Mais qu'adore la foi,
Prêtez-nous de votre âme
   Les sentiments,
De votre cœur la flamme,
   Les feux ardents.

3. En vous, Vierge sublime,
Cet aimable Sauveur,
Cette illustre Victime
A pris son tendre cœur,

Sa chair sainte et divine,
   Pour nous sauver,
Et le sang qu'il destine
   A nous laver.

4. Mère tendre et propice,
Demandez donc pour nous
Les fruits d'un sacrifice
Dont l'hostie est à vous.
Jésus-Christ sur la terre,
   Vous fut soumis ;
Au ciel, il vous révère
   Comme un bon fils.

5. Faites qu'avec les Anges,
Nos voix puissent un jour
Célébrer vos louanges
Dans la céleste cour.
Obtenez-nous la grâce
   D'y voir enfin
Le Sauveur face à face :
   Heureux destin !

MÊME SUJET. (Nos 213. 583.)

Pour une messe des morts.

1. O Victime
De tout crime !
Daignez abaisser les yeux
Sur ces flammes,
Où les âmes
Souffrent des tourments affreux.

2. De leurs chaines,
De leurs peines,
Que le poids est accablant !
Leurs misères,
Nos prières,
Vous implorent, Dieu clément.

3. Dieu suprême,
Bonté même,
Elles gardèrent la foi,
Vous aimèrent
Ou pleurèrent
Les oublis de votre loi.

4. Ah ! les traces
De vos grâces
Sont empreintes dans leurs cœurs ;
Du supplice,
Dieu propice,
Conduisez-les au bonheur.

P. 140.

ÉLÉVATION ET COMMUNION. (Nos 246. 247.)

1. Venez, ô doux Jésus ! hâtez-vous de paraître,
Venez pour nous servir de victime et de prêtre.
Nos vœux sont exaucés, Jésus descend des cieux,
Mais sous un voile obscur il se cache à nos yeux.

2. Je crois, divin Sauveur, fondé sur vos oracles,
Je crois sans hésiter le plus grand des miracles :
Qu'invisible à mes yeux, mais visible à ma foi,
De nouveau sur l'autel vous vous livrez pour moi.

3. Pour sauver les humains, pure et sainte Victime,
C'est vous qui de ce monde avez porté le crime :
Achevez votre ouvrage, adorable Sauveur,
Lavez dans votre sang les taches de mon cœur.

4. Moi, m'oser approcher de votre sainte Table !
Non, je n'en suis pas digne, hélas ! je suis coupable;
Mais votre voix suffit, parlez, Dieu tout-puissant,
Vous pouvez d'un seul mot me guérir à l'instant.

5. Mais que dis-je, grand Dieu ! ma langueur est extrême,
Hélas ! pour la guérir j'ai besoin de vous-même.

14.

Médecin charitable, entrez donc dans mon cœur
Et venez, par vos feux, en bannir la froideur.

6. Quoi! jusqu'à mon néant un Dieu daigne descendre!
Que de biens précieux n'en dois-je pas attendre?
O prodige! ô miracle! ô mystère d'amour!
Le Monarque des cieux fait en moi son séjour.

7. O céleste aliment! trésor inestimable!
Jésus, je vous possède : ô bonheur ineffable!
Vous vous donnez à moi, vous vous donnez à tous :
Par un juste retour, mon cœur est tout à vous.

## POUR LA SAINTE COMMUNION. (N<sup>os</sup> 248. 218.)

1. Mon Bien-aimé, le trésor des fidèles,
Veut aujourd'hui me servir d'aliment :
  Faveurs nouvelles !
  Festin charmant !
Comblez mes vœux, hâtez-vous, doux moment!
Anges du ciel, portez-moi sur vos ailes.

2. Sans nul éclat ce grand Dieu va paraître;
Sur cet autel est-ce lui que je vois?
  Est-ce mon Maître?
  Est-ce mon Roi?
Laissez, mes yeux, laissez agir ma foi :
Un œil chrétien ne peut le méconnaître.

3. Du Roi des rois je suis le tabernacle :
Quoi! de mon âme un Dieu devient l'époux!
  Charmant spectacle!
  Espoir trop doux!
Rendez, grand Dieu, mon cœur digne de vous;
Vous pouvez seul opérer ce miracle.

4. Je m'attendris sans trouble et sans alarmes;
Amour divin, je ressens vos langueurs;
  Heureuses larmes!
  Aimables pleurs!
Ah! que mon âme y trouve de douceurs!
Tous vos plaisirs, mondains, ont-ils ces charmes?

5. Que rien en moi, ni passion, ni vice,
Ne fasse plus la guerre au Roi des rois ;
    D'un Dieu propice
    Suivons les lois :
Je viens, Seigneur, docile à votre voix,
De mes penchants vous faire un sacrifice.

6. Ce pain des forts soutiendra mon courage ;
Venez, démons, de mon bonheur jaloux ;
    Que votre rage
    Vous arme tous ;
Je ne crains point vos plus terribles coups,
De ma victoire un Dieu devient le gage.

7. Il me remplit d'une douce espérance,
Qui me doit suivre au-delà du trépas,
    Si sa puissance
    Soutient mon bras :
C'est peu pour lui d'animer mes combats,
Il veut encore être ma récompense.

8. Pour un pécheur que sa tendresse est grande !
Qu'elle mérite un généreux retour !
    Mais quelle offrande
    Pour tant d'amour !
Prenez mon cœur, ô mon Dieu ! dans ce jour :
Etre à vous seul, c'est tout ce qu'il demande.
FÈNÉLON.

## MÊME SUJET. (N° 249.)

1. Mon cœur soupire dès l'aurore :
Objet de ses chastes amours,
Divin Jésus, ma voix t'implore,
Viens m'unir à toi pour toujours.
O doux moments ! bonheur suprême !
On ne peut rien vous comparer :
Quand on possède un Dieu lui-même,
Que reste-t-il à désirer ?

2. Jésus paraît : mon cœur palpite
Et de frayeur et de désirs ;
Le délai le peine et l'irrite,
Il souffre et s'exhale en soupirs.

O doux moments! bonheur suprême!
On ne peut rien vous comparer:
Posséder le Dieu que l'on aime
Est le seul bien à désirer.

3. Quels doux transports! ah! quelle flamme
Me consume de ses ardeurs!
Jésus en pénètre mon âme
Et l'inonde de ses faveurs.
O doux moments! bonheur suprême!
On ne peut rien vous comparer:
Je possède enfin ce que j'aime,
Je n'ai plus rien à désirer.

4. Divin Jésus, ô mes délices!
Je ne peux plus vivre sans toi;
Exige tous les sacrifices,
J'y consens; mais reste avec moi.
O doux moments! bonheur suprême!
On ne peut rien vous comparer:
Quand je jouis de Dieu lui-même,
Que pourrai-je encor désirer?

## MÊME SUJET. (N° 250.)

1. Quelle est la voix enchanteresse
Qui se fait entendre aujourd'hui?
Ah! c'est le Dieu, plein de tendresse,
Qui veut que je m'unisse à lui.
Nonobstant toute ma faiblesse,
J'y cours, il sera mon appui;
Jésus, qui m'appelle son frère,
A pour moi (bis) plus d'amour qu'un père.

2. Que vois-je, ô Dieu! sur cette table?
Quel est ce mets délicieux?
Que son aspect est agréable!
C'est le plus doux présent des cieux;
C'est un trésor inépuisable,
Qui charme le cœur et les yeux.
Jésus, qui m'appelle son frère,
Aujourd'hui (bis) fera plus qu'un père.

3. Ce n'est pas un pain ordinaire
Qui pourrait apaiser ma faim ;
Venez, venez, Pain salutaire
Qu'il a préparé de sa main.
Son amour veut se satisfaire
En m'invitant à son festin :
Jésus, qui m'appelle son frère,
Traite mieux (bis) que ne fait un père.

4. J'ai trouvé la source de vie,
J'ai trouvé le souverain bien.
O ciel ! verras-tu sans envie
Que ton Dieu soit aussi le mien ?
En ce jour, mon âme défie
Qu'un bonheur soit égal au sien.
Jésus, qui m'appelle son frère,
Ah ! devrait (bis) s'appeler mon père.

5. Son sang, qu'il veut me faire boire,
Est le germe des vrais plaisirs ;
Il est le gage de sa gloire,
Le terme de tous mes désirs ;
Il bannira de ma mémoire
Les vains objets de nos soupirs.
Jésus, qui m'appelle son frère,
Vaut bien mieux (bis) que le meilleur père.

6. De tous mes maux j'ai le remède :
Combien heureux est mon destin !
Il vient, mon Sauveur, à mon aide :
Quelle douceur est dans mon sein !
Oui, je le tiens, je le possède,
En moi je sens un feu divin.
Jésus, qui m'appelle son frère,
Désormais (bis) sera mon bon père.

MÊME SUJET. (N° 251.)

1. Comblez mes vœux et devancez l'aurore,
O Dieu d'amour ! digne objet de nos cœurs.
Refr. Quels plaisirs purs ! quelles chastes douceurs !
Oui, je le sens, c'est le Dieu que j'adore.

2. Tendre Jésus, que j'aime et que j'implore,
Vous m'enflammez des plus vives ardeurs.

3. O douce paix! que le pécheur ignore,
Enivrez-moi, faites couler mes pleurs.

4. Banquet sacré de l'Epoux qui m'honore,
Vous m'admettez aux célestes faveurs.

5. Ah! c'en est fait, ô mon Dieu! je déplore
D'un cœur ingrat les coupables erreurs.

6. Monde insensé, pour jamais je t'abhorre;
Loin, loin de moi tous tes charmes trompeurs.

#### MÊME SUJET. (N° 252.)

1. O jour heureux pour moi!
Mon bonheur est extrême;
Jésus, mon divin Roi,
Veut enfin dans moi-même
    Venir:
Quel plus doux plaisir!

2. Eh! quoi, le Créateur,
Le Dieu de la nature,
A moi, pauvre pécheur,
Servir de nourriture!
    O cieux!
Quel don précieux!

3. Par un excès d'amour,
Vous vous donnez vous-même;
Par un juste retour,
Grand Dieu, que je vous aime!
    Mon cœur,
Soyez plein d'ardeur.

4. Hors de vous, ô Jésus!
Objet de ma tendresse,
Rien ne me touche plus!
Que je brûle sans cesse
    Pour vous:
Rien ne m'est si doux.

5. Ah! point d'iniquité;
Point en moi de souillure;
Le Dieu de pureté
Demande une âme pure.
    Seigneur,
Guérissez mon cœur.

6. Est-il péché plus noir,
Forfait plus détestable,
Que de vous recevoir
Avec un cœur coupable?
    La mort
Plutôt qu'un tel sort.

7. Donnez-moi les vertus,
O Dieu! tout adorable,
Qui me rendront le plus
A vos yeux agréable;
    Toujours
Soyez mon recours.

8. Que je sois affamé
De vous, vrai Pain de vie;
En vous que transformé
Moi-même je m'oublie:
    Venez,
Et dans moi régnez.

#### MÊME SUJET. (N° 253.)

1. Amour divin, ô sagesse éternelle!
Vous que chérit et désire mon cœur:
Apparaissez, beauté toujours nouvelle,
O doux Jésus! avancez mon bonheur.

*Refr.* Ah! loin de moi la coupe trop funeste,
Qui du méchant consomme le malheur!
Jésus m'invite à son banquet céleste:
Voici l'Epoux, c'est le Dieu de mon cœur.

2. Pourquoi, toujours insensible à ses charmes,
Ai-je oublié si longtemps ses bienfaits?
O Dieu Sauveur! voyez couler mes larmes,
Et dans ce jour acceptez mes regrets.

3. Il a voilé l'éclat de sa présence,
Pour rassurer les timides mortels:
Son tendre amour nourrit ma confiance,
Et me conduit au pied de ses autels.

4. Comment suffire à la reconnaissance?
Que vous offrir, ô magnifique Epoux?
Revêtez-moi de grâce et d'innocence,
Rendez mon cœur moins indigne de vous.

#### MÊME SUJET. (N° 254.)

1. Venez, Jésus, venez, ô mon Sauveur!
Venez, venez, ô le Dieu de mon cœur!
Au pied de vos autels un doux espoir m'attire;
Vous me l'avez promis, le bien que je désire.
Venez, Jésus, venez, ô mon Sauveur!
Venez, venez, c'est le vœu de mon cœur!

2. Venez, Jésus, venez, ô mon Sauveur!
Venez, venez, ô le Roi de mon cœur.
Longtemps, ah! trop longtemps ce cœur vous fut rebelle
Désormais, je le jure, il vous sera fidèle.
Venez, Jésus, venez, ô mon Sauveur!
Venez, venez, régner seul dans mon cœur.

3. Venez, Jésus, venez, ô mon Sauveur !
Venez, venez, et visitez mon cœur.
J'étais en proie aux loups ; de leur dent redoutable
Vous m'avez délivré, Pasteur infatigable.
Venez, Jésus, venez, ô mon Sauveur !
Venez, venez, et possédez mon cœur.

4. Venez, Jésus, venez, ô mon Sauveur !
Venez, venez, et soulagez mon cœur.
Rendez-lui la santé, Médecin charitable ;
Il est si faible encor, le moindre poids l'accable.
Venez, Jésus, venez, ô mon Sauveur !
Venez, venez, et guérissez mon cœur.

5. Venez, Jésus, venez, ô mon Sauveur !
Venez, cédez au besoin de mon cœur.
Vous m'avez adopté ; du pain de votre table
Vous daignez me nourrir, ô Père incomparable !
Venez, Jésus, venez, ô mon Sauveur !
Venez, venez rassasier mon cœur.

6. Venez, Jésus, venez, ô mon Sauveur !
Venez, venez, tendre Epoux de mon cœur.
Du plus ardent amour vous brûlez pour les âmes :
Quand pourrai-je pour vous brûler des mêmes flammes !
Venez, Jésus, venez, ô mon Sauveur !
Venez, venez, et consumez mon cœur.

7. Venez, Jésus, venez, ô mon Sauveur !
Venez, venez, délices de mon cœur.
Vous vous êtes caché dans la divine Hostie,
Pour être mon trésor, ma lumière, ma vie.
Venez, Jésus, venez, ô mon Sauveur !
Venez, venez, vivez seul dans mon cœur.

8. Venez, Jésus, venez, ô mon Sauveur !
Venez, venez, Bien-aimé de mon cœur,
Mon guide et mon soutien, mon Maître et mon modèle,
Mon doux Consolateur et mon ami fidèle :
Venez, Jésus, venez, ô mon Sauveur !
Venez, venez vous unir à mon cœur.

9. Venez, Jésus, venez, ô mon Sauveur !
Venez, venez, ô seul bien de mon cœur !
Ma Victime au Calvaire, ici mon espérance,

Mon refuge à la mort, au ciel ma récompense ;
Venez, Jésus, venez, ô mon Sauveur !
Venez, venez, c'est le vœu de mon cœur.

## MÊME SUJET. (N° 582.)

*Refrain.*

Le voici, l'Agneau si doux,
　Le vrai pain des Anges.
　Gloire, honneur, louanges !
　Adorons-le tous.

1. C'est un tendre Père,
C'est le bon Pasteur,
Un ami sincère ;
C'est notre Sauveur.
 Le voici, etc.

2. C'est la sainte Hostie,
Le trésor des cieux,
D'éternelle vie
Gage précieux.

3. C'est l'amour suprême,
Le Roi des élus ;
C'est le ciel lui-même,
Puisque c'est Jésus.

4. Au meilleur des pères
Allons découvrir
Toutes nos misères,
Qu'il veut secourir.

5. Disons-lui nos peines,
Toutes nos douleurs ;
Il rompra nos chaînes,
Tarira nos pleurs.

6. De notre faiblesse
Il aura pitié,
De notre tristesse
Prendra la moitié.

7. De ta vive flamme,
Feu du pur amour,
Viens brûler mon âme
En cet heureux jour.

8. Qu'une humble prière
Dieu de sainteté,
Qu'un aveu sincère
Touche ta bonté.

9. Epoux de mon âme,
Entends mes soupirs ;
Mon cœur te réclame,
Comble ses désirs.

10. Il paraît : Silence !..
Ah ! quelle faveur !
Mon Jésus s'avance,
Il est dans mon cœur.

*Refrain.*

Je le sens, ce Dieu d'amour,
　Le vrai pain de vie ;
　Mon âme est unie
　A lui sans retour.

11. Sa sainte présence
Remplit tout mon cœur
De reconnaissance,
De paix, de bonheur.
 Je le sens, etc.

12. Ma foi qui t'implore,
Dieu de majesté,
Dans mon cœur adore
Ta divinité.

13. Mon unique Maître,
Oh ! comment jamais
Pouvoir reconnaître
Tes divins bienfaits ?

14. Des Saints et des Anges
Je t'offre les vœux,
L'encens, les louanges,
L'ardeur et les feux.

15. Fais que, par ta grâce,
O mon Doux Sauveur !

Rien ne te remplace
Au fond de mon cœur.

16. T'aimer et te suivre,
C'est tout mon désir ;
Pour toi je veux vivre
Et pour toi mourir.

MÊME SUJET. (N° 255.)

1. O faveur inestimable !
De Jésus festin charmant !
Lui-même, à la sainte Table,
Veut être notre aliment :

*Refr.*     Ah ! qu'il est tendre,
            Ce cher Epoux !
D'aimer ses attraits peut-on se défendre,
D'aimer ses attraits si touchants, si doux ?

2. C'est trop peu pour sa tendresse
De nous ouvrir ses trésors ;
L'ardent amour qui le presse
Nous offre son sacré Corps.

3. Il se donne sans partage
A l'homme ingrat et pécheur :
Que pouvait-il davantage
Pour gagner tout notre cœur ?

4. Il veut s'unir à nos âmes,
Pour les élever aux cieux,
Nous consumer de ses flammes
Et nous transformer en dieux.

5. Pour combler le grand courage
De cet amour pur et vif,
En nous tirant d'esclavage,
Il se fait notre captif.

6. Cherchons dans ce pain de vie
Notre force et notre appui ;
De son Dieu l'âme nourrie
Ne doit vivre que pour lui.

## MÊME SUJET.

Air : *Dans ce profond mystère.* (N° 161.)

1. Jésus quitte son trone,
Pour descendre en mon cœur;
Il voile sa couronne
Et cache sa grandeur.

*Refrain.*

O sort digne d'envie !
Quoi ! l'Auteur de la vie
En moi fait son séjour !
O mon âme ravie !
Consume-toi d'amour.

2. O Jésus ! quel abîme
De douceur, de bonté !
Oubliez-vous mon crime
Et mon indignité ?
O sort, etc.

3. O Dieu de l'innocence !
Que suis-je devant vous ?
Je n'ai rien qui n'offense
Vos yeux purs et jaloux.
O sort, etc.

4. Je suis votre conquête ;
Commandez en vainqueur :
Ma gloire est ma défaite,
Servir est ma grandeur.
O sort, etc.

5. Mon âme s'est donnée
A l'aimable Jésus :
A son cœur enchaînée,
Elle ne fuira plus.
O sort, etc.

6. C'est assez me poursuivre,
Vous m'avez su charmer :
Que je cesse de vivre,
Si je cesse d'aimer !
O sort, etc.

7. Le trésor où j'aspire,
C'est vous, ô mon Jésus !
J'ai ce que je désire,
Je ne veux rien de plus.
O sort, etc.

8. Amour pur, amour tendre
Le cœur qui t'a goûté
Ne doit plus rien attendre
Que l'immortalité.
O sort, etc.

## MÊME SUJET.

Air : *Ne me traitez pas ô grand Dieu.* (N° 165.)

1. O doux moment ! ô quel bonheur !
Plaisirs purs ! innocente ivresse !
Est-il possible que mon Sauveur
Me témoigne tant de tendresse ?
   Puis-je le croire ? (*bis*) ce jour (*bis*)
Livre à mon cœur le Dieu d'amour.

2. Voyez combien je suis heureux :
L'Auteur de toute la nature
S'empresse, pour accomplir mes vœux,
De devenir ma nourriture :
  Quelle largesse ! (bis) sa main (bis)
Des Anges m'a rompu le pain.

3. Ah ! pour répondre à tant d'amour,
Que mon ardeur devienne extrême ;
Oui, pour user d'un juste retour,
Je veux l'aimer autant qu'il m'aime :
  Que je m'enflamme, (bis) grand Dieu ! (bis)
Consumez-moi de ce beau feu.

4. Par la soif se sentant pressé,
Le cerf court après une eau pure :
Me montrerai-je moins empressé
Pour guérir les maux que j'endure ?
  Volez, mon âme ; (bis) Jésus (bis)
Vous offre le mets des élus.

5. Que ce mets est délicieux !
Ce bienfait couronne les autres.
Anges et Saints, qui régnez aux cieux,
A mes accents joignez les vôtres ;
  Dites sans cesse : (bis) Honneur (bis)
Au Dieu qui règne dans mon cœur !

6. Monde trompeur, tes vains plaisirs
Ont fait souvent couler mes larmes ;
Mais, dès ce moment, tous mes désirs
Sont de renoncer à tes charmes ;
  Va, je te quitte : (bis) jamais (bis)
En te suivant, je n'eus de paix.

## MÊME SUJET.

Air : *Un Ange ayant dit à Marie.* (N° 136.)

1. Puisque, ô Jésus ! ô Pain de vie !
Vous daignez habiter mon cœur,
Que pourra mon âme ravie
Vous rendre pour cette faveur ?

Comme Marie,
Je dirai, voyant mon bonheur :
*Magnificat* anima mea Dominum.

2. Mon esprit de votre présence
Voudrait célébrer la douceur ;
Mais il ne peut de sa clémence
Que bénir un tendre Sauveur.
Dans le silence
Recueillez-vous, mes sens, mon cœur.
*Et exultavit spiritus meus*
*in Deo salutari meo.*

3. Ce Dieu, contemplant ma faiblesse,
Connaissant ma fragilité,
Enveloppe d'une ombre épaisse
Tout l'éclat de sa majesté ;
Jésus s'abaisse
Pour m'unir sa divinité.
*Quia respexit humilitatem ancillæ suæ :*
*ecce enim ex hoc beatam me dicent omnes generationes.*

4. Que pouvait de plus sa puissance ?
Que pouvait de plus son amour ?
Il voile sa grandeur immense,
Et, quittant le divin séjour,
De sa présence
Il vient m'honorer en ce jour
*Quia fecit mihi magna qui potens est,*
*et sanctum nomen ejus.*

5. O miséricorde infinie !
Prodige toujours renaissant !
Oui, chaque jour, dans une hostie
Le Fils de Dieu pour nous descend ;
L'âme attendrie
Y puise un céleste aliment.
*Et misericordia ejus, à progenie in progenies,*
*timentibus eum.*

6. Quelle riche magnificence
Il fait briller à son festin !
Il y donne avec abondance
De l'immortalité le pain ;

De sa puissance
Ensuite armant son bras divin :
*Fecit potentiam in brachio suo ;* \*
*dispersit superbos mente cordis sui.*

7. L'enfer osait déjà me croire
A jamais soumis à sa loi ;
Jésus lui ravit sa victoire,
Jésus de mon cœur est le Roi :
O jour de gloire !
En lui je vis, il vit en moi.
*Deposuit potentes de sede ,* \*
*et exaltavit humiles.*

8. Voyant la profonde misère
Où le péché m'avait réduit,
Comme un bon, comme un tendre père,
De tous ses biens il m'enrichit ;
Dans ce mystère,
De son corps même il me nourrit.
*Esurientes implevit bonis ,* \*
*et divites dimisit inanes.*

9. Ce don m'élève au rang suprême
De ses enfants les plus chéris ;
Il vient me visiter lui-même,
De sa mort m'appliquer le prix :
Tendresse extrême !
Oubliant mes trop longs mépris ;
*Suscepit Israel puerum suum ,* \*
*recordatus misericordiæ suæ.*

10. Quel inestimable avantage !
Anges des cieux, soyez jaloux !
Jésus-Christ lui-même est le gage
Du Ciel que j'espère avec vous :
C'est l'héritage
Qu'il nous promit jadis à **tous**.
*Sicùt locutus est ad patres nostros ,* \*
*Abraham et semini ejus in secula.*

11. Que tout l'univers glorifie
Dieu, le Père de mon Sauveur ;
Et de ce Fils, vrai Pain de vie,
Que tout célèbre la grandeur :

Gloire infinie
A l'Esprit sanctificateur!
*Gloria Patri*, etc.

12. Régnez dans mon cœur sans partage,
Adorable et divin Jésus;
Que je vous serve d'âge en âge,
Que je vous aime toujours plus :
  Heureux présage
Du bonheur sans fin des élus!
*Sicùt erat*, etc.

## MÊME SUJET. (N° 256.)

1. Que ne puis-je, ô Roi de gloi-
Par de sublimes accents, [re!
Eterniser la mémoire
De tes dons et de mes chants !
Et, tirant de mon génie
Des accords dignes de toi,
Par ma divine harmonie
Montrer qu'un Dieu règne en moi

2. Quel plus étonnant miracle !
Dieu puissant, soutiens ma foi :
Mon cœur est le tabernacle
D'un Dieu prodigue de soi;
Et l'Auteur de la nature,
La félicité des cieux,
Trouve dans sa créature
Un séjour délicieux.

3. Ah! je sens trop ma faiblesse,
Quand je veux, ô Dieu d'amour!
Pour cette immense largesse
Payer un juste retour.
Seconde, auguste Marie,
Mes transports reconnaissants;
Et de mon âme attendrie
Daigne offrir les sentiments.

4. Dieu saint, frappe ta victime:
Rien ne peut troubler ma paix;
Je ne crains plus que le crime
Dont me sauveront tes traits.
A son printemps, de ma vie,
Par la plus cruelle mort,
Je verrais la fleur ravie,
Que je bénirais mon sort.

5. Loin de moi, vaines idoles
Monde, lâche séducteur,
De vos promesses frivoles
Portez le charme imposteur.
L'attrait d'un plaisir infâme
Peut-il séduire mon cœur?
Jésus règne dans mon âme :
Connaissez votre vainqueur.

6. Temple auguste, cour céleste
Ministres des saints autels,
Vous, Seigneur, je vous atteste,
Voici mes vœux solennels :
J'abjure à jamais le monde,
Ses vanités, ses désirs;
J'abjure l'esprit immonde :
Pour Dieu seul tous mes soupirs.

MÊME SUJET.

Air : *Courbons nos fronts.* (N° 90.)

1. Heureux moment ! jour précieux !
Je goûte le bonheur des cieux !
Que mon sort est délicieux !
Plongé dans une sainte ivresse,
Je dis et répète sans cesse :
O Jésus ! Roi du saint amour,
Mon cœur est à vous sans retour.

2. Je l'entends, il parle à mon cœur ;
Il promet d'être son bonheur !
O douce ! ô céleste faveur !
Qu'à jamais sa divine flamme
Embrase et consume mon âme.
O Jésus, etc.

3. Fuis, monde, garde tes bienfaits ;
En vain tu m'offres tes attraits ;
Je suis à Jésus pour jamais :
Je ne veux point de tes caresses
Et je dédaigne tes promesses.
O Jésus, etc.

4. Dans mon âme, ô divin Époux !
Satan, de mon bonheur jaloux,
Demande à régner avec vous :
Non, non, Celui dont je tiens l'être
De mon cœur sera le seul maître.
O Jésus, etc.

5. Oui, soutenu du Pain des forts,
Déjà près du séjour des morts,
De l'enfer bravant les efforts,
Ce cœur dira, si ma voix cesse :
Vive le Dieu de ma tendresse !
O Jésus, etc.

6. Dans la paix de mon Bien-aimé
J'expire... tout est consommé !

Au doux objet qui m'a charmé
Je ne crains plus d'être infidèle :
J'aurai pour devise éternelle :
O Jésus, etc.

#### MÊME SUJET. (N°ˢ 257. 131.)

1. Toi, dont la puissance infinie
Du néant a fait l'univers ;
O Toi ! qui règles l'harmonie
Des globes roulants dans les airs ;
Du haut de ton trône immuable,
Seigneur, daigne écouter nos chants;
Prête une oreille favorable
Aux vœux de tes faibles enfants.

2. Gardiens des célestes portiques,
Chérubins, aux fronts couronnés,
Pour vous unir à nos cantiques,
Quittez la gloire où vous régnez ;
A notre douce et sainte ivresse
Accourez mêler vos transports,
Votre amour à notre tendresse
Et vos accords à nos accords.

3. Tel qu'un monarque débonnaire,
Fuyant le faste de sa cour,
Descend jusqu'à l'humble chaumière
Où le pauvre fait son séjour ;
Tel, et plus généreux encore,
Des cieux abaissant la hauteur,
Le Dieu que l'univers adore
Est descendu dans notre cœur.

4. Quel torrent de pures délices
M'inonda près de vos autels !
Seigneur, j'y goûtai les prémices
Des plaisirs purs des immortels.
Là, de joie et d'amour ravie,
Mon âme, en ce moment si doux,
S'est paisiblement endormie
Sur le sein du divin Epoux.

5. Disparaissez, plaisirs fragiles,
Tristes voluptés d'un instant ;
Loin de moi, richesses stériles,
Honneurs, gloire, pompeux néant!
Je l'ai choisi pour mon partage,
Celui qui seul me rend heureux ;
Enfant du ciel, pour héritage,
J'aspire à posséder les cieux.

6. Ah! si de nos fêtes chéries,
Jamais, coupable déserteur,
Je courais aux tentes impies
D'un peuple prévaricateur,
Je veux que ma droite arrachée
Périsse en cet affreux moment,
Et que ma langue desséchée
S'attache à mon palais brûlant.

7. Seigneur, en traits ineffaçables,
Grave en mon cœur ta sainte loi ;
Rends-moi tes préceptes aimables,
Augmente l'ardeur de ma foi.
A nos vœux donne la victoire
Sur la superbe impiété ;
Et nous célèbrerons ta gloire
Dans l'immobile éternité.

MÊME SUJET. (N°˙ 258. 583.)

1. Cédons, mon âme, à Jésus qui te presse ;
En ce moment il vient combler mes vœux,
Il me reçoit et sa vive tendresse
L'unit à moi par d'ineffables nœuds.

2. Sainte union! honneur incomparable!
Excès d'amour! prodige de bonté !
Ah! je deviens au Créateur semblable;
Il me fait part de sa divinité.

5. Déjà mon cœur, admis au rang suprême,
Boit à longs traits les célestes douceurs ;
Et, reposant dans le sein de Dieu même,
Il goûte en paix ses plus rares faveurs.

4. Monde enchanteur, tu ne saurais me plaire,
Fuis loin de moi, tu m'es trop odieux ;
Rien de mortel ne peut me satisfaire,
Tout mon amour est pour le Roi des cieux.

5. Heureux le cœur qui pour Jésus soupire,
Qui, nuit et jour, le cherche avec ardeur;
Il voit bientôt terminer son martyre,
Et rien n'égale ici-bas son bonheur.

6. O doux banquet, où, par un saint échange
Dieu fait sentir son amour le plus vif !
Qui le croirait ? sous mes lois il se range,
Pour me gagner il devient mon captif.

7. Je vois l'effet de l'éternel oracle,
D'un feu divin je me sens enflammé ;
Je ne vis plus, ô prodige ! ô miracle !
Le Tout-Puissant en lui m'a transformé.

8. Quel changement ! quelle tendresse extrême!
Vous remplissez, grand Dieu, tous mes désirs;
Dans ce moment vous m'aimez, je vous aime,
Mon cœur du Ciel ressent tous les plaisirs.

9. Si je pouvais toujours, en cette vie,
Goûter un bien si charmant et si doux,
Je vous verrais, Séraphins, sans envie,
Et me croirais bienheureux comme vous.

10. Divin Sauveur, objet seul plein de charmes,
Ah ! demeurez, ne vous éloignez pas :
Vivre sans vous, dans ce séjour de larmes,
Serait pour moi plus dur que le trépas.

*Refrain à volonté.*

Ciel ! Ciel ! ah ! quel bonheur !
Oui, c'est Jésus, c'est mon Dieu : je l'adore.
Ciel ! Ciel ! ah ! quel bonheur !
Viens, je t'implore,
Amour, règne en mon cœur.
Dès ce beau jour,
Brûlons toujours de son amour. P. 141.

## POUR UNE PREMIÈRE COMMUNION.

Air : *Bénissez le Seigneur suprême.* (N° 259. 67.)

C. 1. Jésus-Christ, ô tendre jeunesse !
Vous a préparé son festin ;
En ce beau jour, il veut enfin
  Accomplir sa promesse.

2. Quel bonheur ! vous voyez éclore
L'instant qu'appelait votre cœur ;
Voici ce Roi plein de douceur :
  Que votre âme l'adore.

3. Quoiqu'il dérobe sa présence
Sous le mystère de l'autel,
Adorez-le : c'est l'Éternel,
  C'est le Dieu de puissance.

4. Oui, c'est ce Rédempteur aimable,
Pour vous jadis mort sur la croix,
Qui, de sa douce et tendre voix,
  Vous invite à sa table.

5. Voici le Pain de la sagesse,
Voici le Vin délicieux,
Que vous prépara dans les cieux
  Sa divine largesse.

6. Avec la robe d'innocence
Venez à cet aimable Roi ;
Que votre cœur soit plein de foi,
  D'amour et d'espérance.

7. Il vient pour s'unir à votre âme,
Ce Dieu si bon, ce Roi si doux,
Veut devenir son tendre Époux,
  L'embraser de sa flamme.

8. Vous allez posséder vous-même
Tout ce que possède le Ciel,
Jésus, le Fils de l'Éternel :
  Oh ! quel honneur suprême !

9. Il vient vous combler de ses grâces,
De ses faveurs, de ses bontés;
Il vient de vos iniquités
　　Effacer jusqu'aux traces.

10. Il vient guider votre jeunesse
Parmi les écueils d'ici-bas,
Contre l'enfer et ses combats
　　Aider votre faiblesse.

11. Il vient, dans vous, être le gage
De l'heureuse immortalité,
Du Ciel, de sa félicité
　　Vous léguer l'héritage.

12. Que pourrait de plus sa puissance,
L'amour infini de son cœur !
Il épuise, en votre faveur,
　　Ses trésors de clémence.

13. Qu'un amour constant vous anime
Pour cet adorable Sauveur ;
Ah ! que jamais de votre cœur
　　Ne le chasse le crime.

14. Montrez-lui partout votre zèle,
Ne transgressez jamais sa loi ;
Il couronnera votre foi
　　D'une gloire immortelle.

15. Dites-lui donc comme Marie :
D'où me vient un si grand bonheur ?
Mon Dieu, mon Roi, mon Créateur
　　Jusqu'à moi s'humilie !

16. Avec l'ardeur la plus extrême,
Écriez-vous : Divin Sauveur,
Venez, venez, ah ! notre cœur
　　Vous désire et vous aime.

MÊME SUJET. (N° 260.)

C. Chœur. Le Seigneur donne à l'enfance
　　Son premier festin ;
Il se donne à l'innocence
　　De sa propre main.

1. Mon Dieu, je n'ai vu que l'aurore
Des jours que vous m'avez comptés,
Et pour moi déjà vient d'éclore
Le jour divin de vos bontés.

2. Bienheureuses étaient les mères
Dont les enfants allaient à vous,
Qui du souffle de leurs prières
Humectaient vos sacrés genoux.

3. Au Dieu si bon qui nous convie
Nos mères nous mènent encor ;
Nous venons, du seuil de la vie,
Puiser en son plus doux trésor.

G. Gache.

MÊME SUJET.

Air : *Toi qui donnas la vie.* (Nos 245. 347.)

C.1. L'heureux jour, ô mon
    [âme !
Où Jésus, ton Sauveur,
De l'amour qui t'enflamme
Récompense l'ardeur !
Réveille ta tendresse
    Avec ta foi :
C'est ton Dieu qui s'abaisse
    Jusques à toi.

2. C'est Jésus qui m'appelle
Pour la première fois ;
O touchante nouvelle !
J'obéis à sa voix.
Etre le tabernacle
    Du Tout-Puissant :
O bonheur ! ô miracle !
    O doux moment !

3. Mon âme vous désire,
Aimable Roi des cieux ;
Vers vous elle soupire,
Venez combler ses vœux.
Nul ne peut que vous-même
    La contenter :
Daignez, ô vous qu'elle aime
    La visiter.

4. Jusqu'à moi sa puissance
Abaisse sa grandeur ;
Il tient à mon enfance
Ce langage enchanteur :
Viens, reçois les caresses
    De mon amour ;
Pour prix de ses largesses
    Aime à ton tour.

5. Quelle chétive offrande
Pour un si grand bienfait !
Quoi ! mon Dieu ne demande
Qu'un cœur tout imparfait !
Ah ! puisqu'il s'en contente,
    Avec ardeur
Je remplis son attente :
    Voici mon cœur.

6. O mon aimable Père !
Divin et chaste époux,
Jésus, mon tendre frère,
Je vais m'unir à vous :

Déjà votre présence
    M'a transporté;
J'ai goûté par avance
    L'éternité.

7. Doux charme de ma vie,
    O jour délicieux!

Si mon âme t'oublie,
Si j'oubliais ces lieux,
Oppose aux traits des vices
    Ton souvenir;
Rappelle tes délices
    Pour m'attendrir.

## MÊME SUJET. (N° 386.)

1. Quelle étonnante merveille
Vient de s'opérer en moi!
O terre! prête l'oreille;
Cieux, laissez parler ma foi.
Celui dont la voix féconde
Se fit entendre au néant,
Le Dieu qui créa le monde
Vit dans le sein d'un enfant.

2. Oui, son auguste présence
Se fait sentir à mon cœur;
J'éprouve un désir immense,
Quoiqu'enivré de bonheur;
Un feu sacré me dévore,
Par Jésus même allumé:
Je l'aime, et je sens encore
Qu'il n'est point assez aimé.

3. Eh quoi! les Anges fidèles,
A son aspect confondus,
Couvrent de l'or de leurs ailes
Leurs fronts brillants de vertus;
Et, pour les hommes, qu'il aime,
Daignant abaisser les cieux,
Dieu les nourrit de lui-même
Et les rend presque des dieux.

4. D'une voix pleine de charmes,
Il me parle, je l'entends.
Dieu! pardonne si des larmes
Troublent de si doux instants.

Mais quand ta bonté m'accable
De ses plus riches bienfaits,
Je sens que mon cœur coupable
Ne les mérita jamais.

5. Tu me prévins dès l'enfance,
Tu me portas dans ton sein;
Je perdis mon innocence,
Et tu me tendis la main.
Aujourd'hui, par un miracle,
Chef-d'œuvre du Tout-Puissant,
Je deviens ton tabernacle;
Dieu s'unit à mon néant.

6. Du Dieu qui me donna l'être
Quoi! mon cœur est le séjour!
Puis-je jamais reconnaître
Un tel prodige d'amour?
Ah! dans mon désir extrême,
Qu'offrir à ta Majesté?
Grand Dieu! je t'offre à toi-même
Mon amour s'est acquitté.

7. Vous qui, revêtus de gloire,
Environnez l'Eternel,
Ah! consacrez la mémoire
De ce moment solennel.
Qu'un jour, assis sur des trônes,
Brillant d'un éclat nouveau,
Nous jetions tous des couronnes
Devant l'autel de l'Agneau.

## MÊME SUJET.

Air : *Pourquoi ces vains complots.* (N°⁵ 587. 29. 138.)

C.   LES DEUX CHOEURS RÉUNIS.

1. Célébrons ce grand jour par des chants d'allégresse,
  Nos vœux sont enfin satisfaits ;
Bénissons le Seigneur, publions sa tendresse,
  Chantons, exaltons ses bienfaits.
   Pour nous, tout pécheurs que nous sommes,
   Il descend des cieux en ce jour ;
   C'est parmi les enfants des hommes
   Qu'il aime à fixer son séjour.

*Refr.*  Chantons sous cette voûte antique
  Le Dieu qui règne sur nos cœurs ;
  Célébrons par un saint cantique
  Et notre amour et ses faveurs.

### 1ᵉʳ CHOEUR.

2. O filles de Sion ! que cette auguste enceinte
   Retentisse de vos concerts ;
Ces lieux sont tout remplis de la Majesté sainte
   Du Dieu puissant de l'univers.
   Bon Père, à des enfants qu'il aime
   (Cieux, admirez tant de bonté !)
   Il donne, en se donnant lui-même,
   Le pain de l'immortalité.  Chantons, etc.

### 2ᵉ CHOEUR.

3. Comme nous, en ce jour, nourris du pain des Anges,
   Bénissez-le, jeunes chrétiens ;
Chantons-le, tour à tour, répétons les louanges
   Du Dieu qui nous comble de biens.
   Bon pasteur, aux meilleurs herbages,
   Il conduit ses jeunes agneaux ;
   Il les mène aux plus frais ombrages,
   Il les mène aux plus claires eaux.  Chantons, etc.

### 1ᵉʳ CHOEUR.

4. Ta parole est, Seigneur, plus douce à mon oreille

Que l'instrument le plus flatteur ;
Ta parole est pour moi ce qu'à la jeune abeille
Est le suc de la tendre fleur.
Trois fois heureuse la famille
Fidèle aux lois que tu prescris ;
Où la mère en instruit sa fille,
Où le père en instruit son fils ! Chantons, etc.

### 2ᵉ CHOEUR.

5. Loin des traits du chasseur, la colombe timide
Cherche le repos des déserts ;
J'ai cherché le repos dans le temple où réside
Le Dieu bienfaisant que je sers.
Sous les tentes des grands du monde,
Courez, peuple aveugle et pécheur ;
Moi, j'ai choisi la paix profonde
Des tabernacles du Seigneur. Chantons, etc.

### 1ᵉʳ CHOEUR.

6. Dieu, que je crains ce monde où les plaisirs, les vices
De toutes parts vont m'assiéger !
Ô toi ! qui de mon cœur as reçu les prémices,
Veille sur lui dans le danger.
De tes saints préceptes, d'avance,
Munis-le comme d'un rempart ;
Entoure mon adolescence
De la sagesse du vieillard. Chantons, etc.

### 2ᵉ CHOEUR.

7. Loin de moi ces faux biens que les mondains chérissent
Et dont l'éclat est si trompeur !
Périssables humains, sur des biens qui périssent
Comment fonder notre bonheur ?
Il se dérobe à la poursuite,
Et, dès qu'on l'avait cru saisir,
Le temps l'emporte dans sa fuite
Et nous laisse le repentir. Chantons, etc.

### 1ᵉʳ CHOEUR.

8. La course des méchants, plus fugitive encore,
Les précipite vers leur fin ;
Je les vis redoutés, à ma première aurore,

Et je les cherche à mon matin.
Tel que dans les champs qu'il inonde
S'engloutit un torrent fangeux,
Un moment ils troublent le monde,
Et leurs noms meurent avec eux. **Chantons**, etc.

### 2ᵉ CHOEUR.

9. Bien plus heureux, Seigneur, qui marche à ta lumière
Sur ta loi réglant tous ses pas ;
Et qui, dans l'innocence achevant sa carrière,
S'endort paisible entre tes bras ;
Son nom, qui fleurit d'âge en âge,
D'un doux parfum répand l'odeur,
De la terre il reçoit l'hommage,
Du Ciel il goûte le bonheur. **Chantons**, etc.

### 1ᵉʳ CHOEUR.

10. Je n'ai formé qu'un vœu, que mon Dieu l'accomplisse !
Puissé-je, au pied de ses autels,
Fidèle adorateur, passer à son service
Le reste de mes jours mortels.
Que sa demeure me soit chère,
Qu'elle plaise à mon cœur épris,
Comme la maison d'un bon père
Au cœur sensible d'un bon fils. **Chantons**, etc.

### 2ᵉ CHOEUR.

11. O toi ! qu'avec frayeur le Chérubin contemple,
Et qui t'abaisses jusqu'à moi ;
Qui du cœur d'un enfant aujourd'hui fais ton temple,
Quand les cieux tremblent devant toi ;
Ah ! puissé-je, avant qu'infidèle
Je perde un si cher souvenir,
Mourir comme la fleur nouvelle
Cueillie avant de se flétrir ! **Chantons**, etc.

### LES DEUX CHOEURS RÉUNIS.

12. Oui, Seigneur, désormais rangés sous ton empire,
Nous y voulons vivre et mourir ;
Mais ce vœu, que l'amour aujourd'hui nous inspire,
Pouvons-nous sans toi l'accomplir ?

C'est toi qui nous donnas la vie,
Que ta grâce en règle le cours;
Que ta loi, constamment suivie,
Console enfin nos derniers jours. Chantons, etc.

MÊME SUJET.

(Ps. 112ᵉ *Laudate pueri Dominum.*)

Air : *Un Ange ayant dit à Marie.* (Nº 156.)

C. 1. Louez, innocente jeunesse,
   Louez, adorez le Seigneur ;
   Qu'à l'envi votre voix s'empresse
   A bénir un Dieu créateur;
     Oh ! oui, sans cesse,
   Célébrez son nom, sa grandeur.

*Laudate, pueri, Dominum;* *
  *laudate nomen Domini.*

   2. Son nom, n'est-il pas adorable
   Dans tous les lieux, dans tous les temps?
   N'est-il pas toujours admirable,
   Toujours digne de notre encens,
     Saint, ineffable?
   Bénissez-le, tendres enfants.

*Sit nomen Domini benedictum* *
  *ex hoc nunc, et usque in seculum.*

   3. Ah ! dès l'aurore de la vie
   Que vous devez à sa bonté,
   Jusqu'au soir dont elle est suivie,
   Chantez ce Dieu de vérité :
     Que tout publie
   Sa gloire dans l'éternité.

*A solis ortu usque ad occasum* *
  *laudabile nomen Domini.*

   4. Le Seigneur surpasse en puissance
   Les rois les plus majestueux ;
   L'éclat de sa magnificence
   Partout se retrace à nos yeux;

Auguste, immense,
Il peut tout, il règne en tous lieux.

*Excelsus super omnes gentes Dominus**
*et super cœlos gloria ejus.*

5. Dans un pavillon de lumière
Il habite, au plus haut des cieux ;
Mais, de son trône tutélaire,
Sur vous, il jette, enfants pieux,
Comme un bon père,
Un regard tendre et gracieux.

*Quis sicùt Dominus Deus noster qui in altis habitat**
*et humilia respicit in cœlo et in terrâ ?*

6. De rien vous créa sa tendresse,
Il vous combla de dons brillants ;
Il prodigue à votre jeunesse
Des soins empressés, vigilants.
Quelle noblesse !
D'un Dieu vous êtes les enfants.

*Suscitans à terrâ inopem**
*et de stercore erigens pauperem.*

7. Ici, du lait de sa doctrine
Ce Dieu vous nourrit chaque jour ;
Au rang des Saints il vous destine,
Parmi les princes de sa cour :
Faveur divine,
Qui demande un juste retour.

*Ut collocet eum cum principibus **
*cum principibus populi sui.*

8. Que dans vous les vertus fleurissent,
Que votre cœur soit leur séjour ;
Que vos parents se réjouissent
De vous voir pour Dieu pleins d'amour ;
Qu'ils s'applaudissent
De vous avoir donné le jour.

*Qui habitare facit sterilem in domo**
*matrem filiorum lætantem.*

9. Enfants, que votre cœur adore
Le Père, divin Créateur ;
Et que, dans son Fils, il honore
Jésus, votre aimable Sauveur ;

Rendez encore
A l'Esprit-Saint louange, honneur.
*Gloria Patri*, etc.

10. Qu'après avoir, dans le jeune âge,
Servi ce Maître plein d'attraits,
Et d'un persévérant hommage
Payé son amour, ses bienfaits,
Votre partage
Soit d'aller le voir à jamais.
*Sicut erat*, etc. P. 155.

## FIN DE MESSE.

(Ps. 116. *Laudate Dominum.*)

Air : *Triomphez Reine des cieux.* (Nos 159. 401.)

1. Louez, chantez le Seigneur,
Nations, que l'hymne s'élance;
Louez, chantez le Seigneur,
Peuples, célébrez sa grandeur. *(fin.)*
Chantez sa puissance,
Louez sa clémence,
Chantez sa puissance,
Son nom, sa bonté ;
Vantez sa magnificence,
Adorez sa Majesté. Louez, etc.

2. Il vient de fixer sur nous
Ses yeux, guidés par la tendresse,
Il vient de fixer sur nous
Un regard paternel et doux.
Selon sa promesse,
L'amour qui le presse,
Selon sa promesse,
Répand ses trésors :
Pleins d'une sainte allégresse,
Répétons dans nos transports : Il vient, etc.

5. O sublime Trinité !
Qu'environne un profond mystère,
O sublime Trinité !

Nous adorons votre unité.
>Les cieux et la terre,
>O Dieu de lumière !
>Les cieux et la terre
>Chantent vos bienfaits :
>L'éternité toute entière
>Doit les redire à jamais.   O sublime, etc.

## MÊME SUJET.

Air : *Esprit-Saint comblez nos vœux* (N° 56.)

CHOEUR. Louez le Dieu de Sion :
>Que chacun s'unisse,
>Que tout le bénisse.
>Louez le Dieu de Sion :
>Que tout retentisse
>De son divin nom.

>Révérons tous ses grandeurs,
>Reconnaissons ses faveurs :
>S'il est grand, il est aimable et bon. Louez, etc.

>Ah ! que j'aime sa vérité !
>Combien ses jugements sont pleins d'équité !
>Chantons à jamais
>Ses doux bienfaits. Louez, etc.

## MÊME SUJET. (N° 588.)

1. O peuples de la terre !
Bénissez le Seigneur ;
De son nom tutélaire
Célébrez la grandeur :
Du couchant à l'aurore,
Du sud à l'aquilon,
Que l'univers t'adore,
Dieu puissant de Sion.

2. Quand ta main nous accorde
Son céleste secours ;
Quand ta miséricorde
Nous protége toujours ;
Dans cette heureuse enceinte
Nous chantons tes bienfaits,
Et ta vérité sainte
Qui demeure à jamais.

3. Gloire au Père immuable,
Dont le règne est sans fin !
Gloire au Fils adorable !
Gloire à l'Esprit divin !
Sois à jamais bénie,
Auguste Trinité,
Et durant cette vie
Et dans l'éternité.

Hon. GREPPO.

## CHANT D'ACTIONS DE GRACES. (N° 389.)

*Te Deum.*

1. Nous te louons, Seigneur, nous célébrons ta gloire ;
Nos cœurs de tes bienfaits conservent la mémoire.
O Monarque puissant ! ô Père des humains !
Tout l'univers se dit l'ouvrage de tes mains.

2. Nous unissons nos voix à ces légions d'Anges
Qui couronnent ton nom d'immortelles louanges,
Aux Puissances des cieux, aux brillants Chérubins,
Aux Trônes, aux Vertus, aux ardents Séraphins.

3. Ils rediront sans fin, de leurs voix enflammées :
Saint, Saint, Saint est le Dieu, le Seigneur des armées ;
Ton essence infinie est présente en tous lieux,
Et ta gloire a rempli l'immensité des cieux.

4. Ces généreux martyrs, ces glorieux Prophètes,
Ces Apôtres zélés, qui t'ont fait des conquêtes,
Cette Eglise féconde et ses nombreux enfants
Que ta grâce a rendus du monde triomphants ;

5. Ils chantent tous, grand Dieu, ta Majesté suprême,
Et ton Fils adorable, aussi grand que toi-même,
Et ton divin Esprit, ton Esprit créateur,
Qui des feux les plus purs embrase notre cœur.

6. Pontife auguste et saint, ô Jésus ! Roi de gloire,
Toi qui sur les enfers nous donnas la victoire,
En toi nous confessons le vrai Dieu d'Israël,
La Sagesse du Père et son Verbe éternel.

7. Ta charité daigna, pour nous rendre la vie,
S'unir un corps mortel dans le sein de Marie :
Triomphant de la mort, tu nous ouvres les cieux ;
A la droite de Dieu tu règnes glorieux.

8. Tu dois venir un jour, Maître et Juge équitable,
Récompenser le juste et punir le coupable :
Daigne aussi soutenir de ton bras tout-puissant
Tes humbles serviteurs rachetés de ton sang.

9. Fais que de tes brebis tout le troupeau fidèle
Jouisse avec tes Saints d'une gloire immortelle;
Tire-nous, Dieu Sauveur, de la captivité,
Et répands tes bienfaits sur notre pauvreté.

10. O généreux Pasteur! achève ton ouvrage,
Conduis tes chers enfants au céleste héritage;
Nous voulons, chaque jour, dans nos cœurs te bénir:
Les siècles passeront, mais non ton souvenir.

11. Préserve-nous, Seigneur, ici-bas de tout vice;
Ah! jette sur nos maux, jette un regard propice;
Réponds à notre espoir : j'ai foi dans ton secours,
Non, je ne serai point confondu pour toujours.

## MÊME SUJET. (N° 590.)

1. Du Dieu d'amour et de clémence,
Célébrons à jamais l'ineffable bonté.

*Refr.* Sion, que ta reconnaissance
Egale son éternité.

2. Lui-même instruit notre ignorance,
Et dévoile à nos cœurs sa divine beauté.

3. Il s'est chargé de notre offense,
Il a porté le poids de notre iniquité.

4. Pour nous, sous une humble apparence
Il dérobe l'éclat de sa divinité.

5. Il nous nourrit de sa substance;
Il nous rend tous nos droits à l'immortalité.

6. Il ranime notre espérance
Et nous fait héritiers de sa félicité.

9. Il sera notre récompense,
Au séjour de la gloire, en la sainte cité.

8. Pleins d'une douce confiance,
Célébrons à l'envi sa gloire et sa bonté. P. 174.

# POUR LES FÊTES DE L'ANNÉE.

## AVENT. (N° 57.)

### Hymne : *Statuta*.

1. Des temps marqués par les décrets célestes
Le trop long cours enfin va s'arrêter ;
Un jour heureux aux ténèbres funestes
Du haut des cieux enfin va succéder.

2. Fils malheureux d'un trop coupable père,
Nous partagions son déplorable sort ;
Le cœur souillé d'un crime héréditaire,
Nous gémissions à l'ombre de la mort.

3. Mais une mort encor plus redoutable
Nous condamnait à d'éternels tourments,
Et, dans le Ciel, un Juge inexorable
Nous attendait à nos derniers moments.

4. Hélas ! plongés dans ce profond abîme,
A tant de maux qui pourra nous ravir ?
Notre blessure est aussi notre crime ;
Quelle est la main qui pourra nous guérir ?

5. Viens, ô Jésus ! réparer ton ouvrage,
Quitte le sein de ton éternité,
Toi seul peux rendre à ta coupable image
Sa forme antique et toute sa beauté.

6. O cieux ! laissez tomber votre rosée,
Et que la terre à l'univers perdu
Produise enfin, par vous fertilisée,
Le Rédempteur si longtemps attendu.

## MÊME SUJET. (N° 591.)

1. O Dieu de clémence !
Viens par ta présence
Combler nos désirs,
Apaiser nos soupirs.
Sauveur secourable,
Parais à nos yeux ;
A l'homme coupable
Viens ouvrir les cieux ;
O sainte Victime !
Ferme-lui l'abîme.

2. Sagesse éternelle,
Lumière immortelle,
Descends ici-bas,
Viens éclairer nos pas.
Justice adorable,
Fais briller tes traits ;
Oh ! toujours aimable,
Viens, céleste paix :
Qu'ils seront durables
Tes biens ineffables !

3. Peuple inconsolable,
Le ciel favorable,
Sensible à tes pleurs,
Met fin à tes malheurs.
Le Dieu de justice
Remplit tes désirs ;
Il sera propice
Aux humbles soupirs :
Il vont jusqu'au trône
Du Dieu qui pardonne.

4. O jour d'allégresse !
A moi s'intéresse
Un Enfant divin :
Il change mon destin.
Ce Dieu va paraître
Dans l'abaissement ;
Bientôt il va naître
Dans le dénûment,
Au fond d'une étable,
Pauvre et misérable.

5. Un dur esclavage
Fut notre partage :
Il brise nos fers
Et sauve l'univers.
Loin de sa présence
Le crime s'enfuit,
Et par sa puissance
L'enfer est détruit ;
A tous sa naissance
Rendra l'innocence.

6. Chantons tous sa gloire ;
Chantons sa victoire ;
Chantons ses bienfaits,
Chantons-les à jamais :
Tous les cieux s'abaissent,
Saisis de respect ;
Nos maux disparaissent
A son seul aspect.
O charmante aurore !
Hâte-toi d'éclore.

7. Gloire à sa naissance !
Gloire à son enfance !
Au plus haut des cieux,
Gloire, amour en tous lieux !
Que les chœurs des Anges,
Que les Séraphins
Chantent ses louanges
Avec les humains ;
Qu'à l'envi réponde
Et la terre et l'onde.

MÊME SUJET. (N°ˢ 592. 222.)

1. Au fond de vos tristes abimes,
Saints Patriarches, soupirez :
« Faites pleuvoir, cieux azurés,
Celui qui doit laver nos crimes :
Donnez au plus tôt ce Seigneur
Qui sauvera l'homme pécheur. »

2. Chrétiens, soyons de la partie,
Joignons nos vœux à leurs désirs;
Poussons comme eux mille soupirs,
L'Eglise aussi nous y convie :
Qu'il naisse, et que des jours plus beaux
Nous fassent oublier nos maux.

3. Préparons-nous à la venue
D'un Dieu qui naît pour notre bien;
Fuyons le mal : que tout chrétien
Fasse de son cœur la revue.
Pour recevoir ce Dieu caché
Il faut n'avoir point de péché.

4. Dans un esprit de pénitence
Un chrétien doit vivre toujours,
Mais bien plus pendant les saints jours
Qui précèdent l'humble naissance
D'un Dieu qui, pour nous soulager,
Veut de nos crimes se charger.

5. Dans peu de jours il doit paraître,
Nos désirs vont être accomplis;
Il faut préparer nos esprits,
Afin que cet aimable Maître
Puisse en nos cœurs, par son amour,
Prendre naissance en ce grand jour.

6. Vous êtes notre seul refuge,
Nous n'espérons, mon Dieu, qu'en vous;
Descendez arrêter les coups
Dont nous menace un juste Juge :
Ne tardez plus, venez, Seigneur,
Venez sauver l'homme pécheur.

### MÊME SUJET.

Air : *Dans cette étable.* (Nos 142. 110.)

1. Douce espérance !
L'objet de nos désirs,
Par sa naissance,
Va calmer nos soupirs.
Attendri par nos pleurs,
Sensible à nos malheurs,
Bientôt par sa présence
Il charmera nos cœurs :
Douce espérance !

2. Sort déplorable !

Qu'étions-nous devenus ?
  Père coupable,
Tu nous avais perdus.
Peuple déshérité,
Nous aurions tous porté
L'anathème effroyable
De l'ange révolté :
  Sort déplorable !

3. Triste sentence,
Bientôt tu vas cesser ;
  Par sa naissance
Jésus va t'effacer.
Bientôt viendra le jour :
Fais place à son amour,
Et devant sa clémence
Disparais sans retour,
  Triste sentence !

4. Sainte Victime,
Adorable Sauveur,
  Au noir abîme,
Arrache le pécheur,
Eloigne la terreur

De l'éternel malheur ;
Viens effacer son crime
Et rends-lui le bonheur,
  Sainte Victime !

5. Verbe adorable,
Descends du haut des cieux ;
  Lumière aimable,
Viens éclairer nos yeux.
Déjà l'aurore luit
Et dissipe la nuit ;
Sa clarté favorable
Près de toi nous conduit,
  Verbe adorable.

6. Il va paraître,
Le Fils de l'Eternel ;
  Ce divin Maître
Répond à notre appel.
C'est le Dieu tout-puissant :
Sur un trône éclatant
Ce grand Dieu pouvait naître ;
Mais dans l'abaissement
  Il va paraître.

## MÊME SUJET.

Antiennes : O.

Air : *Venez divin Messie.* (Nos 144. 140.)

### O Sapientia.

1. O divine Sagesse !
Don précieux, trésor des cieux,
  O divine Sagesse !
Venez naître en ces lieux.
Vous commencez, vous poursuivez ;
D'un même soin vous achevez ;
Vous nous cherchez, vous nous trouvez ;
  Votre bonté nous presse
Et fortement et doucement :
  Eclairez-nous sans cesse
Dans notre aveuglement.

*O Adonaï.*

2. Descends, flambeau céleste,
Tel qu'autrefois sur Sinaï ;
Descends, flambeau céleste,
Brillant *Adonaï.*
Nous t'allons voir sur l'horizon,
Comme Moïse en un buisson,
Pour nous tirer de la prison,
Où le péché funeste
Même en naissant nous a tous mis :
Ce seul espoir nous reste ;
Grand Dieu, tu l'as promis.

*O Radix Jesse.*

3. O signe favorable !
Par qui la paix a commencé,
O signe favorable !
*Racine de Jessé.*
Tout l'univers suivra tes lois,
Tu règneras sur tous les rois ;
Reçois nos vœux, entends nos voix,
Rédempteur adorable ;
Délivre-nous, viens ici-bas ;
Montre-toi secourable,
Descends, ne tarde pas.

*O Clavis David.*

4. O *clef du Roi prophète !*
Que ton pouvoir brille à nos yeux ;
O clef du Roi prophète !
Viens nous ouvrir les cieux.
Tu sais ouvrir, tu sais fermer,
Si cet espoir doit nous charmer,
Rien ne peut plus nous alarmer,
Notre joie est parfaite :
Viens donc, Sauveur tant souhaité,
Notre âme est inquiète
Après sa liberté.

*O Oriens.*

5. O *Soleil* de justice !
Dont le lever chasse la nuit,

O Soleil de justice !
Par qui le jour nous luit;
Splendeur de la divinité,
Répands sur notre humanité
Quelques rayons de ta clarté ;
Viens voir d'un œil propice
De l'homme ingrat quel est le sort :
Voudras-tu qu'il périsse
Dans l'ombre de la mort ?

*O Rex gentium.*

6. O puissant *Roi du monde !*
Qui fais l'objet de tous les vœux,
O puissant Roi du monde !
Tu peux le rendre heureux.
Il tomberait sans ton appui ;
Il s'est flatté jusqu'aujourd'hui
Que ton amour serait pour lui ;
L'homme en toi seul se fonde.
Faut-il, après l'avoir aimé,
Que ta main le confonde,
Ta main qui l'a formé ?

*O Emmanuel.*

7. O souverain Messie !
Reçois le nom d'*Emmanuel*,
O souverain Messie !
Fils du Père éternel.
A toi seul nous appartenons,
Mais, loin de toi, nous gémissons ;
Viens nous sauver, nous périssons.
Tu nous rendras la vie,
O notre Maître et notre Dieu !
Ton amour te convie
A naître en ce bas lieu.

MÊME SUJET. (N°s 411. 113. 45.)

1. Il n'est pas loin l'heureux moment
Qui doit finir notre misère;
Il va venir l'auguste Enfant
Qui donne la paix à la terre.

CHOEUR.

Tournons vers lui tous nos soupirs,
Appelons-le par nos désirs.

2. Du jour qui fait notre bonheur,
Déjà l'on voit briller l'aurore;
Voilà que de Jessé la fleur
Pour nous, mortels, est près d'éclore.

3. De Bethléem doit s'élever
Ce brillant Soleil de justice;
Trop longue nuit, cède au lever
De cette lumière propice.

4. Parais enfin, divin Enfant,
Tout l'univers, dans la souffrance,
Après toi soupire et t'attend;
Viens opérer sa délivrance.

5. Dans ta naissance, à tous nos maux
Nous trouverons le vrai remède;
Et l'espoir des jours les plus beaux
A nos pleurs aujourd'hui succède.

6. Surtout daigne naître en nos cœurs,
Tu vois leur extrême indigence;
Enrichis-les de tes faveurs,
Rends-les dignes de ta présence.

## MÊME SUJET. (N° 593.)

1. Descendez, divin Messie;
L'univers vous y convie,
Nous n'avons d'espoir qu'en vous:
Nos malheurs, votre tendresse,
Tout vous invite et vous presse :
Dieu Sauveur, exaucez-nous.

2. Descendez, pure Victime,
Venez laver notre crime
Dans votre sang précieux :
Rendez-nous cette innocence
Que la désobéissance
Nous fit perdre en nos aïeux.

3. Descendez, Dieu tout aimable,
Racheter l'homme coupable
Qui soupire à vos genoux;
De votre céleste Père,
Venez calmer la colère,
Arrêter ses justes coups.

4. Descendez, Roi de nos âmes,
Répandez vos douces flammes,
Soyez un soleil nouveau;
Par votre lumière pure,
Faites sortir la nature
De l'horreur de son tombeau.

5. Descendez: c'est trop attendre,
A nos vœux daignez vous rendre;
Ah! nous sommes exaucés :
L'enfer en frémit d'envie,
Et vous nous rendez la vie
Au moment que vous naissez

P. 175.

PELLEGRIN.

## POUR LA FÊTE DE NOEL.

### MESSE DE MINUIT. (N° 594.)

1. Quelle merveille !
Les Anges chantent dans les airs:
Prêtons l'oreille
A leurs doux concerts.
Le ciel s'ouvre aujourd'hui,
Un Dieu vient sur la terre ;
Il brise son tonnerre,
La paix vient avec lui.

#### CHOEUR.

*Gloria Patri,*
*Gloria semper Filio,*
*Et Spiritui*
*Gloria Sancto.*
*Cantate Domino,*
*Pastores vigilantes,*
*Cantate laudes,*
*Laudes cum gaudio.*

2. Troupe fidèle,
Bergers, vite, rassemblez-vous ;
Il vous appelle :
A lui venez tous.
De ses adorateurs
Trop heureuses prémices,
Offrez vos sacrifices
A ce Roi des Pasteurs.
*Gloria*, etc.

3. Divine étoile,
Que les Rois virent dans les cieux,
Percez le voile
Qui couvre nos yeux.

Par vos secrets appas,
Vers ce Dieu tout aimable,
Naissant dans une étable,
Guidez aussi nos pas.
*Gloria*, etc.

4. Mais quel spectacle,
Hélas ! m'offrez-vous en ce lieu,
Vil tabernacle
Où s'abrite un Dieu !
La crèche est son berceau,
Le chaume sa couronne ;
La cour qui l'environne,
C'est un humble troupeau.
*Gloria*, etc.

5. De notre enfance
Il ressent toutes les langueurs,
Et la souffrance
Fait couler ses pleurs ;
Contre les airs glacés
Son indigent cortége
Faiblement le protége
Dans ces lieux délaissés.
*Gloria*, etc.

6. Ainsi s'abaisse
Le Dieu de toute majesté ;
Quelle tendresse
Pour l'humanité !
Il vient fléchir du ciel
L'implacable justice,
S'offrir en sacrifice
Pour l'homme criminel.
*Gloria*, etc.

7. Rendons hommage
A ce Dieu qui naît aujourd'hui ;
Sans nul partage
Donnons-nous à lui.
Oui, ce tendre Sauveur,
Pour notre unique offrande,
En ce beau jour demande
Le don de notre cœur.
*Gloria*, etc.

AUTRE NOEL.

Air : *Venez divin Messie.* (Nos 144. 140.)

1. O nuit ! toute de charmes,
Tu viens commencer mon bonheur ;
Tu viens tarir mes larmes,
Me donnant un Sauveur.
Qu'il est aimable, cet Enfant !
Que son amour pour nous est grand !
Que son pauvre état est touchant !
J'en suis hors de moi-même ;
Et je m'écrie, en l'adorant :
Jésus, qui ne vous aime
N'a point de sentiment.

2. Venez, chœurs angéliques,
Venez, volez, accourez tous ;
Mêlez à nos cantiques
Vos accords les plus doux.
Dès que Jésus est en ces lieux,
La terre est autant que les cieux,
Les hommes sont changés en dieux.
Loin d'ici la tristesse !
Redoublons nos sacrés concerts ;
Que nos chants d'allégresse
Remplissent l'univers.

3. Homme, quelle est ta gloire !
Le Très-Haut descend jusqu'à toi :
Qui jamais eût pu croire
Ce que fait ce grand Roi ?
Pour ton bien, il vient s'appauvrir ;
Pour ton bonheur, il vient souffrir ;
Pour ta vie, il voudra mourir.
Que la reconnaissance
T'amène devant son berceau,
Adorer la puissance
De cet Enfant nouveau.

4. Esprit jaloux, colère,
Plein de venin, pétri de fiel,

Qui trompas notre père,
Pour nous ravir le ciel ;
En quoi nous a nui ta fureur ?
Dieu pardonne à l'homme pécheur,
S'incarne et devient son Sauveur.
    Il n'est plus d'esclavage ;
Nos liens vont être brisés :
    Tu nous as, dans ta rage ;
    En vain tyrannisés.

    5. Pécheur, lève la tête,
Tu peux prétendre même au ciel ;
    Il sera la conquête
    Des enfants d'Israël.
Cet Enfant ouvre le chemin ;
Y monter, c'est notre destin ;
Y voir Dieu, notre unique fin
    Y jouir de sa gloire,
La récompense à nos vertus :
    O triomphe ! ô victoire !
    Nous l'avons par Jésus.

## AUTRE NOEL. (N° 239.)

1. Nuit entre toutes bénie,
Quels accents mélodieux !
Quelle touchante harmonie
Descend des hauteurs des cieux !
    Bienheureuses tes ombres,
    O belle et sainte nuit !
Déchirant tes voiles sombres,
    Un nouvel astre luit.

2. Sous l'abri d'une humble étable
Un Enfant pour nous est né :
C'est le Sauveur admirable
Que le ciel nous a donné.
    Les chœurs ravis des Anges
    Célèbrent ses vertus ;
Comme eux, chantons les louanges
    Du saint Enfant Jésus.

3. Son front charmant, qui rayonne
D'une douce majesté,
Resplendit d'une couronne
De clémence et de bonté.
    Joignons-nous à la Mère
    De cet Enfant si beau :
Qu'heureuse est l'âme en prière
    Auprès de son berceau !

4. Daigne accueillir nos demandes,
O céleste Emmanuel !
Et recevoir nos offrandes
En ce saint jour de Noël.
    Fils béni de Marie,
    Augmente notre foi ;
Fais-nous retrouver la vie
    Sous ton aimable loi.

P. L. A. FRAY.

AUTRE NOEL. (N° 280.)

1. O nuit charmante !
Quelle est ta douceur !
Nuit aimable et brillante,
Tu ravis mon cœur. *Fin.*

Les vents s'adoucissent
Autour de ces lieux ;
Les cieux s'embellissent :
Tout rit à mes yeux.
O nuit, etc.

Dans l'ombre profonde
Un soleil !..
Fut-il rien au monde
De pareil ?
O nuit, etc.

2. Il vient de naître,
Le Dieu Rédempteur,
Mon doux Sauveur, mon Maître
Mon Libérateur. *Fin.*

Ah ! j'entends les Anges
Qui, par leurs concerts,
Font de ses louanges
Retentir les airs.
Il vient, etc.

C'est lui qui m'appelle,
Je le vois ;
Serai-je infidèle
A sa voix ?
Il vient, etc.

3. Qui l'eût pu croire,
Qu'un Dieu tout-puissant
Vînt, du sein de sa gloire,
Prendre un corps d'enfant !
*Fin.*

Qu'il daignât paraître
Mortel ici-bas ?
Qu'il voulût bien être
Ce qu'il n'était pas ?
Qui l'eût, etc.

Célébrons sans cesse,
Tour à tour,
Avec allégresse,
Son amour.
Qui l'eût pu, etc.

4. Dans cette étable
Qu'il est ravissant !
Qu'il me paraît aimable,
Ce Sauveur naissant ! *Fin*

La pompe éclatante
Du palais des rois
Est moins attrayante
Que ce que je vois.
Dans cette, etc.

Ses soupirs, ses larmes,
Son berceau,
Tout est plein de charmes,
Tout est beau.
Dans cette, etc.

5. Bonté suprême,
Sauveur né pour tous,
Qu'ici-bas tout vous aime,
Tout brûle pour vous. *Fin*

Qui peut se défendre
D'un si doux retour,
Et ne pas vous rendre
Amour pour amour ?
Bonté, etc.

Amour ineffable,
Tous mes vœux
Sont d'être agréable
A vos yeux.
Bonté, etc.

## AUTRE NOEL.

Air des grands couplets. (N° 202.)
Air des petits couplets. (N° 62.)

#### 1ᵉʳ CHOEUR.

1. Quels traits de feu, quels sillons de lumière,
Partis du trône éclatant du Seigneur,
Dans la nuit la plus entière,
Remplissent de leur splendeur
Les cieux, la terre
Et notre cœur !
Quels sont ces doux concerts
Qui retentissent,
Qui nous ravissent ?
Un Dieu vient-il habiter l'univers ?

#### 2ᵉ CHOEUR.

C'est le Sauveur,
Les cieux célèbrent sa naissance ;
C'est le Sauveur,
Les cieux chantent notre bonheur.
Sous les faiblesses de l'enfance,
Quoiqu'il nous voile sa puissance,
C'est le Sauveur.

#### 1ᵉʳ CHOEUR.

2. Est-ce Jésus, ce Messie adorable,
Ce Rédempteur promis à nos aïeux ?
Si c'est sa gloire ineffable
Qu'il fait briller à nos yeux,
Qu'il est aimable
Et nous heureux !
Est-ce le noble Enfant,
Dont la venue
Est attendue
Depuis le jour où vainquit le serpent ?

#### 2ᵉ CHOEUR.

C'est le Sauveur,
Qu'avaient annoncé les Prophètes ;

C'est le Sauveur,
Dont ils prédirent la grandeur.
Les feux qui brillent sur nos têtes
Présagent ses nobles conquêtes :
C'est le Sauveur.

### 1ᵉʳ CHOEUR.

3. Le Fils de Dieu sous les plus pauvres langes!..
Prosternez-vous, tribus, peuples divers ;
Réunis aux chœurs des Anges,
Faites retentir les airs
De ses louanges,
De vos concerts.
Célébrez le Seigneur,
Dont la clémence
Divine, immense,
Vous a donné son Fils pour Rédempteur.

### 2ᵉ CHOEUR.

Divin Sauveur,
De notre salut heureux gage,
Divin Sauveur,
O Jésus ! trésor de douceur,
D'un amour pur et sans partage
Recevez le sincère hommage,
Divin Sauveur.

### 1ᵉʳ CHOEUR.

4. Gloire au Très-Haut! que l'univers l'adore,
Qu'il soit loué, qu'il soit béni sans fin;
Son tendre amour fait éclore,
Après nos malheurs, enfin,
L'aimable aurore
D'un jour divin.
Quel don ! quelle bonté !
Les prophéties
Sont accomplies,
Le ciel fléchi, le monde racheté.

### 2ᵉ CHOEUR.

Divin Sauveur,
Enfant plein d'amour, plein de charmes,
Divin Sauveur.

Dieu sous la forme du pécheur ;
Si de vos yeux coulent des larmes,
C'est pour terminer nos alarmes,
Divin Sauveur.

1ᵉʳ CHOEUR.

5. Viens contempler, viens, orgueilleux coupable,
Voir de ton Dieu quelle est l'humilité :
Oh ! quel exemple admirable !
Il naît dans la pauvreté,
Dans une étable
Est abrité.
Le Maître souverain
De la nature,
Soumis, endure
Sans murmurer le plus triste destin.

2ᵉ CHOEUR.

Tendre Sauveur,
En gémissant, je vous implore ;
Tendre Sauveur,
Venez guérir mon pauvre cœur.
Oh ! que, du couchant à l'aurore,
On vous imite, on vous honore.
Tendre Sauveur.

1ᵉʳ CHOEUR.

6. Divin Jésus, immortelle Sagesse,
Quel précieux, quel mémorable jour !
Votre Majesté s'abaisse
Pour nous du divin séjour :
Quelle tendresse !
Oh ! quel amour !
Sois béni, célébré,
Jour ineffable !
Enfant aimable,
Soyez par tous à jamais adoré.

LES DEUX CHOEURS RÉUNIS.

Tendre Sauveur,
Quel bienfait digne de mémoire !
Tendre Sauveur,

Vous venez sauver le pécheur.
A vous respect, amour et gloire ;
A nous sur l'enfer la victoire,
Tendre Sauveur !

## AUTRE NOEL.

Air : *Chrétiens ô l'heureuse nouvelle.* (N° 2.)

1. Sortez, bergers, de vos retraites,
Accourez au prochain hameau ;
Et célébrez sur vos musettes
La naissance d'un Roi nouveau.
    Ecoutez les Anges
    Chanter ses louanges,
Et dire qu'un Dieu tout-puissant
    S'est fait enfant.

2. Les rois du plus lointain rivage,
Chargés d'or, de myrrhe et d'encens,
Lui viennent rendre leur hommage :
Ils l'attendaient depuis longtemps.
    Ils vont reconnaître
    Leur souverain Maître
Qui, dans un état indigent,
    N'est qu'un enfant.

3. Quelle est cette Vierge céleste,
Qui devient mère sans douleur ?
Dans son regard, pur et modeste,
Brillent le sourire et les pleurs.
    Qui la rend si belle ?
    Qui d'une mortelle
Couronne le front triomphant ?
    C'est un enfant.

4. Hérode, quelle est ta furie !
Tu condamnes ce nouveau-né ;
Mille innocents perdront la vie,
Tant tu crains d'être détrôné.
    Quelle injuste haine !
    Que ta crainte est vaine !
Est-ce à ton sceptre qu'il prétend ?
    C'est un enfant.

5. C'est lui qui donne les couronnes ;
L'univers reconnaît ses lois ;
Il fait descendre de leurs trônes,
A son gré, les plus puissants rois.
 Son bras sur la terre
 Lance le tonnerre ;
Mais aujourd'hui l'amour le rend
 Un faible enfant.

6. Quel est l'homme à qui Dieu révèle
Ce mystère de sa bonté,
Comment sa nature éternelle
S'unit à notre humanité ?
 C'est le seul fidèle,
 Plein d'amour, de zèle,
Qui porte un cœur pur, innocent,
 Comme un enfant.
LATTAIGNANT.

### AUTRE NOEL. (N° 595.)

1. Bergers, une voix vous appelle,
Quittez, quittez votre troupeau :
Un Sauveur vous est né, dit-elle,
Venez le voir dans son berceau.

2. Le Roi des cieux dans une étable :
Quel admirable événement !
Oh ! quel mystère impénétrable
Dans ce profond abaissement !

3. Jésus est né dans une crèche,
Faisons-le naître dans nos cœurs ;
C'est là qu'il nous parle, et nous prêche
Le mépris des vaines grandeurs.

4. Unissons-nous aux chœurs des Anges,
Chantons le Fils de l'Eternel,
Que tout célèbre ses louanges
Et sur la terre et dans le ciel.

5. N'oublions pas l'auguste Mère
Qui vient de lui donner le jour,

Et qu'elle ait une part sincère
Dans les transports de notre amour.

6. Reçois, ô divine Marie !
Un honneur si bien mérité,
Et qu'il nous serve en cette vie
De gage pour l'éternité.

## AUTRE NOEL. (N° 205.)

1. La troupe angélique,
Dans un auguste cantique,
Bénit le Roi pacifique,
   Qui, pauvre et souffrant,
   Naît dans une étable,
   Pour l'homme coupable,
   Sous la forme aimable
   D'un petit enfant.

2. Une voix qui chante,
Quoique céleste et charmante,
Remplit d'abord d'épouvante
   Les bergers veillant ;
   Ils prennent la fuite,
   Lorsqu'on les invite
   A rendre visite
   A Jésus naissant.

3. Un Dieu plein de charmes
Est né pour tarir nos larmes :
Cessez vos vaines alarmes,
   Dit l'Ange aux pasteurs ;
   Allez, je vous prie,
   Dans la bergerie,
   Offrir au Messie
   Vos dons et vos cœurs.

4. Tous, à l'heure même,
Ils vont voir le Roi suprême,
Qui, pour montrer qu'il nous aime,
   Naît en ces bas lieux.
   Avec allégresse,
   Chacun d'eux s'empresse
   A bénir sans cesse
   Le Maître des cieux.

5. Chantons les louanges
D'un Dieu caché dans les langes;
Imitons les chœurs des Anges
   Dès nos jeunes ans.
   Rien ne nous empêche
   D'aller à la crèche,
   Voir Jésus qui prêche
   Aux petits, aux grands.

## AUTRE NOEL. (N° 596.)

CHŒUR.   D'une douce harmonie
Que tout retentisse en ces lieux ;
Que la terre ravie
Mêle ses chants aux chants des cieux.

1. O mystère ineffable !
O moment fortuné !

Ici, dans une étable,
Un Sauveur nous est né.

2. D'un Dieu juste et sévère
Pour fléchir le courroux,
Son Fils vient sur la terre
Habiter parmi nous.

3. Bénissons sa naissance,
Qui vient tarir nos pleurs ;
Offrons à son enfance
Et nos vœux et nos cœurs.

4. Accours, peuple fidèle,
Dans cet humble séjour ;
Du Dieu qui s'y révèle
Viens contempler l'amour.

5. Célèbre ses louanges,
Au pied de son berceau ;
Redis avec les Anges
Le cantique nouveau.

6. Dieu, que le Ciel adore,
Dieu d'amour, Dieu de paix,
Ton peuple entier t'implore :
Sauve-nous à jamais.

Hon. Greppo.

### AUTRE NOEL. (N° 597.)

*Refr.* Il est né, ce divin Enfant :
Jouez, hautbois, résonnez, musettes ;
Il est né, ce divin Enfant :
Chantons tous son avènement.

1. Depuis plus de quatre mille ans,
Nous le promettaient les Prophètes ;
Depuis plus de quatre mille ans,
Nous attendions cet heureux temps.
Il est né, ce divin Enfant :
Jouez, hautbois, résonnez, musettes, etc.

2. Ah ! qu'il est beau, qu'il est charmant !
Ah ! que ses grâces sont parfaites !

Ah ! qu'il est beau, qu'il est charmant !
Qu'il est doux, ce Jésus enfant !
Il est né, ce divin Enfant :
Jouez, hautbois, résonnez, musettes, etc.

3. Une étable est son logement,
Un peu de paille est sa couchette ;
Une étable est son logement :
Pour un Dieu quel abaissement !
Il est né, ce divin Enfant :
Jouez, hautbois, résonnez, musette, etc.

4. Il veut nos cœurs, il les attend,
Il vient en faire sa conquête ;
Il veut nos cœurs, il les attend :
Qu'ils soient à lui, dès ce moment.
Il est né, ce divin Enfant :
Jouez, hautbois, résonnez, musette, etc.

5. Partez, ô rois de l'Orient !
Venez vous unir à nos fêtes,
Partez, ô rois de l'Orient !
Venez adorer cet Enfant.
Il est né, ce divin Enfant :
Jouez, hautbois, résonnez, musettes, etc.

6. O Jésus, ô Roi tout-puissant !
Tout petit enfant que vous êtes,
O Jésus ! ô Roi tout-puissant !
Régnez sur nous entièrement.
Il est né, ce divin Enfant :
Jouez, hautbois, résonnez, musettes, etc.

7. Vous grandirez avec les ans :
Donnez-nous les vertus parfaites ;
Vous grandirez avec les ans :
Nous voulons cesser d'être enfants.
Il est né, ce divin Enfant :
Jouez, hautbois, résonnez, musettes, etc.

AUTRE NOEL. (N° 414. 151.)

1. Éveillons l'écho des montagnes :
Gloire au Très-Haut ! paix aux mortels !

Que les cités, que les campagnes
Érigent de nouveaux autels.
Sur un berceau, couvert de langes,
Un Sauveur paraît en ces lieux ;
Mortels, unissez-vous aux Anges :
Réjouissez-vous, terre et cieux.

2. Allons aussi dans cette étable,
Où des bergers s'en vont gaiment ;
N'est-il donc que leur troupe aimable
Qui sache plaire au saint Enfant ?
Ah ! la charité, qui le presse,
Répand sur tous ses divins feux ;
Tous ont des droits à sa tendresse :
Réjouissez-vous, terre et cieux.

3. Montrez-nous, ô bonne Marie !
Ce nouveau-né, notre trésor ;
Combien notre âme est attendrie !
Montrez, montrez-le-nous encor.
Que nous puissions voir ce sourire,
L'amour qui brille dans ses yeux,
Ce doux regard qui semble dire :
Réjouissez-vous, terre et cieux.

4. Que j'aime à voir dans cette crèche
Ce Dieu de grâce et de bonté !
De là voyez, comme il nous prêche
Douceur, amour, simplicité !
Par ses lambeaux et sa misère,
Mon Sauveur enchante mes yeux ;
C'est ainsi qu'il fléchit son Père :
Réjouissez-vous, terre et cieux.

5. Auprès de lui que tout s'empresse,
Entourons ce divin berceau :
Est-il d'assez douce caresse ?
Est-il de présent assez beau ?
Ah ! nous avons ce qu'il désire ;
Point de ces tributs fastueux ;
L'amour sait toujours lui suffire :
Réjouissez-vous, terre et cieux.

6. O Joseph ! ô douce Marie !
O bergers remplis de ferveur !

Prêtez-moi votre âme ravie,
Pour chérir cet Enfant Sauveur.
Qu'une sainte ardeur nous inspire ;
Puissions-nous, pleins des mêmes feux,
Chanter toujours sous son empire :
Réjouissez-vous, terre et cieux !

## AUTRE NOEL. (N° 598.)

1. Dieu, sensible à nos larmes,
Nous accorde un Sauveur :
Aux cruelles alarmes
Succède le bonheur.

CHŒUR.

Gloire, au plus haut des cieux,
Au Dieu des bienheureux,
Et paix, en ces bas lieux,
A tout mortel pieux !

2. Qu'entends-je? et quelle ivresse!
Quels sont ces doux concerts?
Le chant de l'allégresse
Retentit dans les airs.

3. C'est la troupe des Anges,
Des ardents Séraphins :
Ils chantent les louanges
Du Sauveur des humains.

4. Aux cieux s'unit la terre ;
J'entends de nouveaux chœurs:
C'est l'hommage sincère
Qu'offrent d'humbles pasteurs.

5. Ah! les esprits célestes
Me montrent l'Eternel ;
Et les bergers modestes
L'homme faible et mortel.

6. Avec la troupe aimable,
Allons vers l'Enfant-Dieu ;
Entrons dans cette étable:
Ah! que vois-je en ce lieu?

7. Une crèche, des langes,
Un pauvre, un faible enfant !
Est-ce le Roi des Anges?
Est-ce le Tout-Puissant?

8. Bergers, c'est votre Maître;
Anges, c'est votre Dieu :
C'est lui qui te fit naître,
Soleil, astre de feu.

9. C'est le Dieu de la guerre,
Le prince de la paix ;
Il commande au tonnerre;
Son règne est à jamais.

10. Viens, reprends ta couronne,
Sion, sainte cité ;
Ne crains plus Babylone;
Sors de captivité.

11. O Jésus! les souffrances
Te font verser des pleurs ;
Et ce sont mes offenses
Qui causent tes douleurs.

12. Par ta crèche, tes larmes,
O mon frère et mon Roi !
Fais qu'ici-bas nuls charmes
Ne m'éloignent de toi.

AUTRE NOEL. (N<sup>os</sup> 599. 1.)

1. Chantons l'heureuse naissance
Que l'on célèbre en ce jour,
Où Dieu fait voir sa puissance
Et l'excès de son amour.
En tous lieux de ses louanges
Faisons retentir les airs;
Aux divins concerts des Anges
Joignons nos humbles concerts.

2. Mortels, l'auriez-vous pu croire,
Qu'une étable fût un lieu
Propre à renfermer la gloire
Et la majesté d'un Dieu?
L'Eternel a pris naissance,
L'Impassible est tourmenté,
Le Verbe est dans le silence,
Et le Soleil sans clarté.

3. Les divines prophéties
S'expliquent dans ce moment
Et sont enfin éclaircies
Par ce merveilleux Enfant.
Une Mère Vierge et pure,
En bannit l'obscurité;
Les ombres et la figure
Font place à la vérité.

4. Bergers, qui, d'un soin fidèle,
Avez l'œil sur vos troupeaux,
A cette grande nouvelle,
Accordez vos chalumeaux;
Chantez des hymnes sacrées
Pour ce divin Rédempteur,
Qui des brebis égarées
Est le souverain Pasteur.

5. Pour briser toutes nos chaînes,
Il s'est mis dans les liens;
Il s'est chargé de nos peines
Pour nous combler de ses biens.
Celui, devant qui les Anges
Sont dans un saint tremblement,
Est enveloppé de langes,
Sous la forme d'un enfant.

6. Ne tardez point, allez, Mages,
De vos trésors précieux
Porter les justes hommages
A cet enfant glorieux.
Suivez l'astre favorable
Qui luit pour vous éclairer,
Allez voir dans une étable
Le Dieu qu'il faut adorer.

7. Jadis, Adam, par son crime,
Avait changé notre sort;
Le monde était la victime
Du démon et de la mort.
Mais, ô faute salutaire!
Qui rend les hommes heureux,
Qui nous donne un Dieu pour frère
Et pour partage les cieux.

L'abbé TESTU.

AUTRE NOEL. (N° 400.)

Noël Languedocien,

1. J'entends là-bas dans la plaine
Les Anges descendus des cieux,

16..

Chanter, dans la nuit sereine,
Ce cantique mélodieux :

CHOEUR.

*Gloria in excelsis Deo.*

2. Bergers, pour qui cette fête?
Quel est l'objet de tous ces chants?
Quel vainqueur, quelle conquête
Mérite ces cris triomphants?
*Gloria, etc.*

3. Ils annoncent la naissance
Du Libérateur d'Israël,
Et pleins de reconnaissance,
Chantent en ce jour solennel :
*Gloria, etc.*

4. Allons tous de compagnie,
Dans l'humble lieu qu'il s'est choisi,
Voir l'adorable Messie
A qui nous chanterons aussi :
*Gloria, etc.*

5. Recherchons l'heureux village
Qui l'a vu naître sous ses toits.
Offrons-lui le tendre hommage
Et de nos cœurs et de nos voix.
*Gloria, etc.*

6. Dans l'humilité profonde,
Où vous paraissez à nos yeux,
Pour vous louer, Roi du monde,
Nous redirons ce chant joyeux :
*Gloria, etc.*

7. Toujours remplis du mystère
Qu'opère aujourd'hui votre amour,
Notre devoir sur la terre
Sera de chanter chaque jour :
*Gloria, etc.*

8. Déjà les bienheureux Anges,
Les Chérubins, les Séraphins,
Occupés de vos louanges,
Ont appris à dire aux humains :
*Gloria, etc.*

9\. Bergers, loin de vos retraites,
Unissez-vous à leurs concerts,
Et que vos tendres musettes
Fassent retentir dans les airs :
*Gloria*, etc.

10\. Dociles à leurs exemples,
Seigneur, nous viendrons désormais,
Au milieu de votre temple,
Chanter avec eux vos bienfaits.
*Gloria*, etc.

## AUTRE NOEL.

### Noël des Enfants.

Air : *Triomphez Reine des cieux.* (N°ˢ 139. 401.)

C. 1. Accourez, heureux enfants,
Un Dieu se fait à vous semblable ;
Accourez, heureux enfants,
Offrir à Jésus vos présents.
  Le Verbe adorable,
  Au fond d'une étable,
  Se rend misérable
  Pour nous racheter.
O tendresse inconcevable !
Qui pourrait y résister ? Accourez, etc.

2\. De grandeur et de néant
Dans Jésus quels divins mélanges !
De grandeur et de néant
Quels traits nous offre un Dieu naissant !
  Les Bergers, les Anges,
  Chantent les louanges
  D'un Dieu dans les langes,
  Né pour des ingrats ;
Ses abaissements étranges
Ne nous toucheraient-ils pas ?

3\. A l'envi pour l'Enfant-Dieu
Brûlons de l'amour le plus tendre
A l'envi pour l'Enfant-Dieu

Soyons tout amour et tout feu.
>Comment s'en défendre?
>Allons sans attendre,
>Pour jamais nous rendre
>A ses doux appas;
>Au tombeau plutôt descendre
>Que vivre et ne l'aimer pas!

4. Enflammez-nous, Dieu Sauveur,
Pour vous seul d'un amour extrême;
Enflammez-nous, Dieu Sauveur;
Prenez naissance en notre cœur.
>Sans vous, Dieu suprême,
>Sceptre, diadème,
>Et l'univers même
>Ne nous semblent rien.
On a tout quand on vous aime,
Votre amour est le seul bien.

AUTRE NOEL. Indulg. (N° 215.)

1. Du ciel brillant,
Divin Enfant,
Tu viens, l'hiver, sous ce chaume;
Que j'ai coûté
A ta bonté,
Monarque du saint royaume!

2. O puissant Dieu!
Langes et feu,
Ah! tout manque à ta naissance!
Sois mon amour,
Puisqu'en ce jour
L'amour fait ton indigence.

3. L'amour conduit
Dans ce réduit
Tes pas, loin de Dieu ton Père;
Jésus, pourquoi
Souffrir pour moi?
C'est que mon âme t'est chère

4. Mais, doux Sauveur,
Si la douleur
Eut pour toi de si grands charmes,
Pourquoi pleurer?
C'est pour montrer
Que l'amour cause tes larmes

5. C'est que j'ai fui
Jusqu'aujourd'hui
Un Sauveur, la bonté même:
Ne pleure plus,
Mon doux Jésus!
Je te reviens et je t'aime.

Trad. de Saint Liguori.

### AUTRE NOEL. (N° 261.)

1. Divin Enfant,
Devant la crèche où ma foi te contemple,
Je me prosterne en t'adorant
Comme l'Etre infiniment grand :
Pour moi ton étable est un temple,
  Divin Enfant !

2. Paisible Enfant,
N'est-ce pas toi, dont le bruyant tonnerre
Rendit le Sinaï fumant ?
Je te vois couché maintenant
Dans une humble grotte, sous terre,
  Paisible Enfant !

3. Auguste Enfant,
N'est-ce pas toi, qui dans ton être immense
Vois tout cet univers flottant ?
Ah ! combien faible cependant
Nous paraît ici ta puissance,
  Auguste Enfant !

4. O tendre Enfant !
Toi, des élus la félicité même,
Des cieux le plaisir ravissant,
Ici d'un total dénûment
Tu souffres la misère extrême,
  O tendre Enfant !

5. O doux Enfant !
Toi, dont l'aspect fait le bonheur des Anges,
Roi magnanime et si puissant !
Je te vois ici dépendant,
Enveloppé de pauvres langes,
  O doux Enfant !

6. Aimable Enfant,
Verbe de Dieu, que l'univers adore,
Dont la parole, en un instant,
Tira le monde du néant,
Ah ! tu ne peux parler encore,
  Aimable Enfant !

7. Docile Enfant,
Maître suprême, à qui, dans la natur
Tout obéit si constamment,
Ton plaisir sera maintenant
D'obéir à ta créature,
Docile Enfant!

8. O saint Enfant!
De ton berceau l'humilité profonde
Ne nous dit que trop hautement :
Anathème à l'attachement
Pour la richesse et pour le monde!
O saint Enfant!

9. O cher Enfant!
Que ton sourire a d'attraits pour Marie!
Mais, à te voir toujours souffrant,
Hélas! d'un chagrin dévorant
Sa belle âme est toute flétrie,
O cher Enfant!

10. Divin Enfant,
Je vois l'effet de ton amour extrême,
Dans cet état d'abaissement :
Tu descends jusqu'à mon néant,
Pour m'élever jusqu'à toi-même,
Divin Enfant!

## AUTRE NOEL. (N° 216.)

1. Cruel hiver, saison impitoyable,
Triste froidure, adoucis tes frimas;
Ce saint Enfant que ta rigueur accable,
C'est ton Seigneur, ne le connais-tu pas?

2. Jésus gémit, je l'entends qui soupire,
Dans son berceau je le vois s'affliger;
Ah! que ne puis-je adoucir son martyre,
Ou que ne puis-je au moins le partager!

5. Divin Enfant, ne versez plus de larmes,
Ou permettez que j'en verse avec vous :
Votre douleur, vos ennuis, vos alarmes,
Percent nos cœurs en passant jusqu'à nous.

4. « Je suis un Dieu, cependant je soupire ;
Hélas, ce n'est que pour vous rendre heureux.
Je suis Sauveur : vivement je désire
Vous délivrer d'un sort trop rigoureux.

5. Pour désarmer le courroux de mon Père,
Je veux porter moi-même tous les coups,
Et je ne veux apaiser sa colère
Qu'en expirant pour le salut de tous. »

6. Ah ! quel amour au vôtre est comparable,
Divin Enfant ? en est-il un plus fort ?
Quoi ! l'innocent veut souffrir en coupable,
Et l'Immortel se soumettre à la mort !

7. Répondons tous à son amour extrême,
Préservons-nous du malheur d'être ingrats :
Fut-il jamais contre un Dieu qui nous aime
Crime plus noir que de ne l'aimer pas ?

### AUTRE NOEL. (N° 262.)

#### LITANIES DU SAINT ENFANT JÉSUS.

(Qu'on chante, en certains lieux, pendant quinze jours après Noël, comme on a chanté celles de la Sainte-Vierge pendant quinze jours avant.)

Divin Enfant, exaucez nos prières,
Jésus, ayez pitié de nous.

*Le Chœur répète :* Divin enfant, etc.

1. Écoutez-nous, Dieu tout-puissant
Exaucez nos humbles prières ;
Verbe éternel, Jésus Enfant,
Secourez-nous dans nos misères :
Nous n'espérons rien que par vous,
Jésus Enfant, exaucez-nous.

*Le Chœur :* Divin enfant, etc.

2. Trinité sainte en un seul Dieu,
Père, Fils, Esprit adorable,
Être qu'on révère en tout lieu,
Et dont le nom est ineffable,
Par cet Enfant, Dieu né de vous,
Seigneur, ayez pitié de nous.   *Chœur*

3. Enfant, vrai Dieu, venu du Ciel,
Jésus, adorable Messie;
Du Dieu vivant, Fils éternel,
Et né de la Vierge Marie;
Verbe fait chair pour notre amour.
Sanctifiez-nous en ce jour. *Chœur.*

4. Enfant, de toute éternité
Engendré dans le sein du Père,
Dieu comme lui, sa vérité,
Son miroir et son exemplaire;
Jésus fait homme comme nous,
Faites que nous vivions en vous. *Chœur.*

5. Enfant, la gloire et le bonheur
De votre sainte et chaste Mère,
Qui de son sein plein de pudeur
Avez fait votre sanctuaire,
Doux fruit de sa virginité,
Remplissez-nous de pureté. *Chœur.*

6. Enfant du Ciel, Verbe divin,
Fait homme et né dans une étable;
Roi dans l'exil, Dieu souverain;
Sous cette forme de coupable
Dieu véritablement caché,
Préservez-nous de tout péché. *Chœur.*

7. Enfant, que Dieu, dans ce beau jour,
Nous donne pour guide et pour frère;
Source et trésor du pur amour,
Par qui seul nous pouvons lui plaire;
Modèle sacré de nos mœurs,
Rendez-vous maître de nos cœurs. *Chœur.*

8. Enfant, la terreur des enfers
Dont vous venez briser l'empire;
Dieu, créateur de l'univers,
Par qui tout vit et tout respire,
Rendez-nous soumis à vos lois
Et prompts à suivre votre voix. *Chœur.*

9. Enfant, du ciel le grand flambeau,
Qu'adorent en tremblant les Anges;

Vous qui pleurez dans un berceau,
Emmailloté de pauvres langes;
Jésus fait victime pour nous,
Faites-moi victime avec vous. *Chœur.*

10. Enfant, des Mages reconnu,
Aux feux d'une brillante étoile;
Enfant, des vôtres méconnu,
Leur cœur étant couvert d'un voile,
Soyez à jamais notre Roi,
Et donnez-nous l'esprit de foi. *Chœur.*

11. Enfant, des justes le souhait,
Des Gentils l'unique espérance,
Par qui nous vient tout don parfait;
Verbe réduit dans le silence;
Source de nos chastes plaisirs,
Purifiez tous nos désirs. *Chœur.*

12. Enfant, le guide des pasteurs,
Du Ciel les plus pures délices;
Enfant, le Maître des docteurs,
Et de tous les Saints les prémices,
Enseignez-nous la vérité,
Qui conduit à l'éternité. *Chœur.*

13. Rendez-vous propice à nos vœux;
Pardonnez-nous, Enfant aimable;
Rendez-vous propice à nos vœux;
Jésus, soyez-nous favorable;
Délivrez-nous des maux fâcheux,
Et de nos péchés trop nombreux. *Chœur.*

14. C'est par votre Incarnation
Et les travaux qui l'ont suivie;
C'est par l'humiliation
De votre très-divine vie,
Que nous espérons tous les jours
Vos bienfaits et votre secours. *Chœur.*

15. Par vos souffrances et vos pleurs,
Faites que Dieu nous soit propice;
Par vos mépris et vos douleurs,
Payez pour nous à sa justice:

Jésus Enfant, aimable Époux,
Apaisez son juste courroux. *Chœur.*

16. Agneau de Dieu, par votre sang,
Daignez effacer tous nos crimes ;
Agneau de Dieu, c'est votre sang
Qui met fin aux autres victimes ;
Agneau de Dieu, par votre sang,
Des élus mettez-nous au rang. *Chœur.* P. 177.

## FÊTE DE SAINT ÉTIENNE, PREMIER MARTYR.
(Nos 263. 517.)

1. Etienne, de Jésus la première victime,
Et le premier témoin, qui scelles par ta mort
De sa divinité la vérité sublime,
Qu'heureux est le moment qui termine ton sort !

2. Tu traces le chemin de cette mort sanglante,
Où tant de saints martyrs doivent passer un jour ;
Ah ! quel bonheur pour toi, quelle gloire éclatante
De leur servir de guide au céleste séjour !

3. Avant que d'expirer, innocente victime,
Tes yeux sur tes bourreaux s'arrêtent sans courroux ;
Tu demandes au Ciel le pardon de leur crime :
Ton sang, tu l'as offert, pour désarmer ses coups.

4. Le Seigneur entendit cette voix éloquente
Qu'élevait le martyr par un dernier effort ;
Saul, auteur et témoin d'une mort si sanglante,
Est lui-même le prix de cette belle mort.

5. On brise tous ses os ; mais il souffre en silence,
Prodigue de sa vie, avare de ses pleurs :
Mon esprit, a-t-il dit, vers ton trône s'élance,
Reçois-le, Dieu puissant, c'est pour toi que je meurs.

6. La mort d'un doux sommeil ferme alors sa paupière,
Le soleil ici-bas n'éclaire plus ses yeux ;
Mais, brillant de l'éclat d'une vive lumière,
Son esprit pour jamais s'envole dans les cieux.

7. Exemple des Martyrs, ton emploi dans ce monde
Fut jadis de donner aux indigents du pain ;

Mais Dieu, qui produit tout par sa vertu féconde,
Au festin de l'Agneau t'en donne de sa main.

8. Soutenus par ton bras, ô Dieu! de quelle gloire
Ne sont point couronnés les plus fragiles cœurs!
Du Saint, dont aujourd'hui nous chantons la victoire,
Fais que nous devenions les vrais imitateurs.

L'abbé Saurin.

## FÊTE DE SAINT JEAN L'ÉVANGÉLISTE. (N° 114.)

1. Disciple que Jésus aima par préférence,
Tu fus un des témoins de sa gloire au Thabor;
Témoin de ses travaux, témoin de sa puissance,
Tu le seras enfin de sa divine mort.

2. Pour toi quelle faveur, quel unique avantage!
Tes yeux voyaient, tes mains touchaient cet Homme-Dieu;
Tu lui parlais, sa voix te rendait son langage:
Tu goûtais le bonheur de le suivre en tout lieu.

3. Quel trait nouveau d'amour te rend dépositaire
Des merveilleux secrets qu'il dévoile à tes yeux,
Quand, du Verbe fait chair pénétrant le mystère,
Tu le vis au Thabor tel qu'il est dans les cieux!

4. Tu pus boire à longs traits dans un fleuve de vie,
Lorsque tu reposas sur le sein du Sauveur;
Pleine de son esprit, ah! ton âme ravie
Sentait d'un Dieu présent l'ineffable douceur.

5. Plus il te prodiguait le feu pur qui t'embrase,
Et plus tu t'élevais à l'immortalité:
Dis-nous ce que tu vis pendant la douce extase
Où tu ne contemplais que la Divinité.

6. O charmes inouïs! connus à ta seule âme;
De mutuels transports ô mutuel retour!
Qu'il sort de traits brillants de lumière et de flamme
D'un cœur où Dieu réside et place son amour!

7. Jésus, agonisant et sans voix au Calvaire,
Par ses regards mourants parle encore à ton cœur,

Et, du haut de la Croix, cette sublime chaire,
Il instruit l'univers dont il est le Sauveur.

8. Pour mère, tu reçois la Mère de Dieu même;
O fils! fut-il jamais dépôt si précieux?
Elle répare en toi, dans sa disgrâce extrême,
La perte de son Fils qui s'immole à ses yeux.

9. Plein de l'amour du Dieu que ton esprit adore,
Ce précepte est l'objet de tes écrits divers;
Tu ne peux contenir le feu qui te dévore;
Il perce, se dilate, embrase l'univers.

10. Toi qui suivis du Christ la carrière sanglante,
O disciple fidèle! entends-nous aujourd'hui;
Daigne nous obtenir la volonté constante
De vivre, de souffrir et de mourir pour lui.

L'abbé POUPIN. *

## FÊTE DES SS. INNOCENTS.

Air : *Bénissez le Seigneur suprême.* (N<sup>os</sup> 264. 67.)

1. Triomphez, victimes aimables,
Brillez à jamais, tendres fleurs;
Le trépas même, en ses rigueurs,
   Rend vos beautés durables.

2. Jouez avec votre couronne
Au pied du trône de l'Agneau,
Enfants, que le glaive au berceau
   Hélas! sitôt moissonne.

3. En vain, dans sa fureur profonde,
Un prince, au courroux impuissant,
Veut noyer dans des flots de sang
   Le Rédempteur du monde.

4. Quels fruits aura-t-il de son crime?
Sur qui retomberont ses traits?
Du plus barbare des forfaits
   Lui seul est la victime.

5. L'impie Hérode, dans sa rage,
Devenu son propre bourreau,

Ne trouve au-delà du tombeau
Que l'enfer pour partage.

6. Jésus, comme autrefois Moïse,
Evite un funeste trépas;
Tyran, ne prévoyait-il pas
Ta perfide entreprise?

6. Jeunes Martyrs, qui de la vie
N'avez connu que le matin,
A goûter un bonheur sans fin
Le Seigneur vous convie.

8. Et vous, bannissez vos alarmes,
Mères de trop heureux enfants;
Au ciel ils règnent triomphants :
Séchez, séchez vos larmes.

## CIRCONCISION DE N. S. J. C. (N°⁸ 265. 57.)

1. Seigneur, à peine avez-vous pris naissance
(Ce n'est encor que le huitième jour),
Que, vous offrant dès votre tendre enfance,
Par votre sang vous scellez votre amour.

2. Ce sang qui doit purifier la terre,
Impatient d'être versé pour nous,
N'attend, hélas! la croix ni le calvaire :
Aujourd'hui même il veut couler pour tous.

3. Pourquoi, Seigneur, prévenir la justice
Qui vous soumet à de si dures lois,
Anticiper ainsi le sacrifice
Que vous devez achever sur la croix?

4. De votre amour la sainte violence
Ne peut souffrir ces longs retardements;
Et, dévoué pour nous à la souffrance,
Vous commencez dès vos premiers moments.

5. Résisterai-je à cet amour si tendre?
Pourrai-je encor plus longtemps différer?
Non, mon Jésus, non, mon cœur doit se rendre;
A votre amour je viens le consacrer.

5. Daignez, Seigneur, en agréer l'offrande,
C'est le seul don qui soit digne de vous;
Mais, en donnant, souffrez que je demande :
Soyez, Seigneur, vous-même tout à nous.

MÊME SUJET. (N⁰ˢ 266. 226.)

#### Nom de Jésus.

1. O mon Jésus! ô mon bien et ma vie!
Ce jour va donc assurer mon bonheur!
Tu prends le nom, le doux nom de Sauveur,
Et ton amour déjà le justifie.

2. C'était pour moi, quand tu venais de naître,
Que de tes pleurs tu mouillais ton berceau;
Et c'est pour moi que tu viens, tendre Agneau,
Te présenter au glaive du grand-prêtre.

3. Tu nais à peine, et de ton sang propice
Tu veux déjà sceller tes jours naissants;
Moi, dont le crime a devancé les ans,
Je n'ai rien fait pour calmer ta justice.

4. Ah! dans mon cœur, trop longtemps infidèle,
Eteins l'orgueil et l'amour du plaisir;
Et que jamais il n'ait d'autre désir
Que de te prendre, ô Jésus! pour modèle.

5. Il faut enfin, moi qui fus seul coupable,
Que, pour laver mes crimes à mon tour,
Mon repentir, animé par l'amour,
Mêle ses pleurs à ton sang adorable.

MÊME SUJET. (N⁰ 267.)

1. Que les conquérants de la terre,
Avides de titres pompeux,
Prennent les surnoms fastueux
Des peuples soumis dans la guerre;
Jésus vainqueur de l'univers,
Le soumet pour briser ses fers.

2. Jésus ! ô Nom incomparable !
C'est le plus saint de tous les noms ;
Il est la terreur des démons,
Mais aux pécheurs qu'il est aimable !
Jésus vainqueur, etc.

3. Qu'à ce Nom, les genoux fléchissent
Dans les airs, les cieux, les enfers ;
Jusqu'aux bornes de l'univers
Que tous les lieux en retentissent.
Jésus vainqueur, etc.

4. Nous nous courbons sous ta puissance,
Jésus, viens régner sur nos cœurs ;
Ton Nom n'annonce que douceurs,
Devant lui marche la clémence.
Jésus vainqueur, etc.

5. Qu'à jamais le ciel et la terre
Bénissent le Nom de Jésus ;
Enflammons-nous de plus en plus
Pour un Maître si débonnaire.
Puisse régner sur l'univers
Le Sauveur qui brise ses fers !

## MÊME SUJET.

Air : *Chantons chantons de Marie.* (N° 268.)

1. Joignons-nous aux chœurs
A la troupe des élus, [des Anges,
Pour célébrer les louanges
Du Nom sacré de Jésus ;
Nom puissant, Nom vénérable,
Sanctuaire inépuisable
De grâces et de vertus.
Joignons-nous, etc.

2. Jésus, pour les âmes saintes,
Est un nom plein de douceurs ;
Par lui, les plus pures flammes
Se répandent dans nos cœurs :
Qui sait bien goûter ses charmes
Peut, sans trouble et sans alar-
Du sort subir les rigueurs. [mes,
Jésus, etc.

3. C'est ce beau Nom qui rani-
L'espérance du pécheur ; [me
C'est par lui que de son crime
La grâce le rend vainqueur.
Invoquez ce Nom sans cesse,
Invoquez-le avec tendresse,
Ah ! c'est le Nom du Sauveur.
C'est ce beau Nom, etc.

4. Voulons-nous que Dieu bénis-
Nos travaux de chaque jour ? [se
Rendons-nous Jésus propice,
Redisons ce Nom d'amour :
C'est par lui que l'innocence,
A grands pas, toujours s'avance
Vers le céleste séjour.
Voulons-nous, etc.

5. Le péché, pour nous surpren-
Nous déguise son venin ; [dre,
Invoquons, pour nous défendre,
De Jésus le Nom divin.
Si le démon se déchaîne,
Le Nom de Jésus, sans peine,
Vaincra cet esprit malin.
Le péché, etc.

6. Satan redouble sa rage,
Aux approches de la mort ;
Mais bientôt, malgré l'orage
Jésus nous conduit au port.
Son saint Nom nous fortifie,
Et de la troupe ennemie
Réprime le vain effort.
Satan redouble, etc.

## POUR LE PREMIER JOUR DE L'AN. (N<sup>os</sup> 269. 101.)

1. Auteur des temps, Dieu de l'éternité,
Qui des mortels réglez la destinée,
Nous venons tous avec humilité
Vous consacrer cette nouvelle année.

CHOEUR.

Nous venons tous vous promettre en ce jour,
De vous servir avec un cœur fidèle ;
Qu'il ait pour vous une ardeur éternelle,
Embrasez-le du feu de votre amour.

2. Le ciel, la terre et tous ses habitans
Prêchent partout, ô puissance infinie !
Que de vous seul dépendent tous nos ans,
Nos mois, nos jours, nos moments, notre vie.

3. Si tu les tiens, ces ans, de sa bonté,
A qui, mortel, en devais-tu l'hommage ?
S'ils sont le prix de ton éternité,
En devais-tu faire un si triste usage ?

4. Des ans passés calcule tous les mois,
De chaque mois calcule les journées :
A ton Seigneur, dis-moi combien tu crois
Avoir donné d'heures de tant d'années.

5. Qui sait, hélas, si tu verras la fin
Du nouvel an dont s'ouvre la carrière ?
Qui ne se peut promettre un lendemain
Comptera-t-il sur une année entière ?

6. Nous gémissons, ô notre divin Roi !
D'avoir commis, depuis la tendre enfance,

Tant de péchés que défend votre loi
Et provoqué votre juste vengeance.

7. Faites-nous voir et comprendre, Seigneur,
Que notre vie est un torrent rapide,
Une ombre, un songe, un éclair, une fleur,
Une vapeur qui n'a rien de solide.

8. O Dieu! rendez heureuse à vos enfants
Dans tout son cours cette nouvelle année ;
Eloignez en tous fâcheux accidents ;
De mille biens qu'elle soit couronnée.

9. Que, s'il vous plait de prolonger nos ans,
Pour vos bontés pleins de reconnaissance,
Nous emploirons chacun de leurs instants
A mériter du ciel la récompense.

*Autre refrain.* (N° 101.)

Daignez agréer, Roi des cieux,
De ce nouvel an les prémices :
Ah ! puissions-nous, sous vos auspices,
Dans la vertu couler des jours heureux !

## L'ÉPIPHANIE OU LES ROIS. (N° 468.)

1. De nouveaux feux le ciel se pare ;
Un céleste et brillant flambeau
Vient au genre humain qui s'égare
Découvrir un chemin nouveau.
Des rois ont suivi ces indices ;
A Jésus ils portent leurs vœux ;
Mais ces rois étaient nos prémices,
Et Jésus nous appelle en eux.

2. Déjà l'amour qui le fit naître,
Par les maux du monde excité,
Brûle de le faire connaître
A l'aveugle gentilité.
Le Dieu sauveur se manifeste,
Sa gloire éclate dans les cieux,
Et dissipe l'erreur funeste
Qui produisit tant de faux dieux.

3. Peuples assis dans les ténèbres,
Couverts des ombres de la mort,
Déchirez ces voiles funèbres,
Le ciel veut changer votre sort;
Sortez de votre nuit profonde,
Hâtez-vous, à Jésus venez :
Il est la lumière du monde
Et le Roi des prédestinés.

4. L'étoile annonce votre Maître;
Du ciel vous entendez la voix;
Mais à quel signe reconnaître
Le Dieu que recherchent les rois?
Sera-ce le concert des Anges?
D'un brillant palais la splendeur?
Non, une crèche, de vils langes
Sont les marques d'un Dieu-Sauveur.

5. Malgré cette faible apparence,
Chargés de vœux et de présents,
Les rois offrent à son enfance
La myrrhe et l'or avec l'encens.
Leur foi, sensible en cet emblème,
Nous instruit, en reconnaissant
L'homme mortel, le Dieu suprême,
Le Roi des rois, dans un enfant.

6. Hérode craint pour sa couronne,
Quand on proclame un nouveau Roi;
Le tyran tremble sur son trône,
Jérusalem est dans l'effroi.
Si, de la crèche et de l'étable,
Cet Enfant trouble les pervers,
Qu'il nous paraîtra redoutable
Quand il jugera l'univers!

7. Enfant, adoré par les Mages,
Enfant des démons la terreur,
Recevez mes humbles hommages :
Vous connaître est le vrai bonheur.
Si je suis enfant de l'Eglise,
Je le dois à votre bonté ;
Que cette grâce me conduise
A vous voir dans l'éternité. *Page* 183.

## SAINTE ENFANCE. (Nos 270. 548. 220. 508.)

1. O divine enfance
De mon doux Sauveur !
Aimable innocence,
Tu ravis mon cœur.
Que dans sa faiblesse
Il paraît puissant !
Ah ! plus il s'abaisse,
Et plus il est grand.

2. Descendez, saints Anges,
Venez en ces lieux ;
Voyez dans ces langes
Le Maître des cieux.
Qu'elles ont de charmes,
Aux yeux de ma foi,
Ces premières larmes
Qu'il verse pour moi !

3. Eloquent silence,
Comme tu m'instruis !
Sainte obéissance,
Je t'aime et te suis.
Rebelle nature,
En vain tu gémis ;
A sa créature
Vois ton Dieu soumis.

4. Je deviens docile,
Près de mon Jésus,
Et son évangile
Ne m'étonne plus.
Approche et contemple,
Superbe raison,
Et, par son exemple,
Goûte sa leçon.

5. Leçon adorable,
Qui confond mes sens ;
Si tu n'es semblable
Aux petits enfants,
Ton orgueil funeste
T'éloigne de moi,
Le bonheur céleste
N'est pas fait pour toi.

6. Près de moi qu'ils viennent,
Les enfants heureux ;
Les cieux appartiennent
A ceux qui, comme eux,
Sans fard, sans malice,
Sans fiel, sans aigreur,
Exempts de tout vice,
Plaisent au Seigneur.

7. Celui qui terrasse
Orgueil et grandeur
A promis sa grâce
Aux humbles de cœur.
Les secrets qu'il cèle
Aux brillants esprits,
Jésus les révèle
Toujours aux petits.

8. Sagesse mondaine,
Connais ton erreur ;
Mets ta fierté vaine
Aux pieds du Sauveur.
Quand il veut lui-même
Devenir enfant,
Quel orgueil extrême
De s'estimer grand !

9. Charmes de l'enfance,
Ingénuité,
Candeur, innocence
Et simplicité :
O vertus si chères
Au divin Sauveur !
Vertus salutaires,
Régnez dans mon cœur.

17.

C. MÊME SUJET. (N° 271. 198.)

O vous ! dont les tendres ans
Croissent encore innocents,
Pour sauver à votre enfance
Le trésor de l'innocence,
Contemplez l'Enfant Jésus
Et prenez-en les vertus.

2. Il est votre Créateur,
Votre Dieu, votre Sauveur ;
Mais il est votre modèle :
Heureux qui lui fut fidèle !
Il a part à sa faveur,
A ses dons, à son bonheur.

3. Que touchant est le tableau
Que nous offre son berceau !
Oh ! que de leçons utiles
Y trouvent les cœurs dociles !
Accourez, vous tous, enfants,
Y former vos jours naissants.

4. Une étable est le séjour
Où Jésus reçoit le jour :
Sous ses langes, de sa crèche,
Sa divine voix nous prêche
Que l'indigence, à ses yeux,
Est un riche don des cieux.

5. Pourquoi ce froid, ces dou-
[leurs,
Ces yeux qui s'ouvrent aux pleurs
Ce sang qu'il daigne répandre ?
N'est-ce point pour nous ap-
[prendre
Qu'il faut craindre le plaisir
Et pour Dieu vivre et souffrir ?

6. Ce Dieu, seul Prêtre immortel,
Du berceau passe à l'autel,
Et, Législateur et Maître,
A la loi va se soumettre,
Prêt à s'immoler un jour,
Pour nous marquer son amour.

7. A lui seul, tendres enfants,
Donnez vos premiers instants,
Et vouez à sa loi sainte
Une filiale crainte :
Rien ne plaît plus au Seigneur
Que le don d'un jeune cœur.

8. Il naît à peine, et, naissant
Il veut fuir, obéissant ;
Trente ans dans un humble asile
L'ont vu fidèle, docile,
Exact, obéir toujours
Aux saints gardiens de ses jours

9. Si, par un départ secret,
Il leur laisse un vif regret,
Ils le reverront au temple
Nous montrer, par son exemple,
Qu'on doit pour Dieu tout quitter :
Qui de nous sut l'imiter ?

10. Esprits vains, cœurs indomp-
Captivez vos volontés : [tés,
Quand on voit Jésus lui-même,
Jésus la grandeur suprême,
S'abaisser, s'anéantir,
Peut-on ne pas obéir ?

11. Qu'il est beau de voir ces
[mains,
Qui formèrent les humains,
Se prêter aux œuvres viles,
Aux travaux les plus serviles,
Et rendre à jamais pour nous
Tout travail louable et doux !

12. Tout m'instruit dans l'En-
[fant-Dieu :
Son respect pour le saint lieu,

Son air modeste, humble, affa-  
Sa douceur inaltérable, [ble,  
Son zèle, sa charité,  
Sa clémence, sa bonté.

13. Jésus croît et plus ses ans  
Hâtent leurs accroissements,  
Plus l'adorable Sagesse,  
Qui réside en lui sans cesse,

Dévoile aux yeux des humains  
L'éclat de ses traits divins.

14. Combien en est-il, hélas!  
Qui, loin de suivre ses pas,  
Vont, croissant de vice en vice,  
Aboutir au précipice?  
Heureux, seul heureux qui prend  
Pour guide Jésus enfant.

Le P. DE LATOUR.

## MÊME SUJET.

Air : *Dans cette étable.* (N<sup>os</sup> 407. 142. 110.)

C. 1. Chantons l'enfance  
De notre doux Sauveur,  
  Son innocence,  
Son aimable candeur.  
Que d'autres du Seigneur  
Célèbrent la grandeur,  
Qu'ils chantent sa puissance :  
Nous, enfants, du Sauveur  
  Chantons l'enfance.

2. Rempli de charmes,  
Cet Enfant, dans sa main,  
  Brise les armes  
Du Juge souverain.  
Contre le genre humain  
Dieu veut sévir en vain :  
Il cède aux douces larmes  
De cet Enfant divin,  
  Rempli de charmes.

3. Dans une étable,  
Le Fils de l'Eternel  
  Pour le coupable  
Est né pauvre et mortel.  
Pour moi, pour un pécheur,  
Gémit un Dieu Sauveur;  
O mystère ineffable!  
Mon Roi, mon Créateur  
  Dans une étable!

4. Près de sa crèche,  
O mon cœur! instruis-toi;  
  C'est moi qui pèche,  
Un Dieu souffre pour moi!  
Je cherchais les douceurs,  
Jésus est dans les pleurs :  
Ah! j'entends ce qu'il prêche  
J'abjure mes erreurs  
  Près de sa crèche.

5. Enfant docile,  
Soumis à ses parents,  
  Leur humble asile  
Près d'eux le voit longtemps  
Par des travaux constants,  
Dès ses plus tendres ans,  
Dans un métier servile,  
Il aide ses parents  
  Enfant docile.

6. Chaste innocence,  
Humilité, douceur,  
  Obéissance,  
Vertus de mon Sauveur;  
Ah! puisse aussi mon cœur  
Exhaler votre odeur!  
Mais toi, de préférence,  
Conserve en moi la fleur,  
  Chaste innocence.

7. Que votre exemple
M'enflamme, ô mon Jésus !
Quand je contemple
En vous tant de vertus !
Le monde désormais
N'a plus pour moi d'attraits ;
Je jure en ce saint temple,
De ne suivre jamais
Que votre exemple.

8. Dès son enfance
Heureux qui vous chérit !
Avec constance
Heureux qui vous suivit !
Moins riche mille fois
Est l'héritier des rois
Qu'un cœur plein d'innocence,
Qui de Jésus fit choix
Dès son enfance.

Mgr BORDERIES.

MÊME SUJET. ( N° 222. )

C. 1. Ayez toujours, tendre jeunesse,
Jésus enfant devant les yeux ;
Il vient pour vous conduire aux cieux,
Il vous chérit avec tendresse ;
Ah ! commencez dès aujourd'hui
A ne suivre et n'aimer que lui.

2. Ce Dieu Sauveur, qui vous appelle,
Veut bien vous servir de flambeau ;
Que chacun, près de son berceau,
A sa voix se rende fidèle :
Jésus enfant est votre Roi,
Aimez et pratiquez sa loi.

3. Enveloppé de pauvres langes,
Il foule aux pieds la vanité :
Pour enseigner l'humilité,
Ainsi paraît le Roi des Anges :
Ah ! commencez dès aujourd'hui
A ne suivre et n'aimer que lui.

4. Lui qui remplit la terre et l'onde,
S'est fait petit, ainsi que vous ;
Enchanté d'un objet si doux,
Qu'à son amour chacun réponde :
Jésus enfant est votre Roi,
Aimez et pratiquez sa loi.

5. Il embrasse, dès sa jeunesse,
La peine, la croix, les travaux !

Pourriez-vous aimer le repos,
Les ris, les jeux et la mollesse?
Ah! commencez dès aujourd'hui
A ne suivre et n'aimer que lui.

6. Il est soumis, il est docile:
Belle leçon pour un chrétien;
Pour conduire au suprême bien,
C'est le chemin le plus facile:
Jésus enfant est votre Roi,
Aimez et pratiquez sa loi.

7. Pour la gloire de Dieu son Père
Il eut toujours un zèle ardent;
Par son exemple, il vous apprend
A chercher en tout à lui plaire:
Ah! commencez dès aujourd'hui
A ne suivre et n'aimer que lui.

8. Envers Joseph, envers Marie
Il montre le plus tendre amour;
Imitez ce parfait retour
Pour ceux dont vous tenez la vie·
Jésus enfant est votre Roi,
Aimez et pratiquez sa loi.

9. Marchez toujours, dès votre enfance,
Sur les pas de ce Dieu Sauveur;
Vous aurez l'éternel bonheur,
Pour couronner votre innocence;
Commencez donc dès aujourd'hu.
A ne suivre et n'aimer que lui.

## SAINTE FAMILLE.

Air : *Dans cette étable.* (N°ˢ 142. 110.)

1. Dieu tout aimable,
Source de mon bonheur,
 Seul désirable,
Seul digne de mon cœur,
En vous sont mes plaisirs,
Pour vous sont mes désirs;

Jésus, Maître adorable,
Recevez mes soupirs,
 Dieu tout aimable.

2. Beauté suprême,
Qui savez nous charmer,

Oui, je vous aime
Et je veux vous aimer.
Que votre saint amour
Croisse en moi chaque jour ;
Que d'une ardeur extrême
Je brûle sans retour,
　Beauté suprême !

3. Très-sainte Mère
De mon divin Sauveur,
　Je vous révère
Et vous donne mon cœur :
Souveraine des cieux,
De ce séjour heureux,
Regardez ma misère ;
Exaucez tous mes vœux,
　Très-sainte Mère.

4. Vierge fidèle
A votre Fils Jésus,
　O vrai modèle
De toutes les vertus !
Que votre pureté
Et votre humilité
Soient l'objet de mon zèle.
Miroir de sainteté,
　Vierge fidèle.

5. Vous qu'on honore
Comme son chaste époux,
　Souffrez encore
Que je m'adresse à vous :
Joseph, qui, dans le ciel,
Contemplez l'Éternel,
Hélas ! de vous j'implore
Un regard paternel,
　Vous qu'on honore.

6. En vous j'espère,
Grand saint, si glorieux
　D'être le père
De la Reine des cieux ;
Joachim, protecteur
De tout vrai serviteur
De cette Vierge mère,
Soyez mon bienfaiteur,
　En vous j'espère.

7. Qu'on vous révère
En tout temps, en tout lieu
　Heureuse mère
De la Mère de Dieu ;
Anne, obtenez pour nous
Que son amour si doux
Vienne embraser la terre,
Et que la grâce en tous,
　Féconde, opère.

8. Dans votre gloire,
Saints élus du Seigneur,
　Ayez mémoire
De ce pauvre pécheur ;
Afin que, chaque jour,
En moi le saint amour
Remportant la victoire
Me conduise au séjour
　De votre gloire.

## CARÊME. *AUDI BENIGNE.*

Air : *De cette hymne.*

1. Vous de qui nous tenons le jour,
Dieu créateur, source d'amour,
Ecoutez les cris de nos cœurs,
Dans ce temps de jeûne et de pleurs.

2. Vous savez, ô Dieu de bonté !
Quelle est notre fragilité ;
Seigneur, nous retournons à vous,
Daignez calmer votre courroux.

3. Nous nous reconnaissons pécheurs,
Nous vous avouons nos erreurs ;
Pour la gloire de votre nom,
Accordez-nous-en le pardon.

4. Qu'en nous abstenant au dehors
De tout ce qui flatte le corps,
Notre esprit, dégagé des sens,
Quitte le vice en même temps.

5. O bienheureuse Trinité !
Eternelle et simple unité,
Faites que nous tirions du fruit
Des jeûnes que l'on nous prescrit.

## APPEL AU PÉCHEUR.

Air : *Unis aux concerts des Anges.* (N° 128.)

1. Pécheur, un temps favorable
Pour toi commence aujourd'hui ;
D'un Dieu l'amour ineffable
Doit te ramener à lui.

CHOEUR. Dieu t'appelle,
 Fils rebelle,
Ne sois plus sourd à sa voix ;
 Sans attendre,
 Viens apprendre
A reconquérir tes droits.

2. Pleure, gémis sur toi-même,
Pour obtenir ton pardon.
Dieu, dans sa clémence extrême,
De sa grâce te fait don.

3. Auguste et sainte Victime,
Il n'attend que ton retour
Pour te laver de ton crime
Et te rendre son amour.

4. Le monde avec ses faux charmes
Peut-il faire ton bonheur ?
Non, les plus amères larmes
Suivraient ta coupable erreur.

5. Cherche à te rendre propice
Un Dieu souvent offensé ;
Quitte le sentier du vice
Dont tu dois être lassé.

6. D'un plaisir court et frivole
Reconnais la vanité,
Et n'encense plus l'idole
D'une fausse volupté.

7. La vertu modeste et pure
A mille fois plus d'attraits ;
Elle verse sans mesure
Dans les cœurs la douce paix.

8. D'une mort inévitable
Le juste n'a point d'horreur :

17..

Plein d'une joie ineffable
Il s'endort dans le Seigneur.
9. Pécheur, Dieu se fait entendre,
Viens répondre à son amour,
A son aspect doux et tendre,
Peux-tu différer d'un jour?

## MÊME SUJET. (N° 275.)

1. C'est trop longtemps être rebelle
A la voix d'un Dieu souverain ;
Aujourd'hui ce Dieu vous appelle,
Ah ! que ce ne soit plus en vain.

*Refr.*   Il en est temps, pécheur,
    Revenez au Seigneur.

2. C'est sa bonté qui vous fit naître,
Seul il mérite votre amour ;
N'auriez-vous de lui reçu l'être
Que pour l'outrager chaque jour? Il en est temps, etc.

3. Quelle plus noire ingratitude?
Pleurez-la donc amèrement ;
Du péché rompez l'habitude :
Faut-il hésiter un moment? Il en est temps, etc.

4. Pour un plaisir si peu durable,
Qu'on goûte dans l'iniquité,
Faut-il que ce Maître adorable
De votre cœur soit rejeté? Il en est temps, etc.

5. Si vous suivez toujours du crime
Les vains et dangereux appas,
Songez-vous que c'est un abîme
Qui se prépare sous vos pas? Il en est temps, etc.

6. Dans une paix, qui vous abuse,
Vous passez vos jours malheureux ;
Du démon la perfide ruse
Vous dérobe un danger affreux. Il en est temps, etc.

7. Dans cette triste léthargie,
Savez-vous quel est votre sort?
Hélas ! vous semblez plein de vie,
Et devant Dieu vous êtes mort. Il en est temps, etc.

8. Vous méritez que sa colère
Vous fasse ressentir ses coups ;

Que sur vous, en Juge sévère,
Il décharge tout son courroux. Il en est temps, etc.

9. Quoi donc! toujours être insensible
Au péril de l'éternité!
Peut-on rien voir de plus horrible
Que votre insensibilité? Il en est temps, etc.

10. Que votre état est déplorable!
Ah! cessez de vous obstiner:
Voici le moment favorable,
Où Dieu cherche à vous ramener. Il en est temps, etc

11. Gémissant sur votre misère,
Le cœur pénétré de regrets,
Recourez à ce tendre Père
Et n'aimez que lui désormais. Il en est temps, etc.

### MÊME SUJET. (N° 274.)

1. Le Dieu puissant, dont nos forfaits
   Méritent la vengeance,
Vient offrir aujourd'hui la paix
   Au pécheur qui l'offense.
Tandis que des enfants ingrats
   Lui déclarent la guerre,
Son amour arrête son bras
   Et suspend son tonnerre.

2. Il dissimule nos mépris
   Et rien ne le dégoûte;
Il ne peut oublier le prix
   Que notre âme lui coûte.
Dans nos plus coupables plaisirs,
   Son œil nous suit sans cesse,
Et le moindre de nos soupirs
   Réveille sa tendresse.

3. Pécheur, dans tes égarements,
   Il te menace en Père;
Vois, dit-il, les brasiers ardents
   Qu'allume ma colère;
De tant de supplices affreux
   Si la rigueur t'alarme,

Songe, pour éteindre ces feux,
    Qu'il ne faut qu'une larme.

4. Veux-tu désarmer son courroux,
    Dans ce temps favorable ?
Baigné de pleurs, à ses genoux
    Viens t'avouer coupable :
Si c'est trop peu de tes douleurs
    Pour expier ton crime,
Il mêle son sang à tes pleurs
    Et se fait ta victime.

5. Vois couler ce sang précieux
    Que l'Eglise dispense ;
C'est surtout en ces jours heureux
    Qu'il coule en abondance.
Ingrat, admire sa bonté
    Qui t'ouvre cette source :
Contre l'Eternel irrité
    C'est ta seule ressource.

6. Le ciel est prêt à se venger,
    Il faut le satisfaire ;
Brise tes fers, viens te plonger
    Dans ce bain salutaire.
Ne crains pas que le Tout-Puissant
    T'aille réduire en poudre :
Jamais sur le sang innocent
    Ne peut tomber la foudre.

7. Hélas! en suivant tes désirs
    Tu te forges des chaînes ;
Tu ne trouves dans tes plaisirs
    Que d'éternelles peines.
Le monde n'est qu'un imposteur
    Qu'on suit sans le connaître ;
Il devient le tyran du cœur,
    Dès qu'il en est le maître.

8. S'il fait éclater à tes yeux
    Une coupe brillante,
C'est un poison délicieux
    Que sa main te présente.
Ses appas sont vains et trompeurs,
    Ses douceurs sont mortelles.

Et cachent sous d'aimables fleurs
　　Des épines cruelles.

9. Reviens, un Dieu te tend les bras,
　　Reviens en assurance;
Viens éprouver pour des ingrats
　　Jusqu'où va sa clémence :
Promets-lui de fuir sans retour
　　L'ennemi qu'il déteste;
Rends-lui ton cœur et ton amour :
　　Il se charge du reste.

### MÊME SUJET. (N°ˢ 275. 1.)

1. Pourquoi différer sans cesse?
Dieu vous appelle aujourd'hui;
Il vous exhorte, il vous presse;
Revenez enfin à lui.
De votre état déplorable
N'aurez-vous jamais horreur?
Pleurez, pécheur misérable,
Pleurez sur votre malheur.

2. Du Seigneur, par votre crime
Vous méritez le courroux :
Voyez l'éternel abime
Qui déjà s'ouvre pour vous.
Du ciel craignez la vengeance,
Rentrez en grâce avec Dieu;
L'enfer ou la pénitence :
Non, il n'est point de milieu.

3. Quelle illusion extrême
Jusqu'ici vous a séduit?
Est-ce donc s'aimer soi-même
Que d'aimer ce qui nous nuit?
Des pécheurs quittez la trace :
C'est s'égarer trop longtemps;
Imitez ceux que la grâce
A rendus vrais pénitents.

4. Qu'aperçois-je dans Ninive?
Un grand peuple consterné :
A la douleur la plus vive
Je le vois abandonné;
Dans la cendre et le cilice,
Il a recours au Seigneur :
Le Seigneur se rend propice
Et retient son bras vengeur.

5. L'esprit rempli de tristesse,
Le cœur vivement touché,
David déplore sans cesse
La grandeur de son péché;
Il mêle l'eau de ses larmes
Au pain dont il se nourrit;
Pour lui les pleurs ont des char- [mes
Il en arrose son lit.

6. Pierre méconnaît son Maître,
Il devient blasphémateur;
Mais bientôt il fait paraître
Le repentir de son cœur.
De la femme pécheresse
Voyez le parfait retour :
Ah! quelle douleur la presse!
Sa douleur naît de l'amour.

7. Pour expier notre crime,
Que vois-je! un Dieu pénitent!
Jésus est notre victime,
Il souffre quoique innocent.

Quel exemple, homme coupa- [ble
Plus propre à vous animer?
Sur ce modèle adorable,
Il est temps de vous former.

8. Votre cœur, plein de malice,
Outragea Dieu sans sujet ;
Qu'une si noire injustice
Vous pénètre de regret.
Que ce cœur ingrat soupire,
Qu'il ne cesse de gémir ;
Qu'il se fende et se déchire
Par l'excès du repentir.

9. Plus d'attache criminelle ;
Plus d'amour pour les plaisirs ;
Qu'en vous tout se renouvelle :
Nouveau cœur, nouveaux désirs.
D'un monde impur et profane
Ne suivez plus les attraits ;
De tout ce que Dieu condamne
Eloignez-vous pour jamais.

10. Votre corps fut pour le vice
L'instrument le plus fatal :
Employez pour la justice
Ce qui servit pour le mal.
Si la nature en murmure,
Faut-il écouter sa voix ?
Oh ! vengez Dieu de l'injure,
Faite à ses plus saintes lois.

11. Dans vos maux, dans la [souffrance,
Soumettez-vous au Seigneur ;
D'une très-juste abstinence
Ne craignez point la rigueur ;
Que le pauvre, en sa misère,
Soit aidé par vos bienfaits ;
Du travail, de la prière
Occupez-vous désormais.

12. Que de votre pénitence
Rien n'interrompe le cours ;
Le regret de votre offense
Doit en vous durer toujours.
Une paix inaltérable,
Un bonheur délicieux,
De ce repentir durable
Seront les fruits précieux.

*P. 79.*

## RETOUR DU PÉCHEUR.

Air : *Comment goûter.* (N° 55.)

1. Hélas ! j'ai vécu sans t'aimer :
Insensible à ta voix si tendre,
Toujours je tardais à me rendre
Au Dieu qui seul dut me charmer.
Le voici, cet enfant rebelle,
A tes pieds pleurant son erreur :
Oublieras-tu qu'à son Sauveur
Si longtemps il fut infidèle ?

2. Ah ! laisse-moi seul m'en punir,
Je satisferai ta justice :
Mon cœur va choisir pour supplice
De soupirer et de gémir.

Dieu, quelle est ta bonté touchante!
Quoi! dès l'instant de mon retour,
Déjà je ressens ton amour!
Qu'heureuse est l'âme pénitente!

3. Désormais soumis à ta loi,
Je vais vivre pour te complaire;
Je n'ai plus qu'à bénir un Père
Dans mon Juge et souverain Roi
Ah! je célèbrerai sans cesse
Les bienfaits du Dieu de Sion;
Pécheur, chéris un Dieu si bon,
Ne méconnais plus sa tendresse.

4. Qu'il est doux de vivre en t'aimant!
Qu'il est doux de mourir de même!
Jésus, pour ta beauté suprême,
D'ardeur que j'expire à l'instant!
Mais tu prolonges mon martyre :
Ah! du moins double mon amour
Et que, jusqu'à mon dernier jour,
Pour toi sans cesse je soupire!

MÊME SUJET. (N<sup>os</sup> 276. 277.)

1. Puniras-tu, Seigneur, dans ta justice,
D'un fils ingrat les longs égaremens?
Mon cœur, hélas! commence mon supplice :
Il est en proie aux remords déchirants.

2. Quand je reviens sur ma coupable vie,
Tout m'y paraît à punir, à pleurer :
J'ai donc perdu mon père et ma patrie!
Cruel malheur, à quoi te comparer?

3. Comblé des dons de ce Dieu plein de charmes,
Tout envers lui provoquait mon amour.
Je fus ingrat; il me dit par ses larmes :
Quoi! tu me fuis! sera-ce sans retour?

4. Depuis longtemps je pleure ton absence;
Que t'ai-je fait? tu m'as ravi ton cœur;
Mon bien-aimé, reviens, et ma clémence
Dans un moment oubliera ton erreur.

5. A cette voix, trop aimable et trop tendre,
Que répondis-je, insensible pécheur ?
Toujours, hélas ! différant à me rendre,
Toujours, mon Dieu, j'accroissais ta douleur.

6. En vain la croix me retraçait le gage
Et les doux fruits d'un amour tout-puissant :
D'un air distrait, indifférent, volage,
Je regardais ce signe attendrissant.

7. Ministres saints, pour moi pleins de tendresse,
Vous gémissiez sur mon malheureux sort ;
Avec bonté vous me disiez sans cesse :
Tu vas périr en t'éloignant du port.

8. Ecoute en nous autant d'amis fidèles,
Dans notre sein accours te recueillir :
Viens dans nos bras, et tes peines cruelles,
Tes noirs remords, tu les verras finir.

9. Objet si cher à notre ministère,
Nous unirons nos soupirs et nos pleurs ;
Nous calmerons du Juge la colère,
L'amour fera pardonner tes erreurs.

10. Mais à ce zèle ardent, inexprimable,
Me dérobant avec empressement,
Plus, ô mon Dieu ! tu te montrais aimable,
Et moins pour toi je fus reconnaissant.

11. Tout est changé : devant toi, tendre Maître,
Je viens pleurer mes infidélités ;
Mais, à tes pieds, voudras-tu reconnaître
L'indigne objet de tes rares bontés ?

12. Oui ! tout baigné dans ton sang adorable,
De ton courroux j'affronte la rigueur :
Non, tu n'es pas un Juge inexorable,
Tu n'es pour moi qu'un Père et qu'un Sauveur.

13. Je vous dois tout, Vierge compatissante ;
Près de Jésus, pour un cœur repentant
J'ai vu plaider votre bonté touchante :
Vous n'avez point délaissé votre enfant.

## MÊME SUJET.

Air : *Mortels écoutez vos frères.* (N° 160.)

1. Éternel vengeur des crimes,
N'accablez pas ce pécheur;
Séparez-le des victimes
De votre juste fureur.

*Refrain.*

Doux Sauveur, doux Sauveur,
Faites grâce à ce pécheur.

2. Vous connaissez mes offenses
Vous pouvez me condamner;
Mais, quoique Dieu des vengeances
Vous n'aimez qu'à pardonner

3. Voyez ces torrents de larmes
Que je verse nuit et jour;
Faites cesser mes alarmes,
Et rendez-moi votre amour.

4. Je gémis, je sens les chaînes
Dont mon cœur est attaché ;
Seigneur, augmentez mes peines,
Mais oubliez mon péché.

5. Frappez-moi, Juge sévère,
Vengez-vous de mes rebuts,
Pourvu que ce soit en père
Et que je ne pèche plus.

6. Quoi ! vous outrager encore
Et fouler aux pieds vos lois !
Non, grand Dieu, Dieu que j'adore
Ah ! plutôt mourir cent fois.

## TEMPS DE LA PASSION. VEXILLA.

*Air de cette hymne.*

*Vexilla.*

1. Voici l'étendard glorieux,
La Croix du Monarque des cieux,
Qui brille en nous représentant
Un Dieu Sauveur pour nous mourant.

*Quo vulneratus.*

2. La lance qui perça son cœur
En ouvrit l'entrée au pécheur,
Et, pour lui faire un bain nouveau,
En fit couler le sang et l'eau.

*Impleta sunt.*

3. Sainte Croix, sur vous s'accomplit
Ce qu'un Roi prophète avait dit,

Annonçant au monde autrefois
Qu'un Dieu règnerait par le bois.

*Arbor decora.*

4. Arbre charmant, teint à nos yeux
Du sang d'un Roi victorieux,
Choisi dans de secrets desseins
Pour toucher des membres si saints !

*Beata cujus.*

5. Bois trop heureux d'avoir porté
Le prix du monde racheté,
Le prix qui nous tira des fers
Et nous délivra des enfers !

*O Crux ave.*

6. O Croix ! seul espoir des chrétiens,
Source féconde de tous biens,
Du juste augmentez la ferveur
Et rendez la grâce au pécheur.

*Te summa Deus.*

7. Trinité sainte en un seul Dieu,
Qu'on vous glorifie en tout lieu ;
Par la Croix, qui nous sauva tous,
Guidez-nous enfin jusqu'à vous.

MÊME SUJET. (N° 279.)

*Vexilla Regis.*

1. Pendant ces jours de deuil, que chacun se rallie
Autour de l'étendard du Souverain des rois ;
Le vainqueur de la mort, pour nous rendre à la vie,
  Expire sur la croix.

*Quo vulneratus.*

2. Le fer déchire encor le sein de la Victime,
Et du sang de Jésus un reste précieux
Efface en s'épuisant la souillure du crime
  Qui nous fermait les cieux.

*Impleta sunt.*

3. Ainsi l'avait prédit David en son cantique :

Dieu sur les nations a régné par le bois.
L'oracle est accompli; dans le sens prophétique,
  Son trône était la croix.

*Arbor decora.*

4. Du bois mystérieux, que la pourpre décore,
Le triomphe éclatant ne peut être caché;
Eclairé par la foi, notre œil y voit encore
  Le Sauveur attaché.

*Beata cujus.*

5. Arbre unique et sacré! la divine clémence
Suspend à tes rameaux la rançon de nos fers,
Et le corps de Jésus, entraînant la balance,
  Nous arrache aux enfers.

*O Crux ave.*

6. O Croix de Jésus-Christ! deviens ma protectrice,
Mon espoir est en toi, dans ce temps de douleur;
Augmente dans nos cœurs l'amour de la justice
  Et fais grâce au pécheur.

*Te summa Deus.*

7. Prosterné devant vous, ô mon Juge et mon Père!
Je réclame en tremblant un regard de pitié;
Entendez les soupirs de celui qui n'espère
  Qu'au Dieu crucifié.

## EN L'HONNEUR DE LA CROIX. (N° 278. 281.)

1. Accourez, ô troupe fidèle!
Sur ce bois fixez vos regards;
De votre Roi, qui vous appelle,
Reconnaissez les étendards.
Animés d'une sainte audace,
De l'enfer méprisez les coups;
De ce signe suivez la trace,
Et le ciel combattra pour vous.

2. Autrefois d'un cruel supplice
Ce bois fut l'instrument honteux;
Aujourd'hui du Roi de justice
Il est l'étendard glorieux.

Rien ne résiste à sa puissance,
Il est partout victorieux ;
Tout s'humilie en sa présence
Et sur la terre et dans les cieux.

3. Au dernier jour, au jour terrible,
Où Dieu jugera les mortels,
De la Croix le signe visible
Sera l'effroi des criminels ;
Alors, placé sur un nuage,
Etincelant de mille éclairs,
A lui rendre un sincère hommage
Il forcera tout l'univers.

4. Signe d'amour ou de colère,
Pour le juste, pour le pécheur ;
Instrument d'un Juge sévère,
Gage de paix d'un Dieu Sauveur;
Jésus, votre Croix adorable,
En ce jour, vengera vos droits
Et punira l'homme coupable
Du mépris de vos saintes lois.

5. Heureux ceux qui, pendant la vie,
Sauront la suivre ou la porter !
De l'enfer, malgré sa furie,
Ils n'auront rien à redouter.
Pour récompenser leur constance,
Et leurs combats et leurs exploits,
Une gloire éternelle, immense,
Pour jamais en fera des rois.

6. Le bonheur, conquérants célèbres,
Ne suit pas toujours vos drapeaux ;
Trop souvent, des cyprès funèbres,
Voilà le prix de vos travaux.
Pour combattre et vaincre avec gloire,
Pour affronter tous les hasards,
Suivons le Dieu de la victoire,
Rangeons-nous sous ses étendards.

7. O Croix ! mon unique espérance
Et mon amour jusqu'au trépas,
Soyez ma force et ma défense
Dans le dernier de mes combats.

Puisse alors ma main défaillante
Vous marquer mes ardents désirs,
Et sur vous ma bouche mourante
Exhaler ses derniers soupirs !

#### MÊME SUJET. (N° 264.)

1. O sainte Croix !
Signe divin de notre délivrance,
Autel sacré, précieux bois,
Où s'immola le Roi des rois,
En vous je mets mon espérance,
O sainte Croix !

2. O sainte Croix !
Le monde en vain vous fuit et vous outrage ;
Par vous le Sauveur autrefois
A vaincu le monde et ses lois :
Des chrétiens recevez l'hommage,
O sainte Croix !

#### MÊME SUJET. (N°ˢ 172. 221.)

1. Salut, ô Croix ! mon unique espérance,
Gage certain du bonheur des mortels ;
Tu fus toujours la plus ferme assurance
Et le remède aux maux les plus cruels.

2. Salut, ô Croix ! quel éclat t'environne !
Je t'aperçois sur le front des Césars ;
Les plus grands rois t'ont voué leur couronne,
Et désormais tout suit tes étendards.

3. Salut, ô Croix ! sous ta noble bannière,
Le vrai chrétien brave les coups du sort,
Et, dédaignant les grandeurs de la terre,
Calme et soumis s'avance vers la mort.

#### MÊME SUJET. (N° 280.)

1. O Croix ! cher gage     Je viens vous rendre hommage,
D'un Dieu mort pour nous,     J'ai recours à vous. *Fin.*

Vous êtes la source
  Des vrais biens,
L'espoir la ressource
  Des chrétiens. O Croix, etc.
En vous est l'asile
  Du pécheur
Et l'accès facile
  Du Sauveur. O Croix, etc.

2. Je vous embrasse,
  O bois précieux!

Où l'Auteur de la grâce
  Nous ouvrit les cieux. *Fin.*
O mon espérance!
  Mon secours,
Soyez ma défense
  Pour toujours. Je vous, etc.
Faites, ô Croix sainte!
  Qu'en vos bras,
J'affronte sans crainte
  Le trépas. Je vous, etc.

P. 95.

## COURONNE D'ÉPINES, etc. (N° 281.)

1. Disparaissez, pourpre éclatante,
Du trône splendide ornement;
De Jésus la pourpre sanglante
Brille à mes yeux plus noblement;
Et vous, ô sceptre redoutable!
Vous, des rois auguste bandeau,
Avez-vous rien de comparable
A sa couronne, à son roseau?

2. Avec ces armes indomptables
Il a forcé les murs de fer,
Brisé les portes formidables
Des sombres cachots de l'enfer:
Les justes, qu'au ciel il ramène,
Ont eu par lui leur liberté;
Lui-même il a rompu la chaîne
De leur dure captivité.

5. Pourquoi donc sous le joug du crime,
Pécheurs, restez-vous abattus?
Il vous appelle, il vous anime
Dans la carrière des vertus;
Sur vos pas la nuit la plus sombre
Répandait son obscurité;
Il vous fait luire, après cette ombre,
Le flambeau de l'éternité.

4. Voyez ce front couvert d'épines,
Contemplez ce bandeau sanglant;

Lisez sur ces temps divines
L'excès d'amour d'un Dieu souffrant
Celui que l'univers adore
Pour vous endure tant de maux ;
Pécheurs, qui l'outragez encore,
Vous ressemblez à ses bourreaux.

## JÉSUS MOURANT AU PÉCHEUR. Indulg.
### (N°° 356. 170. 282.)

1. Entends, mon fils, la voix de ton bon Maître,
Vois ton Sauveur sur son gibet cruel :
Dans la douleur s'est abîmé son être,
Viens, il a soif de te conduire au ciel.

2. Ah ! je me meurs sur cette croix barbare,
Pour toi mon sang se répand à l'entour ;
Et de ses pleurs ton œil se montre avare,
Pas un soupir pour payer mon amour !

3. Dans tes excès, pour comble de malice,
Souvent tu viens, par un nouveau forfait,
Remplir encor mon douloureux calice :
Ah ! réponds-moi, pécheur, que t'ai-je fait ?

4. Laisse venir le jour, le jour horrible
Où la rigueur dicte mes jugements :
Du haut d'un trône et d'une voix terrible
Je punirai tes longs égarements.

5. Va, te dirai-je, à l'infernal abîme,
Dans les tourments qui ne peuvent finir ;
Va loin de moi, des feux triste victime,
Va, je n'ai plus pour toi de souvenir.

6. Voici le temps acceptable et propice
Pour apaiser le cœur du Roi des rois :
Fais pénitence et pour toi ma justice
Sera plus douce à réclamer ses droits.

7. Oui, dès ce jour, aime, surtout imite,
O mon enfant ! mes divines vertus :
Fuis l'amour vain du monde qui t'invite,
Fuis ce trompeur, ennemi de Jésus. *Trad. de l'italien.*

## SENTIMENTS DE COMPONCTION A LA VUE DE JÉSUS MOURANT. (N° 282.)

1. Pleurez, mes yeux, pleurez, Jésus expire ;
Son amour seul l'a cloué sur ce bois :
Suivez, mon cœur, l'amour qu'il vous inspire,
Attachez-vous avec lui sur la croix.

2. D'un Dieu souffrant considérez les peines,
Vous qui passez par ces funèbres lieux ;
De tous côtés le sang sort de ses veines :
Hommes pécheurs, sur lui jetez les yeux.

3. Fut-il jamais un plus cruel martyre ?
Il est meurtri jusques à faire horreur ;
Pour des ingrats sur la croix il expire :
Est-il douleur semblable à sa douleur ?

4. Perfide cœur, quel parti dois-tu suivre ?
Il souffre, hélas ! tout ce qu'on peut souffrir :
Et, s'il ne meurt, ingrat, tu ne peux vivre ;
Mais, le voyant, peux-tu ne pas mourir ?

5. Ah ! quand je pense à votre amour extrême,
Quand je vous vois subir ce dur trépas,
Hélas ! mon Dieu, c'en est trop, je vous aime :
Mes pleurs, Jésus, ne le disent-ils pas ? *P.* 91.

## POUR LA FÊTE DE PAQUES. (N°ˢ 283. 115.)

1. Après mille tourments soufferts,
Le Sauveur a repris la vie ;
Du cruel tyran des enfers
Il a réprimé la furie :

*Ref.* Chantons Jésus ressuscité,
Qui nous rend l'immortalité.

2. Sortant glorieux du tombeau,
Après la mort la plus affreuse,
Il fait du sépulcre un berceau,
De sa mort une vie heureuse.           *Chantons*, etc.

3. Cessons de plaindre notre sort,
Ne gémissons plus de nos peines;
Par son triomphe sur la mort
Il a brisé toutes nos chaines.   Chantons, etc.

4. Nous sommes tous régénérés,
Et, par une grâce ineffable,
Nous voyons enfin réparés
Les péchés de l'homme coupable.   Chantons, etc.

5. O crime du premier pécheur!
Que tu nous deviens salutaire!
Sans toi jamais un tel Sauveur
Ne serait venu sur la terre.   Chantons, etc.

6. Un jour nous ressusciterons,
C'est l'espoir du chrétien fidèle;
Enfin nous nous réunirons
A notre chef, notre modèle.   Chantons, etc.

7. Du Dieu, qui règne par la croix,
Faisons retentir les louanges;
De concert élevons nos voix,
En nous joignant aux chœurs des Anges.   Chant., etc.

## MÊME SUJET. (N<sup>os</sup> 284. 402.)

CHOEUR.   Louange, gloire,
     Honneur, victoire
Au Dieu Sauveur qui triomphe en ce jour!
    Transports d'ivresse,
    Chants d'allégresse,
Portez jusqu'aux cieux notre amour!

1. Vainqueur de l'enfer et du monde,
Pour nous Jésus sort du tombeau;
Aux horreurs d'une nuit profonde
Succède le jour le plus beau.

2. En proie aux plus vives alarmes,
Nous gémissions sur nos malheurs;
Nos yeux s'ouvraient sans cesse aux larmes,
Nous mangions un pain de douleurs.

3. La joie a fait fuir la tristesse;
Peuple heureux, peuple racheté,
Qu'aujourd'hui ta sainte allégresse
Chante Jésus ressuscité.

4. Femmes, que votre cœur timide
Ne cède point à son effroi;
Que l'aspect de ce tombeau vide
Console, anime votre foi.

5. Vous surtout voyez, âme sainte,
Le sépulcre où Jésus fut mis;
L'amour vous l'ouvre, mais la crainte
En a chassé ses ennemis.

6. De vos pleurs la source est tarie,
Jésus s'est montré le Dieu fort:
Il vit, ne cherchez plus la vie
Dans les ténèbres de la mort.

7. Allez à la troupe fidèle
De ses disciples consternés
Porter cette heureuse nouvelle,
Dont vos esprits sont étonnés.

8. O Jésus! toi dont la tendresse
Egale en tout temps le pouvoir,
Remplis envers nous ta promesse
Et mets le comble à notre espoir.

9. Et de la mort et de l'abime,
Toi qui tiens les clefs dans tes mains,
Daigne-nous préserver du crime,
Qui seul y plonge les humains.

10. Par l'opprobre et par la souffrance
Tu nous rachètes, Dieu Sauveur!
Fais-nous marcher avec constance
Dans le chemin du vrai bonheur.

11. Qu'un jour, ayant part à ta gloire,
Nos voix célèbrent à jamais
Et ton triomphe et ta victoire,
Dans le royaume de la paix.

MÊME SUJET. (N° 285.)

1. Peuple fidèle,
Ferme ton cœur
A la douleur;
Ton Roi t'appelle
Il est vainqueur.

*Refr.* Le Seigneur est ressuscité,
Les chants de joie ont éclaté,
Et jusqu'aux cieux je vois son nom porté

2. Tu viens de naître,
Eclat nouveau
D'un jour si beau:
Jésus en maître
Sort du tombeau.

3. O Magdeleine!
Suis de ton cœur
La douce ardeur;
L'amour t'amène
Vers ton Sauveur.

4. Heureux Apôtres,
Accourez tous
A ses genoux.
A tous les vôtres,
Dieu, montrez-vous.

5. La foi s'étonne;
Mais Jésus-Christ
L'avait prédit:
L'enfer frissonne,
La mort gémit.

6. Troupe ennemie,
Mortels jaloux
D'un Dieu si doux,
Votre furie
Ne nuit qu'à vous.

7. Quoi! cette garde
Est contre lui
Tout votre appui!

Il la regarde,
Et tous ont fui.

8. La sentinelle,
Qui s'endormit
Pendant la nuit,
Comment vit-elle
Qu'on le ravit?

9. Dormez encore,
Peuple endurci
De Dieu puni :
Le Grec l'implore,
Il est béni.

10. Chants de victoire,
Louange, honneur
Au Rédempteur!
Ah! que de gloire!
Quelle grandeur!

MÊME SUJET. (N°ˢ 171. 522.)

1. Dans les transports d'une vive allégresse,
Chrétiens, chantons ce jour trois fois heureux;
Le Dieu Sauveur, fidèle à sa promesse,
Sort du tombeau vivant et glorieux.

*Refr.* Honneur et gloire
Au Dieu Sauveur !
Par sa victoire
Il nous rend au bonheur.

2. Juif, tu disais : Le Christ enfin succombe;
Son souvenir, de la terre effacé,
Dort pour jamais avec lui dans la tombe,
Ainsi parlait ton orgueil insensé.

3. Sur sa victime en vain ta fureur veille,
En vain tu crois enchaîner le Dieu fort;
De son tombeau Jésus enfin s'éveille,
Il a rompu les portes de la mort.

5. Au crime en vain tu joindras l'imposture,
Et l'on dira bientôt dans l'univers
Que mon Sauveur, maître de la nature,
A terrassé la mort et les enfers.

6. Mais, ô Jésus! de la mort ennemie
Pour nous aussi tu brises l'aiguillon ;
Pour nous ta mort est un germe de vie,
Un gage heureux de résurrection.

7. Je fermerai les yeux à la lumière ;
Mais, par Jésus un jour ressuscité,
Je sortirai du sein de la poussière,
Brillant de gloire et d'immortalité. P. 184.

## ASCENSION.

### LE TRIOMPHE DE JÉSUS-CHRIST.

Air des grands couplets (N° 202.)
Air des petits couplets. (N° 62.)

#### 1er CHOEUR.

1. Quel est ce Roi qui dans les airs s'élance?
Qu'il est puissant! qu'il est majestueux !
 Oh! quelle magnificence
 Orne son char radieux !
  A sa présence,
  S'ouvrent les cieux.
 Plus beau que le soleil,
  Sa gloire éclaire
  La terre entière :
Quel œil jamais vit un éclat pareil?

#### 2e CHOEUR.

 C'est Jésus-Christ,
Qu'emporte une vapeur légère ;
 C'est Jésus-Christ,
Dont l'œuvre en ce jour s'accomplit.
Après avoir sauvé la terre,
Il retourne auprès de son Père :
 C'est Jésus-Christ.

#### 1er CHOEUR.

2. Roi triomphant, recevez notre hommage,
Dans votre essor brillant, victorieux :
  Ah! si le même nuage
  Nous transportait dans les cieux,
   Quel doux partage!
   Tels sont nos vœux.
  Fuis, ô monde trompeur!
   Rien sur la terre
   Ne peut me plaire,
Loin de Celui qui fait seul mon bonheur.

#### 2e CHOEUR.

   Roi glorieux,
 Après vous notre cœur soupire;
   Roi glorieux,
Notre cœur vous suit dans les cieux
Notre âme avec ardeur désire
S'unir à vous, dans votre empire,
   Roi glorieux.

#### 1er CHOEUR.

3. Mais pour entrer dans ce saint héritage,
Divin Jésus, il vous fallut mourir;
  Puisque la croix est le gage
  Qui peut seul nous l'acquérir,
   L'heureux présage,
   Que de souffrir!
  Adorable Sauveur,
   Qu'à votre Père,
   Sur le Calvaire,
Soit avec vous immolé notre cœur.

#### 2e CHOEUR.

   Roi glorieux,
 Vous nous quittez : quelles alarmes!
   Roi glorieux,
Pour vous voir triomphant aux cieux,
La croix, les souffrances, les larmes
Feront ici-bas tous nos charmes,
   Roi glorieux.

#### 1ᵉʳ CHOEUR.

4. Mais quelle voix dans l'air se fait entendre?
A la vertu qu'elle doit engager!
    Jésus, qui vient de se rendre
    Au ciel pour nous protéger,
      Doit en descendre
      Pour nous juger.
    Méritons qu'en ce jour
      Il nous pardonne,
      Et qu'il nous donne
Place avec lui dans son divin séjour.

#### 2ᵉ CHOEUR.

    Roi glorieux,
Faites que, vivant sur la terre,
    Roi glorieux,
Notre foi vous adore aux cieux;
Et qu'au lieu d'un Juge sévère
Nous ne trouvions en vous qu'un Père,
    Roi glorieux.

#### 1ᵉʳ CHOEUR.

5. S'il faut sans vous être encor sur la terre,
Ne laissez pas vos enfants orphelins;
    Sur nous, sur notre misère
    Abaissez, du Saint des saints,
      O tendre Père!
      Vos yeux divins,
    Remplissez, doux Sauveur,
      Votre promesse:
      Soyez sans cesse
Auprès de Dieu notre Médiateur.

#### LES DEUX CHOEURS RÉUNIS.

    Tendre Sauveur,
Suppliez pour nous votre Père,
    Tendre Sauveur,
Qu'il nous donne un Consolateur;
Qu'il nous donne, à votre prière,
L'Esprit-Saint, l'Esprit de lumière,
    Tendre Sauveur. P. 188.

## PENTECOTE ET CONFIRMATION. (Nos 286. 575.)

### Hymne : *Veni Creator.*

1. Venez, Créateur de nos âmes,
Esprit-Saint qui nous animez ;
Brûlez de vos célestes flammes
Les cœurs que vous avez formés.

2. Visitez-nous, Dieu que la terre
Appelle son consolateur,
Don du Très-Haut, feu salutaire
Source de paix et de bonheur.

3. Vous êtes l'esprit de sagesse,
Que Dieu, sous sept différents noms,
Dispense, selon la promesse
Qu'il nous a faite de ses dons.

4. O doigt divin ! votre puissance
Est gravée en tout l'univers ;
C'est vous qui mettez l'éloquence
Sur la langue des moins diserts.

5. Sur nos sens versez vos lumières ;
Versez votre amour en nos cœurs ;
Guérissez toutes nos misères,
Nos faiblesses et nos langueurs.

6. Daignez de l'ennemi perfide
Loin de nous détourner les traits ;
Et puissions-nous, sous votre égide,
Dans la vertu marcher en paix !

7. Faites-nous connaître le Père,
Faites-nous connaître le Fils,
Et vous-même, en qui l'on révère
Le saint nœud qui les tient unis.

### MÊME SUJET. (N° 287.)

1. O Saint-Esprit ! Roi glorieux,
Venez, venez, du haut des cieux
Descendez dans mon âme :

Venez, Esprit consolateur,
  Répandez dans mon cœur
  Votre divine flamme.

2. Esprit divin, formez en moi
Une vive, une ardente foi,
  Une ferme espérance ;
Donnez à mon cœur, chaque jour,
  De votre saint amour
  La douce jouissance.

3. Augmentez en moi le désir
Que j'ai de vous toujours servir,
  De vous aimer sans cesse :
Vous êtes le Dieu de mon cœur,
  Mon Roi, mon Créateur,
  L'objet de ma tendresse.

4. Que je sois à vous constamment,
Et que mon cœur, dès ce moment,
  Vous serve de demeure ;
Venez, ne m'abandonnez pas ;
  Faites qu'à mon trépas,
  Dans votre amour je meure.

**même sujet.** Indulg. (N<sup>os</sup> 288. 395.)

Prose : *Veni Sancte Spiritus.*

1. O Saint-Esprit ! daigne te rendre
Parmi nous, du séjour divin,
Et dans nos âmes fais descendre
Un trait lumineux de ton sein.

2. Viens, ô toi ! des pauvres le Père ;
Viens, viens, Auteur de tous les dons ;
Viens, viens, toi, dont la grâce éclaire
Nos cœurs de ses heureux rayons.

3. O Consolateur ineffable !
Doux hôte des cœurs innocents,
Rafraichissement agréable
Au milieu de nos maux cuisants.

4. Au travail repos plein de charmes,
Parmi les chaleurs doux zéphir ;

Divin soulagement des larmes
Que le ciel un jour doit tarir.

5. O toi ! lumière bienheureuse,
Pleinement communique-toi
Aux cœurs dont la plainte pieuse
Monte sur l'aile de la foi.

6. Hélas ! l'homme, sans ta présence,
N'est rien que misère et néant ;
Il succombe et perd l'innocence,
Si ta droite ne le défend.

7. Lave donc toutes nos souillures ;
Féconde notre aridité ;
Mets un doux baume à nos blessures,
Baume par l'amour apprêté.

8. Assouplis notre âme insoumise ;
Fonds notre glace en ton ardeur ;
Que ta main redresse et conduise
Les pas errants du voyageur.

9. Accorde à ce peuple fidèle,
Dont l'espoir t'adresse des vœux,
Tes sept dons, qui font l'âme belle
Et la disposent pour les cieux.

10. Donne, dans l'exil de la vie,
Le saint mérite des vertus ;
Donne le port de la patrie,
Donne le bonheur des élus.

Trad. par A. Delacour.

### MÊME SUJET.

Air : *Entonnons, Chrétiens, aujourd'hui.* (N° 122.)

C. 1. Jeunes chrétiens, voici le temps
Où Dieu, le Père des lumières,
Vient ajouter des dons récents
A toutes ses faveurs premières.

#### CHOEUR.

De tes enfants, Esprit consolateur,
Viens épurer les âmes ;

Répands sur eux ta grâce et ta faveur,
　　Qu'ils brûlent de tes flammes.

2. Il a lavé vos jours naissants
Dans l'onde sainte du Baptême ;
Il va munir vos tendres ans
Du sceau précieux du saint-chrême.

3. De l'Esprit sanctificateur
La flamme pure et bienfaisante
Va ranimer en vous l'ardeur
D'une foi tiède et languissante.

4. Il va dans vos cœurs, à jamais,
Graver la vertu salutaire,
Qui scelle des chrétiens parfaits
L'auguste et divin caractère.

5. Sur vous un des Pontifes saints,
Par une prière efficace,
Fera découler de ses mains
Les sources vives de la grâce.

6. Préparez-vous : à son aspect,
Soyez dans la plus humble attente,
Et contemplez avec respect
En lui le Dieu qu'il représente.

7. Mais l'Esprit-Saint veut, chers enfants,
Qu'une juste reconnaissance
Ouvre en vous des cœurs innocents
Aux dons, aux faveurs qu'il dispense.

8. Versez sur vos jours criminels
Les larmes de la pénitence ;
Et sans cesse, au pied des autels,
Priez, implorez sa clémence.

## MÊME SUJET.

Air : *Heureux qui dès son enfance.* (N°s 289. 7.)

*Refr.* Esprit-Saint, Dieu de lumière,
　　Qu'en ce jour nous invoquons,
　　Venez des cieux sur la terre,
　　Comblez-nous de tous vos dons.

1. Accordez-nous cette *Sagesse*,
Qui ne cherche que le Seigneur ;
Que notre étude soit sans cesse
De lui soumettre notre cœur.

2. Donnez-nous cette *Intelligence*,
Qui nous fasse voir clairement
De la foi toute l'excellence
Et le mal qu'on fait en péchant.

3. Prêtez-nous, *Conseil* salutaire,
Parmi les dangers d'ici-bas,
Votre flambeau qui nous éclaire
Affermisse et guide nos pas.

4. Venez, inspirez-nous la *Force*
D'aimer Dieu, d'observer sa loi ;
Et qu'en vain le monde s'efforce
Dans nos cœurs d'éteindre la foi.

5. Enseignez-nous votre *Science*,
Art divin, fécond en vertus ;
Répandez sur nous l'abondance
De ce don qui fait les élus.

6. Qu'une *Piété* vive et pure
Brille et croisse en nous chaque jour ;
Qu'à son feu notre âme s'épure,
Et pour vous s'embrase d'amour.

7. Inspirez-nous de Dieu la *Crainte*,
Dans ses terribles jugements ;
Que sa justice, sa loi sainte,
Pénètre et nos cœurs et nos sens.

## MÊME SUJET.

Air : *Hélas quelle douleur.* ( N° 36. )

1. O Dieu du pur amour !
En ce beau jour,
Daigne dans mon âme,
O Dieu du pur amour !
En ce beau jour,
Fixer ton séjour.
De nos vœux
L'ardeur te réclame ;
De tes feux
Que mon cœur s'enflamme,

O Dieu! viens à l'instant;
   Mon cœur brûlant
T'implore et t'attend.

2. Hélas! sans ton secours,
   Que sont mes jours
D'exil sur la terre?
Hélas! sans ton secours,
   Que sont mes jours,
Si bornés, si courts?
   Faux attraits,
   Réelle misères,
   Voile épais
D'erreurs mensongères:
Hélas! jour radieux,
   Soleil des cieux,
Parais à mes yeux.

3. En moi tout est danger:
   Un trait léger,
Un souffle me blesse;
En moi tout est danger:
   Un vent léger
Peut me submerger.
   Quand l'effort
De Satan me presse,
   O Dieu fort!
Aide ma faiblesse;
En moi viens, du chrétien
   Puissant soutien,
Opérer le bien.

4. Enfin, plus de désirs,
   Plus de soupirs
Que le ciel abhorre;
Enfin, plus de désirs,
   Plus de soupirs
Pour de vains plaisirs.
   Sous tes lois,
Dont le joug m'honore,
   A ta voix,
Dieu saint, que j'adore,
Enfin, dès cet instant,
   Libre et content,
Oui, mon cœur se rend.

5. Déjà du Tout-Puissant
   Je suis l'enfant
Par le saint baptême;
Déjà du Tout-Puissant
   Je suis l'enfant,
Mais faible, inconstant.
   Dans mon cœur,
Dans ce cœur qui t'aime,
   En vainqueur
Entre, amour suprême.
Déjà je m'offre à toi,
   Viens, remplis-moi
De force et de foi.

6. Amour, ô don si beau!
   Pose ton sceau,
Ton sceau tutélaire;
Amour, ô don si beau!
   Pose ton sceau
Sur mon cœur nouveau.
   De tes lois
La douce lumière,
   De la Croix
L'auguste bannière,
Amour, dans mes combats,
   Jusqu'au trépas
Vont guider mes pas. *P.* 103.

## FETE-DIEU. (N° 290.)

Hymne: *Pange lingua.*

*Pange, lingua.*

1. Chantez, ma voix, le glorieux mystère
Du très-saint Corps, et du Sang précieux

Que le Très-Haut, Fils d'une auguste mère,
A répandu pour nous ouvrir les cieux.

*Nobis natus.*

2. Il naît pour nous d'une Vierge féconde ;
A nos besoins il consacre ses jours ;
Après avoir donné ses lois au monde,
Par un prodige il en finit le cours.

*In supremæ.*

3. Avec les siens, dans la dernière cène,
Suivant la loi, Jésus mange l'agneau ;
Puis de sa main, ô bonté souveraine !
Se donne à tous en aliment nouveau.

*Verbum caro.*

4. L'Homme-Dieu parle... il fait, par sa parole,
Du pain sa Chair et du vin son vrai Sang ;
S'il faut qu'ici mon faible sens s'immole,
La foi rassure un esprit chancelant.

*Tantùm ergo.*

5. Adorons donc ce mystère ineffable :
Que l'ancien cède au nouveau Testament ;
Que de la foi le flambeau secourable
Prête à nos yeux son divin supplément.

*Genitori.*

6. Au Père soit l'éternelle puissance !
Au Fils de Dieu, notre unique Pasteur,
Qui nous nourrit de sa propre substance,
A l'Esprit-Saint, gloire et suprême honneur !

MÊME SUJET. (N°° 291. 37.)

1. De notre Dieu c'est aujourd'hui la fête,
Semons des fleurs sur ses pas en tous lieux ;
Ministres saints, couronnez votre tête,
Et que vos chants s'élèvent jusqu'aux cieux.

2. Il en descend, non au bruit du tonnerre,
Comme autrefois, quand il donna sa loi ;

C'est son amour qui le rend à la terre,
Mais il n'est vu que des yeux de la foi.

3. Peuple choisi, nous avons l'avantage
Qu'un Dieu si grand habite parmi nous;
Mais, s'il n'était caché dans un nuage,
Sa majesté nous éblouirait tous.

4. Il est ainsi, par un art ineffable,
Tout à la fois homme et Dieu, Créateur,
Médiateur et Juge redoutable,
Victime offerte et Sacrificateur.

5. Pour nous son sang est un divin breuvage,
Pour nous sa chair est un céleste pain;
De son amour quel plus précieux gage
Dieu pouvait-il donner au genre humain?

LATTAIGNANT.

### MÊME SUJET. (N° 292.)

#### CHOEUR.

Chantons, mortels, l'amour immense
Du Fils de Dieu, notre Sauveur;
Chantons, mortels, sa bienfaisance,
Dans lui nous trouvons le bonheur.

1. C'est Dieu qui descend sur la terre,
Non tel qu'il y vint autrefois,
Au bruit terrible du tonnerre,
Au peuple hébreu donner ses lois;
Il vient à nous comme un bon père,
Comme le plus clément des rois.

2. Sous le saint voile du mystère,
(Cieux, admirez tant de bonté!)
Pour être avec nous il modère
L'éclat de sa divinité :
Il craint par sa vive lumière
D'accabler notre infirmité.

3. Victime digne de son Père,
Le Fils de Dieu meurt sur la croix,

Et sur l'autel, que je révère,
Il s'offre une seconde fois :
Pour prix de son amour sincère,
Sur nous donnons-lui tous les droits.

4. C'est pour nous qu'il se sacrifie,
Par un excès de charité ;
Et sa mort nous donne la vie,
Que dis-je ? l'immortalité.
Oui, son banquet nous déifie :
Quelle sublime dignité !

✝ 5. Tout à la fois victime et prêtre
D'un sacrifice non sanglant,
Tous les jours il daigne renaître
Sur nos autels en s'immolant :
Comment pourrons-nous reconnaître
Ses bienfaits, son amour constant ?

6. Il nous invite, il nous engage
A son délicieux festin ;
Son sang devient notre breuvage,
Et son corps devient notre pain ;
C'est là qu'il nous offre le gage
D'une paix, d'un bonheur sans fin.

7. Loin tout profane, tout impie !
Audacieux, n'entends-tu pas
Cette voix tonnante qui crie :
Arrête ici, suspends tes pas...
De la grâce il te faut la vie,
Pour fuir un éternel trépas.

8. Mais quelle crainte impardonnable,
Fidèles, quelle aveugle erreur
Vous éloigne de cette table,
Source de vie et de bonheur ?
Ah ! pour un mets si délectable
Témoignez la plus vive ardeur.

9. Quels travaux et quelle victoire
Ne tente pas un faible humain,
Qui, plein de foi, ressent la gloire
De porter son Dieu dans son sein ?
Ne perdons jamais la mémoire
De ce don précieux, divin.

10. Que craint-il, l'homme qui voyage
Muni de ce pain précieux?
Vous lui dûtes votre courage,
Vous qui, dans des temps orageux,
Des fiers tyrans braviez la rage
Et les tourments les plus affreux.

11. Que nos bouches, trop honorées
De l'avoir reçu tant de fois,
A jamais lui soient consacrées ;
Pour lui seul nos cœurs et nos voix :
D'amour nos âmes pénétrées
De lui seul ont fait l'heureux choix.

12. Que l'encens fume et se répande,
Qu'il s'élève jusques aux cieux,
Mais l'encens que Jésus demande,
C'est le parfum d'un cœur pieux:
Voilà le don, voilà l'offrande
La plus agréable à ses yeux.

## MÊME SUJET.

Air : *Quand l'eau sainte.* (Nos 293, 117.)

1. Chrétien, sois dans le silence
En ce moment fortuné ;
Ton Dieu, ton Maître s'avance :
Tombe à genoux prosterné.
 Nos tabernacles
Renferment le Dieu d'amour ;
C'est là qu'il fait son séjour
Et qu'il prodigue les miracles.

### CHOEUR.

Rendons hommage
A Jésus, au Roi des cieux,
Et répandons en tous lieux
L'encens, les fleurs sur son passage.

2. Le voilà qui de son temple
S'avance victorieux ;
Que tout chrétien le contemple

D'un regard respectueux.
  L'airain résonne
Pour annoncer son départ;
Le jeune homme et le vieillard
Entourent à l'envi son trône.

3. A la marche on se dispose :
Déjà de tendres enfants
Au doux parfum de la rose
Mêlent celui de l'encens.
  L'urne flottante,
Qu'ils font voler dans les airs,
Annonce à tout l'univers
La divinité triomphante.

4. Comme le meilleur des pères,
Dieu visite ses enfants,
Et de grâces salutaires
Remplit les cœurs innocents;
  Son amour tendre
Promet à tous des bienfaits,
Et ses vœux sont satisfaits
Quand sur nous il peut les répandre.

5. Puissants maîtres de la terre,
Rois, magistrats et guerriers,
Offrez au Dieu du tonnerre
Sceptre, couronne et lauriers.
  Que tous s'unissent
Pour exalter ses trésors,
Et qu'à jamais nos accords
Chantent son nom et le bénissent.

6. O Jésus ! ô Roi de gloire !
Daignez visiter nos cœurs;
Nous garderons la mémoire
De vos divines faveurs.
  Lancez la foudre
Sur ces coupables mortels
Qui, dédaignant vos autels,
Voudraient les voir réduits en poudre.

7. Mais, plutôt, Dieu de clémence,
Pardonnez à ces ingrats;

Signalez votre puissance,
Ramenez-les dans vos bras.
  Sous votre empire
Réunissez tous les cœurs ;
A célébrer vos grandeurs
Que tout le genre humain conspire.

*C.*   MÊME SUJET. (N° 294.)

1. Aux chants de la victoire
Mêlons nos chants d'amour,
  En ce jour ;
Dieu descend de sa gloire
Dans cet heureux séjour.
Terre, frémis de crainte,
Voici le Dieu jaloux,
  Près de nous ;
Sous sa Majesté sainte,
O cieux ! abaissez-vous.

2. En vain, foudres de guerre,
Vous semez sous vos pas
  Le trépas ;
Jésus dompte la terre
Par de plus doux combats.
Son amour et ses charmes
Sont peints, en traits de feux,
  En tous lieux :
C'est par ces seules armes
Qu'il est victorieux.

3. Ce doux vainqueur s'avance :
Offrez, tendres enfants,
  Vos présents ;
Offrez de l'innocence
Et les vœux et l'encens.
Partout, sur son passage,
Faites voler vos fleurs
  Et vos cœurs :
Il paira votre hommage
Des plus riches faveurs.

4. Qu'un nuage obscurcisse
L'éclat de ce grand Roi
  Devant moi ;
Le soleil de justice
Luit toujours à ma foi.
Perçant les voiles sombres,
Qui dérobent ses feux
  A mes yeux,
J'aperçois dans ces ombres
Le Monarque des cieux.

5. Courez, peuple volage,
Triste jouet du sort,
  Loin du port,
Affronter le naufrage
La tempête et la mort.
A l'ombre de ses ailes,
Nous goûtons de la paix
  Les bienfaits ;
Nos jeunes cœurs fidèles
L'aimeront à jamais.

6. Allez, mondains perfides,
Allez porter ailleurs
  Vos faveurs ;
Nos âmes sont avides
De plus nobles douceurs.
Adieu, funeste monde,
Je foule aux pieds tes biens,
  Tes liens :
Tout mon espoir se fonde
Sur le Dieu des chrétiens.

MÊME SUJET. (N<sup>os</sup> 156. 295.)

1. O Fils de Dieu! vrai Dieu comme lui-même,
Dieu Rédempteur, Dieu fait homme pour nous,
Médiateur, Prêtre et Juge suprême,
O doux Jésus! tu t'immolas pour tous.
Mais le pécheur s'obstine à méconnaître
Un Dieu caché sous un voile emprunté ;
Par mille excès il outrage son Maitre,
Son Roi, le Dieu de toute majesté.

2. Quoi! donc, Seigneur, au pied du sanctuaire
Un cœur impur va s'offrir hardiment,
Et ne craint point d'approcher du mystère
Où l'Ange même assiste en suppliant!
La mort par toi vit rompre sa barrière,
Mais tes enfants te font encor mourir ;
Pour les sauver tu mourus au Calvaire,
Et tu renais encor pour les nourrir.

3. Tu les choisis pour ton cher héritage ;
Toujours sur eux tu veilles tendrement ;
Ton Corps, ton Sang, sont leur pain, leur breuvage,
Leur âme y trouve un céleste aliment :
De ton amour ô pieux artifice !
Pour eux tu vis, comme mort, sur l'autel ;
Ah! se peut-il qu'au divin sacrifice,
Pour l'homme ainsi s'abaisse l'Immortel ?

4. Tu n'y fais point redouter ta puissance,
Comme autrefois quand tu dictas la loi :
Que de douceur! que de traits de clémence !
Que de mérite offert à notre foi !
Oh! que de biens coulent de cette source !
Quel cœur tiendrait contre tant de faveurs ?
Des exilés ta chair est la ressource,
Et dans ton Sang tu laves les pécheurs.

5. Un voile épais te dérobe à ma vue,
Et de ton front tempère la splendeur ;
Si comme au ciel elle était aperçue,
L'homme ébloui tomberait de frayeur :

Que notre foi pénètre ce nuage,
Qui tient Jésus à nos regards voilé ;
A l'Agneau pur offrons un pur hommage,
Immolons-nous au Sauveur immolé.

MÊME SUJET. Présence réelle. (N° 297.)

1. Comment douter de ta présence
Au Sacrement de notre autel?
D'où sort donc la toute-puissance
Sinon du sein de l'Eternel ?
O Dieu Sauveur ! quelle merveille !
Et quelle épreuve pour ma foi !
Mais ce miracle la réveille,
Le Verbe parle et je le croi.

2. Un jour tu puniras l'injure
De l'hérétique impiété,
Qui te fait parler en figure,
Pour nier la réalité.
Ah ! je révère ta parole,
Est-il oracle plus certain ?
Viens, incrédule, à cette école,
Et reconnais ton Souverain.

3. A ce mystère qui m'honore
Je rends hommage avec transport :
Divin Sacrement que j'adore,
Avec toi je brave la mort.
Chrétien, près de quitter la vie,
Ne crains point la nuit du trépas ;
Le Dieu, dont ton âme est nourrie,
Va jusqu'au ciel guider tes pas.

4. O vous ! que de la Table sainte
Eloigne une injuste terreur,
Préférez l'amour à la crainte :
Jésus vous présente son cœur.
Vous verserez de douces larmes,
Votre Sauveur les recevra ;
Pour vous il n'aura que des charmes
Et sa beauté vous ravira.

5. Dieu caché, mon âme t'implore ;
Dieu, qui pour moi descends du ciel,
Je m'humilie et je t'adore,
Confus, au pied de ton autel.
Si dans tes temples l'on t'outrage,
Moi je tressaille à ton aspect :
Heureux, si je te dédommage
Par mon amour, par mon respect ! *P.* 191.

### C. SACRÉ COEUR DE JÉSUS. (N° 298.)

1. O Cœur divin ! Cœur tout brûlant d'amour,
Embrasez-nous de vos célestes flammes.
Puissent nos chants célébrer en ce jour,
Le tendre Cœur de l'Epoux de nos âmes !

*CHOEUR.*

Venez, enfants ; à pleines mains,
Jetez les lis de l'innocence,
Et goûtez les charmes divins
Qu'ici vous offre sa présence.

2. Ah ! qu'il est doux le don de votre Cœur !
Des plaisirs purs la source intarissable,
Seul il peut faire ici notre bonheur :
Ah ! qu'il est beau, consolant, adorable !

3. Heureux celui qui dans ce Cœur divin
De l'amour puise, à longs traits, les prémices !
Ainsi toujours le brûlant Séraphin
Au sein de Dieu s'enivre de délices.

4. O mon Jésus ! ô mon souverain bien !
Tels sont les vœux de mon âme ravie ;
Puisse mon cœur reposer dans le tien !
Puisse mon cœur en toi trouver la vie !

5. Céleste Epoux, ma vie et mon trésor ;
A tes attraits ta grandeur est pareille ;
Tes saintes lois sont plus riches que l'or,
Ton Cœur plus doux que le miel de l'abeille.

6. Hâte ce jour où, libre de mes fers,
De la colombe osant prendre les ailes,
J'irai, Seigneur, loin de cet univers,
Jouir en paix des douceurs éternelles.

MÊME SUJET. (N° 299.)

1. Profondeur, abîme impénétrable,
De grandeur, de grâce et de vertus!
O trésor, ô source inépuisable!
Cœur sacré de l'aimable Jésus! Profondeur, etc.

2. Que d'attraits, que de beautés ensemble!
Quelle douce et brillante clarté!
A nos yeux ce Cœur sacré rassemble
Tous les traits de la Divinité. Que d'attraits, etc.

3. Cœur divin, vous aimez tous les hommes,
Dans nos maux vous gémissez sur nous :
Ah! pourquoi, malheureux que nous sommes,
N'avons-nous aucun retour pour vous? Cœur divin, etc.

4. Vous m'aimez, et je suis insensible;
Vous cherchez un néant révolté;
Quel amour plus incompréhensible!
Mais, ô Dieu! quelle est ma dureté! Vous m'aimez, etc.

5. Cœur brûlant d'amour pour les coupables,
Fondez donc la glace de nos cœurs;
Désormais que ces cœurs misérables
Brûlent tous de vos saintes ardeurs! Cœur brûlant, etc.

6. O Jésus! je choisis pour demeure
Votre Cœur, votre divin côté;
J'y serai, que je vive ou je meure,
Pour le temps et pour l'éternité. O Jésus! etc.

MÊME SUJET. (N° 300.)

1. Vole au plus tôt, vole, vole, mon âme,
Vers cet asile où t'appelle Jésus!...
Là, dans ton sein s'allumera la flamme
Dont brûle au ciel le peuple des élus.

CHOEUR.

Volons, volons, mon âme,
Vers le Cœur de Jésus,

Pour brûler de la flamme
Dont brûlent les élus.

*Solo.*

Vers cet heureux asile
Où t'attend le bonheur,
Vole d'une aile agile,
Vole, mon pauvre cœur. Volons, etc.

2. O ma pauvre âme! ô colombe timide!
Tu n'auras plus à craindre le chasseur:
Là, vainement de sa flèche rapide
Il chercherait à te frapper au cœur.
　　Volons, etc.

3. Que tardes-tu? vois comme dans le monde
Tout n'est qu'ennuis, que périls et que maux;
Mais dans ce Cœur, source en biens si féconde,
Tout est plaisir, délices et repos.
　　Volons, etc.

4. Là, doucement l'âme passe sa vie,
Et doucement au dernier jour s'endort:
O sort heureux! ô fin digne d'envie!
Que de bonheur dans une telle mort!
　　Volons, etc.

MÊME SUJET. (N$^{os}$ 10. 395. 501.)

1. Dans une paisible retraite
Je me suis fixé pour toujours;
J'y goûte une douceur parfaite
Et j'y coule en repos mes jours.

2. Cœurs jaloux de mon sort tranquille,
Venez le goûter et le voir;
Celui qui m'ouvrit cet asile,
Est prêt à vous y recevoir.

3. Il vous y prépare lui-même
Le bonheur qui m'y fut offert.
C'est Jésus, c'est le Dieu que j'aime:
Entrez, son Cœur vous est ouvert.

4. Vers cette retraite sacrée
Heureux ceux que conduit la foi!
L'espérance en montre l'entrée
Et l'amour y donne la loi.

5. La grâce y répand sans mesure
Ses dons, ses plus riches trésors;
Et la vertu, qui semblait dure,
N'y coûte que de doux efforts.

6. Cœur de Jésus, Cœur secourable,
Qui brûlez pour tous les mortels,
Que le juste, que le coupable
Volent au pied de vos autels!

7. Chaste colombe, âme fidèle,
Aimez ce Cœur, rien n'est plus doux;
C'est là que Jésus vous appelle,
C'est là que réside l'Epoux.

8. Venez, pécheur; cette blessure,
Ce tendre Cœur percé pour vous,
Est la retraite la plus sûre
Contre l'enfer et tous ses coups.

9. Pour toujours à vous je me livre,
Jésus, mon aimable vainqueur;
C'est mourir, que de ne pas vivre
Sous l'empire de votre Cœur.

MÊME SUJET. (N° 502.)

Triomphe du Cœur de Jésus.

1. D'un Dieu plongé dans la tristesse,
Mortel, écoute les accents:
Je t'aime, hélas! et ma tendresse
S'exhale en soupirs impuissants:
Enfant ingrat, cœur inflexible,
Mais toujours si cher à mon cœur,
Seras-tu toujours insensible
A mon amour, à ma douleur?

*Duo.* Non, non, consolez-vous, Seigneur;
De votre Cœur blessé la voix attendrissante,

Dans ces jours d'opprobre et d'erreur,
Après tant de combats, sort enfin triomphante.

CHOEUR. Triomphez donc, Cœur de Jésus !
Mon cœur vous appartient, il est votre victoire :
Triomphez donc, Roi des vertus !
Vous serez à jamais mon amour et ma gloire.

2. Il nous invite, il nous appelle,
Nous captive par ses bienfaits :
Ah ! qui pourrait, toujours rebelle,
Fermer son cœur à tant d'attraits ?
En vous, Cœur mille fois aimable,
Notre âme a trouvé le repos,
Et le bonheur seul véritable
Dans vos charmes toujours nouveaux.

*Duo.* La paix, au sein de tous les maux,
Du cœur qui vous honore est l'heureux apanage ;
Votre amour charme les travaux
Et les tristes ennuis d'un long pèlerinage.
CHOEUR. Triomphez donc, etc.

3. Signe d'amour et d'espérance,
Auguste Cœur percé pour nous,
Attirés par votre clémence,
Nous nous rallions tous à vous.
Ah ! puissent nos faibles hommages
Faire oublier nos attentats !
Puissions-nous, après tant d'outrages,
Mourir plutôt que d'être ingrats !

*Duo.* Oui, c'en est fait, jusqu'au trépas,
Cœur sacré, par l'encens d'un faible sacrifice,
Des cœurs qui ne vous aiment pas
Nous voulons réparer la coupable injustice.
CHOEUR. Triomphez donc, etc.   *P.* 197.

## FÊTE DE LA TOUSSAINT. (N°ˢ 51. 503.)

1. Chantons les combats et la gloire
Des Saints, nos illustres aïeux ;
Ils ont remporté la victoire ;
Ils sont couronnés dans les cieux.

Il n'est plus pour eux de tristesse,
Plus de soupirs, plus de douleurs;
Ils moissonnent dans l'allégresse
Ce qu'ils ont semé dans les pleurs.

2. Du ciel ils ont fait la conquête,
Ils voient leur Dieu rempli d'attraits;
Un seul jour nous faisons leur fête,
Mais la leur ne finit jamais.
Pour ses Saints Dieu n'a plus de voiles,
Sa présence fait leur bonheur;
Ils brillent, comme autant d'étoiles,
Des beaux rayons du Créateur.

3. Objets des tendres complaisances
De l'Eternel, du Tout-Puissant,
Ses grandeurs sont leurs récompenses,
Son amour est leur aliment.
Ce divin Soleil de justice
Toujours échauffe et toujours luit,
Sans que jamais il s'obscurcisse :
C'est dans le ciel un jour sans nuit.

4. Là, d'une splendeur éternelle
Brillent les martyrs triomphants;
Et dans une gloire immortelle
Règnent les confesseurs constants;
Les Vierges offrent leurs couronnes,
Les époux leur fidélité,
Le riche montre ses aumônes
Et le pauvre sa piété.

5. Là, d'une charité parfaite
Tous les bienheureux sont unis;
De cette paisible retraite
Tous les envieux sont bannis.
Il n'est plus de sollicitude
Qui trouble leur félicité;
Ils sont dans une quiétude
Qui durera l'éternité.

6. Grands Saints, vous êtes nos modèles,
Nous serons vos imitateurs;
Nous voulons vous être fidèles,
Daignez être nos protecteurs,

Puissions-nous, marchant sur vos traces,
Vivre toujours à Dieu soumis !
Sollicitez pour nous ses grâces,
Puisque vous êtes ses amis.

7. Vous reposez dans la patrie,
Et nous errons comme étrangers ;
Votre sort est digne d'envie,
Et le nôtre plein de dangers.
Vous fûtes tout ce que nous sommes,
Au mal exposés comme nous ;
Demandez au Sauveur des hommes
Qu'un jour nous régnions avec vous.

### MÊME SUJET. (N° 286.)

#### CHOEUR.

Quels accords ! quels concerts augustes !
Quelle pompe éblouit mes yeux !
Fais silence à l'aspect des justes,
O terre ! entends les chants des cieux.

1. O divine, ô tendre harmonie !
Les Saints, dans un transport d'amour,
Chantent la grandeur infinie
Du Dieu dont ils forment la cour.

2. Quel spectacle ! un Dieu, sans nuage,
Se montre aux yeux des bienheureux ;
Ils contemplent de son visage
Les traits sereins et lumineux.

3. Le Seigneur transporte leur âme
Par les plus doux ravissements :
La vive ardeur qui les enflamme
Les nourrit de feux renaissants.

4. Je vois, à l'ombre de ses ailes,
Ces Saints, dont l'éloquente voix
Confondit les esprits rebelles
Et donna des leçons aux rois.

5. De la nouvelle Babylone,
Les martyrs, ces brillants vainqueurs,

Sont assis auprès de son trône,
Le front ceint d'immortelles fleurs.

6. Les vierges, ces tendres victimes
De l'amour du céleste Epoux,
Demandent grâce pour nos crimes,
Et nous dérobent à ses coups.

7. Que nos voix ici-bas s'unissent
A leurs concerts mélodieux;
Servons le Maître qu'ils bénissent,
En suivant leurs pas glorieux.

8. Seigneur, arrête la furie
De l'enfer armé contre nous:
Si tu perdis pour tous la vie,
Tu fis aussi le ciel pour tous.

9. Daigne nous rendre l'héritage
Que tu promis à notre foi:
Ah! c'est languir dans l'esclavage
Que de vivre éloigné de toi.  *P.* 55.

## SAINTES RELIQUES. (N<sup>os</sup> 168. 278.)

1. Assis sur des trônes de gloire,
Au sein des divines clartés,
Elus, après votre victoire,
Chantez du Seigneur les bontés;
Mais à vos hymnes éternelles
Souffrez qu'unissant nos accords,
Près de vos dépouilles mortelles
Nous éclations en doux transports.

2. J'ai vu le monde rendre hommage
A la cendre de ses héros;
Pour eux s'élèvent d'âge en âge
De grands et fastueux tombeaux.
Mais que peut leur froide poussière
Pour notre bonheur ici-bas?
Ces os, que recouvrent la terre,
A nos vœux ne répondraient pas.

3. Parlez-nous, dépouilles sacrées,
Parlez, ossements glorieux;

Des Saints les âmes vénérées
Vous visitent encor des cieux.
Devant vous le pécheur s'incline
Et vient prier à deux genoux;
Il sent qu'une vertu divine
Du ciel suspend ici les coups.

5. Où va cette foule tremblante,
Qui semble chercher un abri?
Un fléau cruel l'épouvante
Et sa prière est un long cri.
Elle va mouiller de ses larmes
Le tombeau d'un saint protecteur;
Chacun prie et voit ses alarmes
Fuir avec le mal destructeur.

6. Venez, vous tous que la souffrance
Poursuit de ses glaives perçants,
Vous que pas même l'espérance
Ne soulage en vos maux cuisants.
Ces os pour vous priront encore
De leurs sépulcres entr'ouverts,
Et bientôt brillera l'aurore
De jours nouveaux et moins amers.

7. Gloire à vous, cendres précieuses
Et des vierges et des martyrs!
Gloire à vos âmes bienheureuses,
Qui portent au ciel nos soupirs!
Gloire à ces corps, qu'un jour les Anges
Viendront tirer de leur sommeil,
Afin qu'unis à leurs phalanges
Ils brillent comme le soleil!

Alexandre Dufoun.

## POUR LE JOUR DES MORTS. (N° 304.)

1. Au Seigneur, Dieu des ven-
   [geances,
Offrons nos lugubres chants.
(Fin.)
Faisons parler les souffrances
De nos frères gémissants;
Qu'un dernier reste d'offenses
Tient captifs dans les tourments.
Au Seigneur, etc.

2. Peut-on être inexorable
Aux soupirs de leurs douleurs?
Du fond d'un gouffre effroyable,

Du sein des feux et des pleurs,
Leurs cris, leur voix lamentable,
Nous annoncent leurs malheurs.
Peut-on, etc.

3. Pour eux, avec confiance,
Recourons au doux Sauveur :
S'il est le Dieu de vengeance
Qui punit avec rigueur,
Il est le Dieu de clémence
Qui tend les bras au pécheur.
Pour eux, etc.

4. A l'autel du sacrifice
Courbons nos humbles genoux ;
Là, toujours de sa justice
On apaise le courroux ;
Là, toujours son sang propice
Coule et pour eux et pour nous.
A l'autel, etc.

5. O Jésus ! sainte Victime,
En pitié prenez leurs maux ;
Tirez-les du sombre abîme,
Et, pour prix de vos travaux,
Guidez-les, Roi magnanime,
Au lieu du parfait repos.
O Jésus, etc.

6. Qu'il est doux, qu'il est utile
D'être leurs anges de paix !
Bientôt, dans le sûr asile
Où se portent leurs souhaits,
Leur zèle, à nos vœux facile,
Nous rendra tous nos bienfaits.
Qu'il est doux, etc.

7. De la céleste colère
Craignons les justes arrêts ;
L'ombre, hélas ! la plus légère
Des moins criminels excès
Dans l'éternelle lumière
Ne pénétrera jamais.
De la céleste, etc.

LE P. DE LATOUR.*

## MÊME SUJET. (N° 305.)

1. Sans pitié verrons-nous ces âmes,
Dont la voix monte jusqu'à nous ?
Du Seigneur le juste courroux
Les tient captives dans les flammes :
Du Seigneur le juste courroux
Les fait gémir sous le poids de ses coups.

2. Ecoutons ces cris lamentables,
Qu'elles poussent dans leurs cachots :
Soulagez l'excès de nos maux
Par vos prières charitables ;
Soulagez l'excès de nos maux,
Procurez-nous un éternel repos.

3. Vous au moins, qui d'un amour tendre
Conservez pour nous quelques traits,
Présentez au ciel nos regrets,
Par vous ils se feront entendre ;

Présentez au ciel nos regrets,
Auprès de Dieu ménagez-nous l'accès.

4. Ah! chrétiens, un père, une mère
Sont plongés dans des feux ardents;
Redoublez vos empressements
Pour les tirer de leur misère;
Redoublez vos empressements
Pour mettre un terme à leurs cruels tourments.

5. Vous pouvez finir leur supplice,
Vous pouvez combler tous leurs vœux :
Du Sauveur le sang précieux,
Qu'offre le prêtre en sacrifice,
Du Sauveur le sang précieux
Leur ouvrira le séjour glorieux.

6. A vos yeux ces âmes sont chères,
O Jésus! Père tendre et doux!
Apaisez donc votre courroux,
Finissez leurs peines amères;
Apaisez donc votre courroux,
Conduisez-les dans le ciel près de vous.

7. Ah! grand Dieu! c'est de votre absence
Que leur vient cet ennui cruel;
Hâtez-vous, Monarque immortel,
De couronner leur pénitence;
Hâtez-vous, Monarque immortel,
De les admettre au bonheur éternel.

MÊME SUJET.

Air : *Malheureuses créatures.* (N° 160.)

1. Mortels, écoutez vos frères,
Vos amis, vos chers parents,
Et jugez de nos misères
Par nos lugubres accents :

*Refr.*  Hélas! hélas!
Ne nous abandonnez pas.

2. Mille légères souillures
Nous retiennent dans ces feux,
Tandis que les âmes pures
Prennent leur vol vers les cieux
Hélas! etc.

3. A nos maux soyez sensibles,
Ne le soyez pas en vain;
Versez sur ces feux terribles
Le sang de l'Agneau divin,
Hélas! etc.

4. Vos soupirs, vos vœux, vos lar-
 [mes,
Offerts au Seigneur pour nous,
Seront de puissantes armes
Pour apaiser son courroux.
  Hélas! etc.

5. Hâtez-vous, brisez nos chaînes,
Des feux faites nous sortir;
Nous saurons des mêmes peines
Quelque jour vous affranchir.
  Hélas! etc.  P. 201.

### MÊME SUJET.

#### A la Sainte Vierge.

Air : *Malheureuses créatures.* (N° 160.)

1. Jetez un œil favorable
Sur ces justes malheureux,
Qu'un Dieu saint et redoutable
Tient pour un temps dans les feux

*Refr.* Hélas! hélas!
Vierge, tendez-leur les bras.

2. Vous êtes leur cher refuge,
Ils ont donc recours à vous;
Daignez apaiser leur Juge
Et rendre leur sort plus doux.
  Hélas! etc.

3. Ils vous appelaient leur Mère,
Quand ils étaient ici-bas;

Dans leur extrême misère,
Ne les abandonnez pas.
  Hélas! etc.

4. Eteignez ces vives flammes
Dont ils souffrent les ardeurs;
Faites que ces pauvres âmes
Chantent en paix vos grandeurs.
  Hélas! etc.

5. Pour mettre fin à leur peine,
Vous avez la clef des cieux;
Ouvrez-les leur, grande Reine,
Rendez-les y glorieux.
  Hélas! etc.  P. 140.

## EN L'HONNEUR DE LA TRÈS-SAINTE VIERGE.

### IMMACULÉE CONCEPTION.

(Définie et proclamée à Rome, le 8 décembre 1854.)

(N°ˢ 248. 218.)

1. Un nouvel astre a paru sur la terre;
Rien dans les cieux n'égale sa beauté.
  Quelle lumière!
  Quelle clarté!
A son aspect l'univers enchanté
Ne peut y voir l'ombre la plus légère.

2. Reine des Cieux, c'est toi que, sous ce voile,
J'ose chanter en ton premier moment;
    Brillante étoile
    Du firmament,
Je suis saisi d'un saint ravissement
Quand ce mystère à mes yeux se dévoile.

3. Dans l'innocence heureusement conçue,
Tu ne crains point la fureur du serpent;
    Vierge, à ta vue,
    Il est rampant;
S'il remplit tout du venin qu'il répand,
Il voit par toi sa fierté confondue.

4. Rien n'existait, et Dieu voyait Marie
Jointe à ce Fils en qui seul il se plaît;
    Dieu l'a choisie :
    Heureux décret!
Eût-elle pu subir le triste arrêt,
Elle qui vient pour nous donner la vie?

5. Comment en elle admettre de souillure?
La cour céleste obéit à sa voix;
    Dans la nature
    Tout suit ses lois;
Elle est assise auprès du Roi des rois :
Ce premier rang n'est dû qu'à la plus pure.

6. Mais qu'ai-je ouï?... quel cri d'amour s'élance?
Rome a parlé! l'univers avec moi,
    Plein d'assurance,
    A dit : Je crois!
Oui, de mon sang je signerais ma foi,
La voix de Pierre a fixé ma croyance.

7. Gloire à jamais, ô Vierge immaculée!
Gloire à ton nom, à tes divins attraits!
    Dieu t'a comblée
    De ses bienfaits;
Viens ici-bas, messagère de paix,
Sauver encor la terre désolée.

MÊME SUJET. (N° 506. 296.)

1. Quelle est cette aurore nouvelle
Dont le lever est si pompeux ?
Qu'elle est brillante, qu'elle est belle !
Est-il d'astre plus radieux ?
Repliant tes voiles funèbres,
Trop longue nuit rentre aux enfers,
Et de l'empire des ténèbres
Délivre enfin cet univers.

2. Je la vois, ma Libératrice,
Monter, monter avec honneur,
Et, rayonnante de justice,
Des cieux effacer la splendeur.
Tandis qu'aux pieds de cette Reine
Frémit le dragon infernal,
Les anges de leur Souveraine
Escortent le char triomphal.

3. Du péché le souffle funeste
N'a jamais flétri sa beauté ;
Jamais de ce flambeau céleste
Rien ne put ternir la clarté.
Chef-d'œuvre de la main divine,
Quel pinceau saisira tes traits ?
Et de ta sublime origine
Qui me dira tous les secrets ?

4. Comment d'un Juge inexorable
A-t-elle calmé la fureur ?
Comment d'une mère coupable
A-t-elle évité le malheur ?
Voit-on d'une tige sans vie
Sortir des rameaux vigoureux,
Et sur une branche flétrie
Naître des fruits délicieux ?

5. Des chaînes d'un dur esclavage
Qui pourra donc la garantir ?
Fille d'Adam, dans son naufrage,
Comme nous, va-t-elle périr ?

Non : Dieu, déployant sa puissance,
Du déluge apaise les flots ;
Il dit : et l'arche d'alliance
Vogue en paix sur le sein des eaux.

6. Au milieu d'une race impure,
Ton cœur, Marie, est innocent,
Et tu te montres sans souillure
Aux yeux ravis d'étonnement.
Tel, parmi de tristes ruines,
S'élève un temple somptueux ;
Ou tel, du milieu des épines,
S'élance un lis majestueux.

7. Du haut des cieux, Vierge puissante,
Laisse-toi toucher de nos maux :
Hélas ! d'une chaîne pesante
Nous trainons les tristes anneaux.
A vivre au milieu des alarmes
Sommes-nous toujours destinés ?
A nous nourrir d'un pain de larmes
Le ciel nous a-t-il condamnés ?

8. Souviens-toi que, brisant la tête
Du plus cruel de nos tyrans,
L'univers devient ta conquête
Et nous devenons tes enfants.
Jésus t'a mise sur le trône
Afin de conjurer ses coups ;
Si ton amour nous abandonne,
Qui pourra le fléchir pour nous ?

*Refrain à volonté.*

Marie, aime-nous,
Du haut des cieux intercède pour tous. *P.* 215.

## NATIVITÉ (Nos 297, 307.)

1. De tes enfants reçois l'hommage,
Prête l'oreille à leurs accents ;
Seigneur, c'est ton plus noble ouvrage
Qu'ils vont célébrer dans leurs chants.

Ranimé par ta main puissante,
Plein d'un espoir consolateur,
David de sa tige mourante
Voit germer la plus belle fleur.

2. Des ennuis, des maux, des alarmes
Cette terre était le séjour;
Mais le ciel, pour tarir nos larmes,
Nous donne une Mère en ce jour.
Chantons cette Mère chérie,
Offrons-lui le don de nos cœurs;
Qu'avec nous l'univers publie
Et ses beautés et ses grandeurs.

3. Oh! quand disparaitront les ombres
Qui recouvrent le genre humain?
Fuyez, fuyez, nuages sombres:
Voici l'étoile du matin.
Verse des torrents de lumière
Sur Sion et ses habitants,
Etoile bienfaisante, éclaire
Et guide leurs pas chancelants.

4. Franchissant la céleste plaine,
Les Anges riches de splendeur,
Pour contempler leur Souveraine,
Quittent le séjour du bonheur;
Et la candeur et l'innocence,
Les yeux modestement baissés,
Autour d'elle, dans le silence,
Tiennent leurs bras entrelacés.

5. Déjà la paix et la justice,
Ceintes d'un éclat immortel,
A ses pieds et sous son auspice,
Cimentent un pacte éternel;
Et sur sa lyre prophétique
Isaïe, encore une fois,
Redit son sublime cantique
A la Mère du Roi des rois.

6. Elle est pure comme l'aurore
Qui luit dans un brillant lointain;
Comme le lis qu'on voit éclore
Aux premiers feux d'un jour serein.

Et, jusqu'aux sources de la vie,
Par un prodige sans égal,
Son âme ne fut point flétrie
Du souffle empoisonné du mal.

7. Ainsi qu'un palmier solitaire
Qui croît sur le courant des eaux,
Et tous les ans donne à la terre
Des fleurs avec des fruits nouveaux;
Ainsi, loin d'un monde volage,
Elle croîtra, l'Enfant des cieux,
Et l'on bénira d'âge en âge
De son sein le fruit précieux.

*Refrain à volonté.*

Pleine de grâce, ô Vierge incomparable,
L'honneur, la gloire et l'appui d'Israël,
Jetez sur nous un regard favorable,
De cet exil conduisez-nous au Ciel.

MÊME SUJET.

C.     Air : *Allons parer.* (N° 571.)

1. Dans ce séjour de l'innocence,
Quel astre propice à nos vœux
Vient, par une douce influence,
Embraser nos cœurs de ses feux ?
    Quelle est l'aurore
    Qui fait éclore
Ce jour serein et radieux,
    Dont la lumière
    Montre à la terre
L'éternelle splendeur des cieux ?

2. Elle paraît : à sa présence,
Tout semble sortir du tombeau ;
Le monde quitte son enfance
Et devient un monde nouveau.
    Parfaite image,
    Précieux gage
Du brillant soleil qui la suit,

Son doux sourire
De son empire
Bannit enfin l'affreuse nuit.

3. Qui pourrait, auguste Marie,
Ne pas te connaitre à ces traits?
Le Tout-Puissant a de ta vie
Compté les jours par des bienfaits:
Fille du Père,
Du Fils la Mère,
De l'Esprit-Saint Temple vivant,
Ton origine,
Presque divine,
Insulte à l'orgueil du serpent.

4. Ainsi qu'au fort de la tempête,
Presqu'enseveli sous les flots,
Le voyageur voit sur sa tête
Ces feux amis des matelots:
Heureux présage
Que de l'orage
Vont bientôt finir les assauts;
Telle, et plus sûre,
Brillant augure,
Tu prédis la fin de nos maux.

5. Du plus cruel des esclavages
Le ciel, par toi, rompt le lien;
Et le bonheur de tous les âges
Commence déjà par le tien.
Tu mets au monde,
Vierge féconde,
De nos maux le Réparateur;
Et, créature,
De la nature
Tu nous donnes le Créateur.

6. De l'Immortel mortelle Mère,
Oh! que tes destins sont heureux!
Du Dieu vivant la mort révère
Sur ton front le sceau glorieux.
Bientôt, vivante
Et triomphante,
Tu prends ton essor dans les airs;
Et, pour couronne,

Ton Fils te donne
L'empire de tout l'univers.

7. Du trône éclatant de ta gloire,
Daigne agréer ce faible encens;
Lorsque nous chantons ta victoire,
Reconnais en nous tes enfants.
  Que cette fête
  Soit l'interprète
Des sentiments de notre cœur;
  Que, sous tes ailes,
  Humbles, fidèles,
Nous parvenions au vrai bonheur.

#### MÊME SUJET. (Nos 508. 270.)

1. O Mère chérie
Du Dieu Rédempteur!
Auguste Marie,
Quelle est ta grandeur!
L'univers admire
Tes divins attraits,
Et de ton empire
Chante les bienfaits.

2. Dans la nuit profonde,
La nuit du péché,
On voyait le monde
Tristement plongé;
Mais, à ta présence,
Tout sort du tombeau;
La terre commence
Un âge nouveau.

3. A peine la vie
Coule dans ton sein,
Que déjà, ravie
D'un transport divin,

Ton âme céleste
Bénit ton Auteur,
Qui du trait funeste
Préserva ton cœur.

4. Le ciel te couronne
De ses feux brillants;
Le soleil te donne
Ses traits éclatants;
Et, dans ta victoire,
L'astre de la nuit,
Admirant ta gloire,
Sous tes pieds pâlit.

5. O Vierge admirable!
L'ornement des cieux,
D'un cœur favorable
Ecoute nos vœux.
Douce Protectrice,
Dirige nos pas,
Et sois-nous propice
Au jour du trépas. *P.* 216.

### C.  PRÉSENTATION. (Nos 509. 599.)

1. Soyons remplis d'allégresse
Et solennisons le jour

Où Marie, en sa jeunesse,
Témoigne à Dieu son amour.

Chantons la Vierge sacrée,
L'espérance des mortels,
Qui fait sa première entrée
Et se consacre aux autels.

2. Enfant, pleine de lumière
Et brûlant d'un noble feu,
Avec son père et sa mère
Marie accomplit son vœu.
Oh! l'offrande magnifique!
O don riche et précieux!
Cet olivier pacifique
Calme le courroux des cieux.

3. Oui, mon Dieu, c'est cette plan-
Qui doit produire une fleur, [te
Dont l'odeur douce et charman-
Réjouira votre cœur. [te
C'est l'Autel des sacrifices
Où les purs dons sont offerts,
C'est la gerbe des prémices,
Gage heureux pour l'univers.

4. O trésor inestimable!
Qui comprend Dieu même en
Médiatrice admirable, [soi,
Daignez répondre pour moi.
Vierge, des cœurs la merveille,
Amour du céleste Epoux,
Vierge, en grâce non pareille,
Daignez m'offrir avec vous.

5. A l'exemple de Marie,
Offrons-nous avec ardeur,
Imitons par notre vie
Sa piété, sa ferveur.
Consacrons notre jeunesse
Au Dieu jaloux de nos cœurs;
Ne nous occupons sans cesse
Qu'à méditer ses grandeurs.

### MÊME SUJET. (N° 510.)

1. O divine Marie!
Encore tendre enfant,
Vous offrez votre vie
Au Seigneur tout-puissant.
Toujours pur et sans tache,
Toujours brûlant d'ardeur,
Votre cœur ne s'attache
Qu'à votre Créateur.

2. Vivant dans son saint temple,
Vous faites, en ce lieu,
La moisson la plus ample
De tous les dons de Dieu.
A chaque instant, votre âme
Croît en grâce, en ferveur,
Et toujours plus s'enflamme
D'amour pour le Seigneur.

3. De vous bien différente
Et loin d'un si beau feu,
Notre âme fut trop lente
A se donner à Dieu.
Hélas! elle confesse
Et pleure sa tiédeur;
Un saint désir la presse
D'être à son Rédempteur.

4. A l'ombre de vos ailes,
Nous osons aujourd'hui,
Devenus plus fidèles,
Nous consacrer à lui.
Offrez-nous, tendre Mère:
Présentés de vos mains,
Nous ne saurions déplaire
A ses regards divins.

5. Qu'en vous notre œil contem-
Le plus parfait miroir; [ple
Que toujours votre exemple
Nous ramène au devoir.

En marchant sur la trace
De vos belles vertus,
Nos cœurs trouveront grâce
Près du Cœur de Jésus.

6. O doux Sauveur ! vrai Père
Des pécheurs pénitents,
De votre auguste Mère
Recevez les enfants :
Dans votre heureux service,
Nous voulons expirer ;
Que jamais rien ne puisse
De vous nous séparer.

## ANNONCIATION. (N° 511.)

1. Marie, aux regards des humains
Cachant son innocente vie,
Elevait le cœur et les mains
Vers la bienheureuse patrie ;
Fidèle à l'oracle sacré,
Qui fixait le temps du Messie,
Pour cet objet tant désiré
Soupirait son âme attendrie.

2. Soudain, ô surprise ! ô frayeur !
Aux yeux de la Vierge modeste,
Voici qu'un Ange du Seigneur
Descend de la voûte céleste.
Elle frémit à son aspect,
D'un homme apercevant l'image ;
Et, joignant la crainte au respect,
Elle attend le divin message.

*L'Ange.*

3. Salut, ô chef-d'œuvre des cieux !
Sanctuaire de l'innocence ;
Le Dieu, qui chérit vos aïeux,
Vous consacre par sa présence.
Les temps enfin sont accomplis
Pour le plus auguste mystère ;
Et le Rédempteur, tant promis,
Par vous vient délivrer la terre.

*Marie.*

4. Comment donc pourra s'accomplir
Cette magnifique promesse?
Mon seul désir est de remplir
Le vœu sacré de ma jeunesse.

J'ai choisi mon Dieu pour Epoux,
Ils est à jamais mon partage ;
Et rien ne me semble plus doux
Que ce bienheureux esclavage.

### L'Ange.

4. C'est pour prix de ce dévoûment
Que, bienfaitrice de la terre
Et du ciel même l'ornement,
D'un Dieu vous deviendrez la Mère.
Le vœu si cher à votre cœur
N'en éprouvera point d'attente ;
Rien ne ternira la blancheur
D'une âme et si pure et si sainte.

### Marie.

6. J'adore ce décret profond
De l'Intelligence suprême ;
D'une faveur qui me confond
Je loue un Dieu, la bonté même.
A tes pieds, mon souverain Roi,
Je me prosterne, humble et tremblante ;
Et, quand tu veux naître de moi,
Je me reconnais ta servante.

7. A ces mots, l'Ange triomphant
Quitte les régions du monde,
Et l'Esprit Saint, au même instant,
Signale sa vertu féconde :
Alors le Verbe tout-puissant
S'incarne au sein d'une mortelle,
Et, par ce prodige éclatant,
Nous ouvre la gloire éternelle. P. 176.

## VISITATION. (Nos 312. 311.)

1. O Vierge ! des vierges l'honneur,
Oh ! pourquoi, d'un pas si rapide,
Des monts franchis-tu la hauteur ?
Quelle ardeur t'entraîne et te guide ?
C'est la céleste charité,
Dont l'Esprit divin t'a remplie :

Mère de Dieu, ta dignité
En toi ne l'a point affaiblie.

2\. Monts superbes, abaissez-vous,
Aux sentiers où la Vierge passe :
Ah ! les astres seraient jaloux
De se voir foulés sous sa trace.
Réjouis-toi de ton destin,
O femme ! en tes vieux jours féconde ;
Voici celle qui, dans son sein,
A conçu le Sauveur du monde.

3\. Les yeux encor fermés au jour,
Déjà Jean-Baptiste, ô Marie !
A ta voix tressaille d'amour,
Au sein de sa mère attendrie.
De Jésus peut-il autrement
Saluer l'adorable enfance,
Que par le doux ravissement
Que fait naître en lui sa présence ?

4\. Déjà se conduit en Sauveur
L'Enfant-Dieu que porte Marie,
Et déjà l'enfant précurseur
Annonce en Jésus le Messie.
Hôtes dignes de leur amour,
Vous logez Jésus et sa Mère :
Heureux parents ! heureux séjour !
Jouissez d'un sort si prospère.

MÊME SUJET.

Air : *Plaisirs inouïs.* (N° 3.)

1\. Oh ! qu'il fait beau voir
L'illustre Marie,
Pour un saint devoir
Quitter sa patrie,
Portant dans son chaste sein
Le Sauveur du genre humain !

2\. Vers Elisabeth,
Sa chère cousine,
Par un doux attrait,
Elle s'achemine,
Pour remplir tous ses souhaits
Et la combler de bienfaits.

3\. Elle arrive enfin
Près de sa parente,
Qui lui dit soudain :
O faveur touchante !

Quoi ! vous venir en ce lieu,
Mère du Seigneur mon Dieu !

4. Aussitôt saint Jean,
Sentant la présence
D'un Dieu fait enfant,
Du Verbe en silence,
Reconnaît son Rédempteur,
Et tressaille en son Seigneur.

5. Le divin Sauveur
Déjà sanctifie
Son cher Précurseur
Et le glorifie ;
Pour son Ange il le choisit
Et prophète l'établit.

6. Dans un saint transport,
La mère s'écrie :
Heureux votre sort,
Divine Marie !
Heureuse d'avoir porté
Le fruit d'immortalité !

7. Elle se confond,
Vierge humble et fidèle,
Et sa voix répond
Par l'hymne immortelle :
Oh ! mon âme ! du Seigneur
Chante, exalte la grandeur.

MÊME SUJET. *Magnificat.* (N°⁺ 313. 514.)

1. Par un accent prophétique,
La Mère du Rédempteur
Reconnaît dans ce cantique
Son néant et sa grandeur.
Répétons ce chant sublime ;
Le pauvre, en son humble état,
D'un saint espoir se ranime
En chantant : *Magnificat.*

*Magnificat* * *anima mea Dominum :*
*Et exultavit Spiritus meus * in Deo salutari meo.*

2. Cette Vierge immaculée,
Chaste en sa fécondité,
Plus elle était honorée
Plus elle eut d'humilité.
Si l'Auteur de la nature
Pour Mère ici-bas choisit
La plus humble créature,
Chantons : *Quia respexit.*

*Quia respexit humilitatem ancillæ suæ : * ecce enim ex hoc beatam me dicent omnes generationes.*
*Quia fecit mihi magna qui potens est ;* et sanctum nomen ejus.*

3. Admirons sa modestie,
Quand Elisabeth lui dit :

Vous avez été bénie,
Et béni soit votre fruit:
Adorant la Providence,
Marie alors s'écria,
Dans une humble confiance :
*Et misericordia.*

*Et misericordia ejus à progenie in progenies* * timentibus eum.*
*Fecit potentiam in brachio suo : * dispersit superbos mente cordis sui.*

4. Si du vermisseau sous l'herbe
L'Eternel daigne avoir soin,
Il réprouve le superbe,
Son bras le rejette au loin.
Du faible il entend la plainte ;
L'oppresseur, troublé, pâlit ;
Peut-on méditer sans crainte
Le verset : *Deposuit?*

*Deposuit potentes de sede, * et exultavit humiles.*
*Esurientes implevit bonis, * et divites dimisit inanes.*

5. Le Dieu d'Israël protége
Ceux qui recourent à lui ;
Ne craignons ruse ni piége,
Jésus sera notre appui.
Si l'ennemi nous outrage,
Pour augmenter son dépit,
Ranimons notre courage
En répétant : *Suscepit.*

*Suscepit Israel puerum suum, * recordatus misericordiæ suæ.*
*Sicut locutus est ad patres nostros * Abraham et semini ejus in sæcula.*

6. Force, Amour, Intelligence,
Ineffable Trinité,
En qui toujours la puissance
S'allie avec la bonté ;
Régnez sur moi sans partage,
Et de mon cœur attendri
Recevez le pur hommage
Dans le *Gloria Patri.*

*Gloria Patri, etc. Sicut erat, etc.* P. 218.

## PURIFICATION. (N°⁵ 515. 408.)

1. O prodige! ô merveille! un Dieu se sacrifie;
A la loi se soumet un Dieu législateur;
Une Mère est sans tache, elle se purifie;
    On rachète un Dieu rédempteur.

2. A l'instant où paraît Jésus, Victime et Prêtre,
Sion, ouvre ton temple à la Divinité;
Qu'aux ombres de la loi, que tu vois disparaître,
    Succède enfin la vérité.

3. Le sang des animaux, offerts en sacrifice,
Cessera de couler dans tes jours solennels;
Aux yeux du Tout-Puissant, pour fléchir sa justice,
    Un Dieu s'offre sur ses autels.

4. La Vierge, toujours humble, aime à suivre l'exemple
Des mères qu'on proscrit pour un temps du saint lieu.
Pourquoi craindre d'entrer dans cet auguste temple,
    O sanctuaire du vrai Dieu?

5. Marie entre ses bras porte l'Enfant céleste;
Quoique admise au secret de sa divinité,
Deux innocents oiseaux font son présent modeste,
    Offrande de la pauvreté.

6. Parmi tant de témoins de l'auguste mystère,
Où la Vierge, en silence, adorait tes grandeurs,
O Verbe! alors muet, qu'à ta divine Mère
    Tu dévoilais de profondeurs!

7. Que de traits, ô Marie! iront percer ton âme!
Quel glaive de douleur! cruels pressentiments!
Cet Agneau, dont l'amour te ravit et t'enflamme,
    Doit expirer dans les tourments.

8. A peine il voit le jour, il est déjà victime;
Il prélude au trépas dont son cœur a fait choix:
Il croîtra; mais son sang, pour expier le crime,
    Sera répandu sur la croix.

9. Sur les pas de **Jésus**, sur les pas de Marie,
Chrétiens, avec amour entrons dans le saint lieu;
Sur cet autel encore un Dieu se sacrifie:
    **Courons nous immoler à Dieu.**    Poupin.*

MÊME SUJET. Cant. : *Nunc dimittis.* (Nos 152. 25.)

(Paroles du vieillard Siméon.)

1. La mort peut de son aile
Me toucher désormais ;
A tes ordres fidèle,
J'irai, Seigneur, en paix.
Mon âme est trop contente :
J'ai vu dans le saint lieu
L'objet de mon attente,
Mon Sauveur et mon Dieu.

2. A l'éclat ineffable
Dont brillent ses attraits,
De ton Verbe adorable
Je reconnais les traits :

C'est lui, c'est le Messie
Qui nous était promis ;
Ta parole est remplie,
Nous possédons ton Fils.

3. Tu l'as mis en spectacle
Devant tous les humains,
Pour être un jour l'oracle
Et l'amour de tes Saints.
Quel beau jour nous éclaire !
Dieu donne en même temps
Aux Gentils la lumière,
La gloire à ses enfants.

COMPASSION. *Stabat.* (No 316.)

(Pour répondre au chant de cette Prose.)

1. De Jésus la tendre Mère,
Dans une douleur amère,
Se tenait près de la Croix.

2. Dans son âme que de craintes !
Que de mortelles atteintes !
Que de glaives à la fois !

3. Elle voit son Fils unique
En proie à la rage inique
Des bourreaux les plus cruels.

4. Auprès d'elle, sous sa vue,
L'innocence est suspendue
Au gibet des criminels.

5. Vierge, espoir de ma faiblesse,
Imprimez votre tristesse
Profondément dans nos cœurs.

6. C'est nous, race criminelle,
Peuple ingrat, peuple infidèle,
Qui faisons couler vos pleurs.

7. Près de vous, sur le Calvaire,
Donnez-moi place, ô ma Mère !
Pour gémir sur mes forfaits.

8. Que mes yeux en pleurs se fondent ;
Qu'ils arrosent, qu'ils inondent
L'instrument de vos regrets.

9. Faites qu'au jour de vengeance
Je ne trouve que clémence
Dans Jésus, votre cher Fils.

10. Et, quand s'éteindra ma vie,
Obtenez-moi, je vous prie,
Le bonheur du paradis.

Le P. DE LATOUR.

MÊME SUJET.

Air : *Croix auguste Croix consacrée.* (N° 46.)

1. Viens, pécheur, et vois le martyre
De la Mère du Roi des rois ;
Au moment où Jésus expire,
Vois Marie au pied de sa Croix ;
Et, si d'une Mère chérie
Ta main ne peut sécher les pleurs,
Ah ! du moins pleure avec Marie,
O toi ! qui causes ses douleurs.

2. « Oui, c'est toi qui perces mon âme
D'un glaive à jamais douloureux ;
C'est toi qui sur un bois infâme
Fais mourir mon Fils sous mes yeux.
Pour laver tes excès, tes crimes,
Vois couler son sang et mes pleurs ;
Aux tourments de ces deux victimes
Craindras tu d'unir tes douleurs ? »

5. O Marie ! ô ma tendre Mère !
Que de pleurs je vous ai coûtés !
J'ai péché !... mais pourtant j'espère,
J'espère encore en vos bontés.

C'est moi seul qui suis le coupable,
Et Jésus souffre les douleurs ;
Au sang de ce Maître adorable
Puissé-je enfin mêler mes pleurs !

4. Puissent les clous et les épines
Qui blessèrent mon doux Jésus,
Imprimés par vos mains divines,
Dans mon cœur graver ses vertus !
J'ai causé vos longues souffrances,
Mère d'amour et de douleurs ;
Puissé-je, expiant mes offenses,
Tarir la source de vos pleurs !

## ASSOMPTION. (Nos 317. 358.)

1. Anges, applaudissez, et chantez la victoire
De la Mère d'un Dieu, qui triomphe en ce jour.
Après un doux trépas, elle vole à la gloire,
Où la main de son Fils couronne son amour.

2. Tels les premiers rayons de la naissante aurore
Annoncent du soleil l'agréable retour ;
O Vierge ! ta splendeur, mais plus brillante encore,
A chassé la nuit sombre et ramené le jour.

3. La lune, sous tes pieds fournissant sa carrière,
Voit pâlir près de toi sa céleste clarté ;
Et le soleil, t'ornant de sa propre lumière,
A l'aspect de tes traits se trouve sans beauté.

4. Pour te rendre au séjour où t'attend la couronne
Avec un saint transport tu quittes ces bas lieux ;
Des Anges à l'envi le concours t'environne
Et t'élève en triomphe à la gloire des cieux.

5. O Vierge ! que ton Fils t'accorde de puissance !
Que par toi sur la terre il verse de faveurs !
Seule au-dessus des Saints : quelle prééminence !
Au-dessous de Dieu seul : quel rang ! que de grandeurs

6. Tu vois à découvert, dans sa majesté pure,
Ce Dieu qu'ici voilait sa sainte humanité :
De ton lait virginal il fit sa nourriture,
Il te nourrit aux cieux de sa divinité.

7. Vierge admise aux splendeurs du seul Etre adorable,
De tes vives clartés répands sur nous les traits;
Par toi, la terre au ciel fit un don admirable :
Pourrait-il, à son tour, nous compter ses bienfaits?

8. Assise au pied du trône où règne Dieu le Père,
O Reine! qu'il chérit, sois propice à nos vœux;
Tu peux, sur tes enfants, désarmer sa colère;
Tu nous aimes encor, daigne nous rendre heureux.

### MÊME SUJET. (N° 281.)

1. Où va ma Mère bien-aimée?
Pourquoi fuit-elle nos déserts?
De pures flammes consumée,
Elle s'élève dans les airs.
A son aspect tout fait silence;
Le ciel entier forme sa cour;
Et le Très-Haut de sa puissance
Honore la Mère d'amour.

2. Réjouis-toi, terre chérie;
Sion, coule des jours heureux;
Jésus a couronné Marie,
Ta fille est la Reine des cieux.
Unis ta voix aux chœurs des Anges,
Chante la gloire de ce jour;
Et dis : Honneur, amour, louanges,
A la Mère du bel amour!

3. Nos concerts pénètrent la nue,
Soudain les cieux se sont ouverts:
Quelle splendeur s'offre à ma vue!
Salut, Reine de l'univers!
De majesté son front rayonne,
Elle est pure comme un beau jour;
Elle a le sceptre et la couronne :
Contemplons la Mère d'amour.

4. Mon cœur palpite, c'est ma Mère;
Oui, c'est ma Mère, je le sens...
Chérubins, d'une aile légère,
Venez, volez à ses enfants.

Ils ont franchi le ciel immense,
Voici Marie avec sa cour :
Prosternons nous en la présence
De la Mère du bel amour.

5. J'entends sa voix... elle nous pressé
De lui redire nos serments :
Répétons-les avec ivresse
Et jurons d'être ses enfants.
A vous aimer nos cœurs fidèles,
Dans un infidèle séjour,
Vivront à l'ombre de vos ailes,
O Marie ! ô Mère d'amour !

6. La violence des orages
Ne nous ébranlera jamais ;
Vous aurez toujours nos hommages,
Toujours nous dirons vos bienfaits.
Oui, nous jurons, d'un cœur sincère,
D'être à vous, à vous sans retour ;
Ah ! soyez toujours notre Mère,
Soyez-nous la Mère d'amour.

### MÊME SUJET. (N° 518.)

1. Vierge, des vierges la plus pure,
Que la grâce et non la nature
Fit naître pour notre bonheur,
Voici le jour de ta victoire :
Dieu, ton Fils et notre Sauveur,
T'élève aujourd'hui dans sa gloire.

2. Il est vrai, divine Marie,
La mort triompha de ta vie ;
Ton Fils subit le même sort ;
Mais il veut aussi que sa Mère
Triomphe à son tour de la mort,
Et s'envole aux cieux toute entière.

5. Il veut que ton corps vénérable,
Dont il naquit dans une étable,
Comme le sien soit glorieux ;
Comme le sien, qu'il ressuscite

Pour aller jouir dans les cieux
De tout le bonheur qu'il mérite.

6. Vierge sans tache, Reine auguste,
Un si beau triomphe était juste.
Quoi! le Maître de l'univers
Aurait permis que de sa Mère
Le corps pur fût rongé des vers,
Comme la plus vile matière!

5. Non, non, des Anges Souveraine,
Ni du péché ni de sa peine
Tu ne peux avoir hérité;
Dieu, qui choisit ton corps lui-même,
Pour prendre notre humanité,
Lui devait cet honneur suprême.

6. Mais que fais-je? ce n'est qu'aux Anges
A bien célébrer tes louanges;
En toi tout est miraculeux,
Ta mort, ta vie et ta naissance.
C'est à nous de t'offrir nos vœux
Et d'implorer ton assistance.

7. Par nos hommages attendrie,
Songe à qui te donna la vie,
A ces lieux où tu vis le jour.
Dans la gloire aujourd'hui ravie,
Les cieux deviennent ton séjour,
Mais la terre fut ta patrie.

LATTAIGNANT.

#### MÊME SUJET.

Air: *Jésus paraît en vainqueur.* (N° 149.)

1. Chantons la Reine des cieux,
 Que l'excès de l'amour
 Fait triompher en ce jour:
 Chantons la Reine des cieux,
Qu'on l'honore et qu'on l'aime en tous lieux.
  De nos chants divers
  Remplissons les airs,

Que tout l'univers
Réponde à nos doux concerts,
De nos chants divers
Remplissons les airs,
Inventons même des nouveaux airs.

2. Enfin l'hiver est passé,
Les vents ne soufflent plus,
Les frimas sont disparus;
Enfin l'hiver est passé,
La tempête et la pluie ont cessé.
Vierge des douleurs,
Les soupirs, les pleurs
Font place aux douceurs
Des immortelles faveurs;
Vierge des douleurs,
Les soupirs, les pleurs
S'éloignent du plus parfait des cœurs.

3. Voyez, filles de Sion,
Sur un char enflammé
La Mère du Bien-aimé;
Voyez, filles de Sion,
Et chantez, en louant son saint nom:
Quel astre vivant,
Si beau, si brillant,
Sort du monument
Et s'élève au firmament?
Quel astre vivant,
Si beau, si brillant,
Nous éclaire en cet heureux moment !

4. Venez, lui dit le Sauveur,
O ma Mère! venez,
Mes biens vous sont destinés:
Venez, lui dit le Sauveur,
Hâtez-vous, partagez mon bonheur.
Entrez dans ma paix,
Régnez à jamais,
Que tous vos souhaits
S'accomplissent désormais;
Entrez dans ma paix,
Régnez à jamais,
Possédez ma grâce et mes bienfaits.

5. Daignez, Marie, en ce jour,
Ecouter nos soupirs
Et seconder nos désirs;
Daignez, Marie, en ce jour,
Recevoir notre encens, notre amour.
Du céleste Epoux
Calmez le courroux,
Qu'il se montre doux
A tous ceux qui sont à vous;
Du céleste Epoux
Calmez le courroux,
Que son cœur s'attendrisse sur nous.

MÊME SUJET. (Nos 549. 151.)

1. Ouvrez-vous, portes éternelles;
Ouvrez-vous, sublime séjour;
Et vous, phalanges immortelles,
Qui du Très-Haut formez la cour,
Triomphez : votre auguste Reine
Va prendre son vol vers les cieux;
L'amour a su briser la chaîne
Qui la captivait en ces lieux.

2. Voyez-vous comme elle s'élance
Du fond de nos tristes déserts!
Accourez, rompez le silence,
Faites entendre vos concerts.
Qu'à votre divine harmonie
S'unisse la voix des mortels;
Et qu'à la gloire de Marie
L'encens brûle sur les autels.

3. Une auréole éblouissante
Orne son front majestueux;
Elle s'élève triomphante,
Du soleil éclipsant les feux.
Devant sa grandeur tout s'incline;
Elle monte au plus haut du ciel,
Et sur un trône que domine
Le trône seul de l'Eternel.

4. Là, cette aimable Souveraine
Sourit aux malheureux humains,
De bonté pour eux toujours pleine,
Et toujours leur tendant les mains.
Elle offre aux pauvres ses richesses,
Aux faibles son puissant crédit :
Tous sont comblés de ses largesses,
Et nul ne l'invoqua sans fruit.

5 Daignez donc, du sein de la gloire,
Grande Reine, veiller sur moi;
Daignez me donner la victoire
Sur les ennemis de ma foi.
Soyez propice à ma prière :
Un jour, pour chanter vos bienfaits,
Je vous suivrai, ma tendre Mère,
Dans la demeure de la paix.

MÊME SUJET. (Nos 383. 215.)

1. O Marie!
Qu'on publie
L'éclat de ce jour heureux;
Triomphante
Et puissante,
Vous allez régner aux cieux.

2. Sur un trône
Dieu couronne
Vos éminentes vertus;
Rien n'efface,
Ne surpasse
Votre gloire, que Jésus.

3. Il honore,
Il décore
Votre rare pureté;
Il vous donne
La couronne
Due à votre humilité.

4. De tendresse
Si sans cesse
Votre cœur brûla pour lui,

Sa puissance
Récompense
Ce tendre amour aujourd'hui.

5. Les Archanges,
Tous les Anges
Vous proclament, en ce jour,
Souveraine
Et leur Reine,
Dans le céleste séjour.

6. Ils invitent,
Sollicitent
Nos cœurs à les imiter;
Reine auguste,
Qu'il est juste,
Qu'il est doux de vous chanter!

7. Que la terre
Toute entière,
Illustre Reine des cieux,
Vous bénisse,
Vous chérisse,
Vous consacre tous ses vœux.

8. Que, sans cesse,
Tout s'empresse
A mériter votre amour;
Reine aimable,
Admirable,
Que tout vous fasse sa cour.

9. Sur la terre,
Tendre Mère,
N'oubliez pas vos enfants;
Mère heureuse,
Glorieuse,
Rendez-les tous triomphants.

MÊME SUJET.

Air : *Peuple fidèle.* ( N° 285. )

1. Saintes cohortes,
Du Dieu d'amour
Heureuse cour,
Ouvrez vos portes
Dans ce grand jour.

Refr. Marie entre dans la cité
De la céleste charité,
Reine des temps et de l'éternité.

2. Quelle est donc celle
Qui, des déserts,
S'élève aux airs,
Brillante et belle
D'attraits divers?

3. Pleine de grâce,
D'amour, de foi,
O divin Roi!
Elle a pris place
Auprès de toi.

4. O cieux! ô terre!
Prosternez-vous;
Bénissons tous
De notre Mère
Le nom si doux.

5. Douce Patronne,
Que tes enfants
Portent leurs chants
Jusqu'à ton trône,
Comme un encens!

6. Sur cette terre,
Vois nos combats,
Tends-nous les bras ;
Peut-on se plaire
Où tu n'es pas ?

MÊME SUJET. (N° 320.)

1. Dès que cette Vierge ingénue,
Pleine de grâce et de beauté,
S'élance et plonge dans la nue
Son front rayonnant de clarté,
Le chœur mystérieux des Anges
Mêle le bruit de ses louanges
Aux concerts des mondes ravis ;
La terre frémit devant elle,
Et, sous les pas de l'Immortelle,
Les cieux abaissent leurs parvis.

2. Tu parais ; à la nef timide,
Qui tente un rivage ignoré,
L'aspect du phare qui la guide
Promet un port moins assuré.
Le palmier vaste et solitaire
Verse une ombre moins salutaire
Sur les sables de Gelboë ;
Moins d'éclat anime la rose,
Et moins suave elle repose
Près des sources de Siloë.

5. C'est à toi que la voix des Sages
Promit ces destins éclatants,
Que leur regard, vainqueur des âges,
Lisait dans les fastes du temps.
Tel le plongeur, penché sur l'onde,
D'une vue errante et profonde
Interroge le sein des mers,
Et, sous la vague blanchissante,
Marque la perle éblouissante,
Secret trésor des flots amers.

4. Le Seigneur des astres qu'il aime
T'a soumis le chœur gracieux ;

Tu brilles dans son diadème,
A l'égal du flambeau des cieux.
Heureux qui vit sous tes auspices !
Que de fois tes rayons propices
Ont rassuré les mariniers !
Que de fois ta splendeur nocturne
A charmé l'ennui taciturne,
Qui veille au lit des prisonniers !

5. Hélas ! ces héros éphémères,
Qu'élèvent de sanglants parois,
Sont inexorables aux mères,
Ils ne comprendraient pas ta voix.
Mais Dieu, dans son amour immense,
Permet que ton pouvoir commence
Où finit celui des humains ;
D'un seul regard tu le désarmes,
Et l'on dit qu'une de tes larmes
Eteint la foudre dans ses mains.

Ch. Nodier.

## MÊME SUJET.

Air : *Vole au plus tôt.* (N° 500.)

1. Avec transport les cieux l'ont proclamée
Reine des Saints, des Trônes, des Vertus !
La voyez-vous, ma Mère bien-aimée,
Près de son Fils, près de son doux Jésus ?

CHOEUR.

Volons, volons, mon âme,
Loin de ce lieu mortel !
Sur des ailes de flamme,
Suivons Marie au Ciel !

*Solo.*

Après ta douce Mère,
Vole, mon pauvre cœur :
Loin d'elle, sur la terre,
Où trouver le bonheur ?     Volons, etc.

2. Et moi, son fils, comment pourrai-je vivre
Loin des beaux lieux où se trouve sa cour?
Au Ciel, au Ciel, je veux, je dois la suivre!
Volons, volons sur l'aile de l'amour!
  Volons, etc.

3. Cruel départ, qui me ravis ma Mère!
Qui me ravis ma vie et mon espoir!
Partons! partons! la vie est trop amère!
Au Ciel, au Ciel, volons, allons la voir!
  Volons, etc.

4. Pour son enfant sans doute sa prière
A son Jésus demande de beaux jours...
Mais pour l'enfant qui pleure après sa Mère,
Oh! de ses pleurs qui peut tarir le cours?...
  Volons, etc.

5. Mère d'amour, exauce, je te prie,
De ton enfant le plus juste désir:
Fais qu'ici bas je vive de ta vie,
Et de ta mort que je puisse mourir!
  Volons, etc.   *P.* 219.

## ROSAIRE. (N<sup>os</sup> 521. 278.)

1. Enfants de la plus tendre Mère,
Voulons-nous croître en son amour?
Au saint étendard du Rosaire
Rallions-nous tous en ce jour.
Sous cet emblème salutaire,
Marie est pleine de douceur,
Et les enfants du saint Rosaire
Sont les bien-aimés de son cœur.

2. Depuis que ce joug tout aimable
S'est introduit dans l'univers,
D'une clémence inépuisable
On a vu les trésors ouverts.
Comme une étoile bienfaisante,
Il a réjoui tous les cœurs,
Et, par lui, la foi renaissante
A vu ranimer ses ardeurs.

3. L'enfer, plein d'une rage impie,
Soufflait le poison de l'erreur ;
Il triomphait, et l'hérésie
Ravageait le champ du Seigneur.
Mais bientôt, armé du Rosaire,
Un saint prêtre (1) invoque le ciel ;
Il est vainqueur, et sa prière
Porte au démon un coup mortel.

4. Armé d'une effrayante audace,
L'infidèle accourt du désert ;
Il s'avance, et tout sur sa trace
De deuil et de sang est couvert.
Mais, devant la flotte chrétienne
Quand le Rosaire est suspendu,
La victoire (2) est bientôt certaine
Et l'infidèle est confondu.

5. O joug aimable du Rosaire!
Qui dira vos chastes attraits?
Qui pourra jamais sur la terre
Compter tous vos nombreux bienfaits?
Délices de l'âme fidèle,
Sous ses pas vous semez des fleurs,
Et de la justice éternelle
Vous calmez pour nous les rigueurs.

6. Sainte couronne du Rosaire,
Nous vous embrassons pour toujours ;
Signe chéri de notre Mère
Attirez sur nous son secours.
Un jour, jusqu'au pied de son trône,
Portez notre dernier soupir,
Et méritez-nous la couronne
Qui ne doit jamais se flétrir.

## BANNIÈRE DU ROSAIRE. (N<sup>os</sup> 522. 107.)

1. Ornons de fleurs notre blanche bannière,
Réunissons et la rose et le lis ;
Offrons des vœux : la fête de la Mère
Doit être unie à la fête du Fils.

---

(1) Saint Dominique. (2) A Lépante, en 1571.

*Refr.* O Vierge aimée !
De tes bienfaits
L'âme charmée
Ne t'oubliera jamais.

2. Honneur et gloire au saint nom de Marie.
Ce nom chéri n'exprime que douceurs ;
Avec le ciel il nous réconcilie,
Et de l'orage il calme les fureurs.

3. Flotte sur nous, éclatante bannière,
Conduis au ciel les cœurs que tu défends ;
Nous te suivons : l'image d'une Mère
Saura toujours rallier ses enfants.

4. Que, répété, le doux nom de Marie
Dans ce grand jour excite nos transports ;
Et nous verrons, à sa fête chérie,
L'enfer vaincu malgré tous ses efforts.

5. Mère du Christ, Reine en tous lieux bénie,
De notre cœur garde la pureté ;
La fleur des champs ne sera point flétrie,
L'aquilon fuit à ton nom redouté.

6. Vois à tes pieds les enfants du Rosaire ;
Leurs chants sont purs et leurs fronts radieux.
Ah ! viens souvent les voir sur cette terre :
Près de leur Mère ils sont plus près des cieux.

7. Monde trompeur, de tes pompeuses fêtes
N'étale plus à nos yeux la splendeur ;
Tes vains plaisirs recèlent des tempêtes :
Près de Marie on trouve le bonheur.

8. Viens, ô Marie ! à notre heure dernière,
Ouvrir le ciel sous nos pas triomphants :
Le Rédempteur, à la voix de sa Mère,
Auprès de lui recevra ses enfants.

## CANTIQUE DU CHAPELET. (N° 523.)

CHŒUR.

D'une Mère chérie
Célébrons les grandeurs ;
Consacrons à Marie
Et nos voix et nos cœurs.

1. De concert avec l'Ange

Quand il la salua,
Disons à sa louange
Un *Ave*, *Maria*.

2. Modeste créature,
Elle plut au Seigneur;
Et, Vierge toujours pure,
Enfanta le Sauveur.

3. Nous étions la conquête
Du tyran des enfers;
En écrasant sa tête,
Elle a brisé nos fers.

4. Que l'espoir se relève
Dans nos cœurs abattus;
Par cette nouvelle Eve
Les cieux nous sont rendus

5. Ô Marie ! ô ma Mère !
Prenez soin de mon sort;
C'est en vous que j'espère
A la vie, à la mort.

6. Obtenez-nous la grâce,
A notre dernier jour,
De vous voir face à face
Au céleste séjour.

## SAINT-CŒUR DE MARIE. (N° 324.)

1. Heureux qui du cœur de Marie
Connaît, honore les grandeurs,
Et qui, sans crainte, se confie
En ses maternelles faveurs !
Après le Cœur du divin Maître,
A qui seul est dû tout encens,
Fut-il jamais et peut-il être
Un cœur plus digne de nos chants?

2. Les cieux se trouvent sans parure
Auprès des traits de sa beauté;
Des Anges l'innocence pure
Pâlit près de sa pureté.
Cours au temple, ô Vierge chérie !
Offrir ton cœur à l'Eternel :
Jamais plus agréable hostie
Ne fut portée à son autel.

3. A l'ombre de ses tabernacles,
C'est là que le Dieu des élus
Fait en elle autant de miracles
Qu'il y voit croître de vertus.
Là, son cœur pur, humble et docile
Aux grands, aux éternels desseins,
Se forme à devenir l'asile
Et le séjour du Saint des saints.

4. Au moment où la Vierge est mère,
Sans ternir son intégrité,
Son cœur se change en sanctuaire
De l'adorable Trinité ;
Et c'est dans lui que prend sa source
Le sang salutaire et divin,
Qui doit seul être la ressource
Et la rançon du genre humain.

5. Oh ! de quels charmes fut suivie,
De quels transports, de quelle ardeur,
L'union du cœur de Marie
Avec celui du Dieu Sauveur !
Oh ! quelle intime ressemblance
De sentiments d'humilité,
De dévoûment, d'obéissance,
De douceur et de charité !

6. Quand Jésus, né dans l'indigence,
Baigne pour nous ses yeux de pleurs,
Marie avide de souffrance
Aime à s'unir à ses douleurs ;
Quand, chargé de nos injustices,
Il veut de son sang innocent
Pour nous répandre les prémices,
Le cœur de Marie y consent.

7. Quelle force aida son courage,
Lorsqu'elle osa suivre les pas
De Celui qu'une aveugle rage
Traînait au plus honteux trépas !
Voyez-le, ce cœur intrépide,
Par la même main déchiré
Qui retire un fer décidé
Du Cœur de son Fils expiré.

8. Bientôt à la terre enlevée
Par un effort de son amour,
L'humble Marie est élevée
Au haut de l'immortel séjour.
Hâtez-vous d'offrir à son trône,
Saints Anges, vos tributs, vos vœux ;
Chantez du Dieu qui la couronne
Les bienfaits, les dons glorieux.

9. Et nous, fils d'un père coupable,
Par le ciel condamnés aux pleurs,
Cherchons dans ce cœur secourable
Un abri contre nos malheurs.
Pécheurs, à cet aimable asile
Ne craignez pas de recourir ;
L'entrée en est sûre et facile
A la douleur, au repentir.

10. O Cœur de la plus tendre Mère !
Cœur plein de grâce et de bonté,
Vous sur qui, dans notre misère,
Notre espoir a toujours compté ;
Soyez, soyez notre refuge
Et notre espoir dans tous les temps,
Surtout auprès de notre Juge,
Dans le dernier de nos instants.

L. P. DE LATOUR.

## COEUR DE MARIE REFUGE DES PÉCHEURS.

(Archiconfrérie.)

Air : *Chère Sion.* (N° 154.)

1. O Cœur si bon de la plus tendre Mère !
Cœur tout d'amour pour les pauvres pécheurs,
Daigne t'ouvrir au cri de ma prière :
Je viens pour eux implorer tes faveurs.

*Refr.* Pardon, Vierge clémente !
Pitié, Mère indulgente !
Grâce pour eux, grâce, grâce pour tous !
Sauve tes fils du céleste courroux.

2. Ah ! c'est à toi que j'adresse mes larmes,
Lorsque je viens méditer leur malheur ;
Un doux espoir succède à mes alarmes,
Lorsque j'ai pu t'exprimer ma douleur.

3. Tu fus toujours l'asile des coupables ;
Ramène-les au sentier de la loi.
Revenir seuls, ils en sont incapables...
Viens à leur aide, ils sont perdus sans toi.

4. Vois comme ils sont le jouet de l'orage ;
Où courent-ils si loin, si loin du port ?
Tends-leur la main, et rends-les au rivage ;
Epargne-leur les horreurs de la mort.

5. Dieu va frapper : embrasse leur défense ;
Oh ! fais parler ton amour maternel ;
Près de son trône excuse leur offense...
Par un seul mot tu peux rouvrir le ciel.

6. A ta bonté plus ils sont insensibles,
Plus leurs péchés sont graves et nombreux,
Plus en leur cœur ils semblent inflexibles,
Oh ! plus tu dois intercéder pour eux.

7. Du Tout-Puissant désarme la colère,
Oh ! redis-lui ce qu'a fait son amour ;
Dis-lui qu'il est leur Créateur, leur Père,
Et que pour eux son Fils mourut un jour.

CUINET.

## AVE MARIA. (N° 525.)

(Pour une fin d'exercice.)

1. Je vous salue, auguste et divine Marie ;
De grâce vous êtes remplie
Et le Seigneur est avec vous ;
Vous êtes par-dessus toute femme bénie :
Que le bienheureux fruit, qui de vous prit la vie,
Soit à jamais béni de tous.

2. Sainte Vierge Marie, incomparable Mère
D'un Fils égal à Dieu son Père,
Priez pour nous, pauvres pécheurs ;
Priez dans tous les temps ; mais, quand l'heure dernière
Viendra clore ici-bas nos yeux à la lumière,
N'oubliez point vos serviteurs.

## TRADUCTION DE L'AVE MARIS STELLA. (N° 526.)

*Ave maris stella.*

1. Salut, blanche étoile des mers,
De ton Dieu Mère glorieuse,

Vierge sans tache, porte heureuse
Qui tient pour nous les cieux ouverts.

*Sumens illud ave.*

2. Toi qu'à la voix de Gabriel
Nous saluons pleine de grâce,
D'Eve répare la disgrâce,
Donne aux humains la paix du ciel.

*Solve vincla reis.*

3. Des pécheurs brise les liens ;
Rends aux aveugles la lumière ;
Fais que nos maux, à ta prière,
Soient remplacés par tous les biens.

*Monstra te esse matrem.*

4. Montre-toi mère : offre nos vœux
Au Dieu qui, pour sauver le monde,
A daigné, merveille profonde !
Naître ton Fils en ces bas lieux.

*Virgo singularis.*

5. Vierge, qu'en sagesse, en douceur
Nul saint, nul Chérubin n'égale,
Mets ta pureté virginale,
Mets ta bonté dans notre cœur.

*Vitam præsta puram.*

6. Rends nos jours féconds en vertus ;
Guide nos pas dans le voyage ;
Qu'avec toi notre doux partage
Soit à jamais de voir Jésus.

*Sit laus Deo Patri.*

7. Gloire à l'auguste Trinité !
Gloire au Père, au Fils adorable !
A l'Esprit-Saint honneur semblable !
Dans le temps, et l'éternité !

## ALMA REDEMPTORIS. (N° 133.)

1. Les cieux, la terre exaltent ta puissance
Et ta bonté, Mère du Rédempteur :

A ces concerts l'amour et l'espérance
Nous font mêler nos chants avec ardeur.

CHOEUR.

Sois notre force, ô Vierge incomparable !
Oui, nous voulons fuir le mal, aimer Dieu ;
Etends sur nous une main secourable
Qui nous soutienne en tout temps, en tout lieu.

2. Guidé par toi, l'on échappe au naufrage,
Astre des mers qui conduis au bonheur ;
Et c'est par toi qu'au terme du voyage,
Porte du ciel, on arrive au Seigneur.

3. Tu restas Vierge en devenant féconde,
Lorsqu'à la voix de l'Ange Gabriel,
Pour le bonheur et le salut du monde,
Tu te soumis aux grands desseins du ciel.

4. Nous t'implorons : ah ! montre-toi propice,
Tendre Marie, à de pauvres pécheurs ;
Daigne fléchir la divine justice
Et conserver la grâce dans nos cœurs.

P. L. A. FRAY.

## AVE REGINA COELORUM. (N<sup>os</sup> 327. 523.)

1. Souveraine des Anges,
Reine auguste du ciel,
Déposez nos louanges
Aux pieds de l'Eternel.
Sainte Réparatrice
Des malheurs de Sion,
Du Soleil de justice
Vous fûtes le rayon.

2. Sa lumière divine
Par vous nous apparut ;
Vous êtes la racine
De l'arbre du salut.

Vous brillez embellie
Par la puissante main
Du Dieu qui prit la vie
Dans votre chaste sein.

3. O Marie ! ô refuge
Des pécheurs repentants !
Auprès du juste Juge
Plaidez pour vos enfants.
Votre douce prière,
Comme un fleuve de paix,
Eteindra la colère
Qu'allument nos forfaits.

MARCELLUS.

## REGINA COELI. (N° 528.)

1. Qu'une vive allégresse,
Illustre Reine des cieux,
Succède à la tristesse,
Sèche les pleurs de vos yeux.
   *Refrain.*
Votre Fils, comblé de gloire,
A vaincu la mort, il vit.
Célébrons tous la victoire,
La gloire de Jésus-Christ.

2. L'objet de la tendresse,
De l'amour de votre cœur,
A rempli sa promesse
D'être du tombeau vainqueur.

4. Délaissé de son Père,
Il expire sur la croix.
Je vois trembler la terre,
Le tombeau s'ouvre à sa voix.

4. Obtenez-nous la grâce,
O Souveraine des cieux !
Qu'un jour ce Dieu nous pla-
Au séjour des bienheureux. [ce

## SUB TUUM. (N° 6.)

1. Puissante Protectrice
Des fragiles humains,
Vierge toujours propice,
Veillez sur nos destins.
Mille sujets d'alarmes
Sont semés sous nos pas :
Dans ce séjour de larmes,
Ne nous délaissez pas.

2. Satan, la chair, le monde,
Conspirent contre nous :
Que votre bras confonde
Tous leurs efforts jaloux.

Vous êtes notre Mère,
Secourez vos enfants ;
En vous leur cœur espère,
Rendez-les triomphants.

3. Partout à l'innocence
Des piéges sont tendus,
Prenez notre défense
Ou nous sommes perdus.
Ah ! sur notre faiblesse,
Daignez fixer vos yeux,
Et guidez-nous sans cesse
Pour nous conduire aux cieux.

## MEMORARE. (N° 529.)

CHOEUR. Souvenez-vous, ô tendre Mère !
Qu'on n'eut jamais recours à vous
Sans voir exaucer sa prière,
Et dans ce jour exaucez-nous.

1. Des siècles écoulés j'interroge l'histoire :
Pour dire ses bienfaits ils n'ont tous qu'une voix.

Verrais-je en un seul jour obscurcir tant de gloire?
L'invoquerais-je en vain pour la première fois?
  Souvenez-vous, etc.

2. Marie aux vœux de tous prêta toujours l'oreille :
Le juste est son enfant, il peut tout sur son cœur ;
Même auprès du pécheur jour et nuit elle veille,
Il est son fils aussi, l'enfant de sa douleur !...
  Souvenez-vous, etc.

3. Et moi, de mes péchés traînant la longue chaîne,
Vierge sainte, à vos pieds j'implore mon pardon ;
Me voici tout tremblant, et je n'ose qu'à peine
Lever les yeux sur vous, prononcer votre nom.
  Souvenez-vous, etc.

4. Mais quoi ! je sens mon cœur s'ouvrir à l'espérance,
Il retrouve la paix, il palpite d'amour ;
Je n'ai pas vainement imploré sa clémence,
La Mère de Jésus est ma Mère en ce jour.
  Souvenez-vous, etc.

5. Mes vœux sont exaucés, puisque j'aime ma Mère
Et que d'un feu si doux je me sens enflammé ;
Je dirai donc aussi que, malgré ma misère,
Son cœur m'a répondu quand je l'ai réclamé.
  Souvenez-vous, etc.

6. Je n'ai plus qu'un désir à former sur la terre :
O ma Mère ! mettez le comble à vos bienfaits ;
Que j'expire à vos pieds et dans ce sanctuaire,
Si je ne dois au ciel vous aimer à jamais.
  Souvenez-vous, etc.

L'abbé Lefèbvre.

## IMITATION DES LITANIES.

Air : *O prodige d'amour Ineffable...* (N° 98.)

1. Nous soupirons vers vous  
De cette humble vallée,  
O Vierge immaculée !  
Dont le nom est si doux.  
Sainte et pure Marie,  
Nous sommes à genoux :  
Priez, priez pour nous,  
Mère tendre et chérie,

2. Sanctuaire d'honneur,
Où l'âme est appelée
Et, bientôt consolée,
Trouve paix et bonheur ;
Arche de l'alliance,
Près d'un juge en courroux,
Priez, priez pour nous,
O vous, notre espérance !

3. O Mère ! dont le cœur
Nous plaint et nous pardonne,
Ineffable Patronne,
Refuge du pécheur,
Nos vœux et nos louanges
S'élèvent jusqu'à vous ;
Priez, priez pour nous,
Chaste Reine des Anges.

4. Ouvrez-nous vos trésors,
Mère et source efficace
De la divine grâce,
Soutenez nos efforts.
De l'enfer et du monde
Nous redoutons les coups ;
Priez, priez pour nous,
Vierge pure et féconde.

5. Etoile du matin,
Etoile salutaire,
Gardez-nous sur la terre
Jusqu'au séjour divin.
Notre foi s'abandonne
A votre amour pour nous ;
Sauvez, sauvez-nous tous,
Reine puissante et bonne.

*P.* 213

## MOIS DE MARIE. (N° 350.)

1. Salut, ô beau mois de Marie !
Beau mois que j'ai tant souhaité,
Mois que toute l'année envie,
Augure de félicité.
Ton doux soleil commence à luire,
Son éclat réjouit mes yeux ;
En lui je crois voir le sourire
De l'aimable Reine des cieux.

2. Au bosquet tu rends son feuillage,
Au champ de nouvelles couleurs,
A l'oiseau son joli ramage,
Au verger ses bouquets de fleurs ;
A l'agneau tu rends la prairie,
Des jours sereins au doux printemps :
Pour chanter une hymne à Marie,
Prête-nous aussi des accents.

3. Berceau, pavillon de verdure,
Tendre zéphir, brise des mers,
Echos des monts, léger murmure,
Senteurs, qui parfumez les airs,

Lis des vallons, mousse fleurie,
Bourgeons naissants, arbres touffus,
Bénissez le nom de Marie,
Avec le saint nom de Jésus.

4. Quand l'aube blanchit la colline,
Petits oiseaux, que chantez-vous?
Sur ces verts buissons d'aubépine,
Qui vous dicta des chants si doux?
Réservez votre mélodie,
Pour dire aux bois comme aux déserts
Les charmes du nom de Marie :
Consacrez-lui vos plus beaux airs.

5. Séraphins, qui gardez son trône,
Zélés ministres de sa cour,
Anges, qui formez sa couronne,
Esprits, brûlants de son amour,
Déroulez des flots d'harmonie,
Redoublez vos heureux transports ;
Esprits de feu, chantez Marie :
J'unis ma voix à vos accords.

6. O vous ! que la douleur accable,
Séchez vos pleurs et levez-vous ;
Allons à cette Vierge aimable,
A son autel accourons tous.
Et, pour l'orner d'humbles guirlandes,
Tressons des rameaux et des fleurs ;
Joignons la prière aux offrandes,
Surtout laissons parler nos cœurs.

7. Oh ! ne trompez pas mon attente,
Marie, espoir de l'univers,
Vous qu'avec tant d'amour je chante,
Vous que j'exalte en mes concerts.
Venez soulager ma misère,
Parer mon cœur de vos vertus ;
Un seul mot de vous, ô ma Mère !
Obtiendra tout, tout de Jésus.

## MÊME SUJET.

C.   Air : *D'une Mère chérie.* (N° 523.)

CHOEUR.

C'est le mois de Marie,
C'est le mois le plus beau :
A la Vierge chérie
Disons un chant nouveau.

1. Ornons le sanctuaire
De nos plus belles fleurs ;
Offrons à notre Mère
Et nos chants et nos cœurs.

2. De la saison nouvelle
On vante les bienfaits ;
Marie est bien plus belle,
Plus doux sont ses attraits.

3. L'étoile éblouissante,
Qui jette au loin ses feux,
Est bien moins éclatante,
Son aspect moins pompeux.

4. Qu'une brillante aurore
Vienne enchanter nos yeux,
Marie efface encore
Cet ornement des cieux.

5. Au vallon solitaire,
Le lis, par sa blancheur,
De cette Vierge-Mère
Retrace la candeur.

6. Aimable violette,
Ta modeste beauté
Est l'image imparfaite
De son humilité.

7. La rose épanouie,
Aux premiers feux du jour,
Nous peint bien de Marie
L'inépuisable amour.

8. Viens, ô Vierge ! toi-même,
Viens semer dans nos cœurs
Les vertus, dont l'emblème
Se découvre en ces fleurs.

9. Défends notre jeunesse
Des plaisirs séduisants ;
Montre-nous ta tendresse
Jusqu'à nos derniers ans.

10. Fais que, dans la patrie,
Nous chantions à jamais,
O divine Marie !
Ton nom et tes bienfaits.

## MÊME SUJET. (N° 531.)

1. Chrétiens, de la Mère de Dieu
Chantons, célébrons les louanges ;
Et, prosternés dans ce saint lieu,
Saluons la Reine des Anges.

CHOEUR.

Vierge sainte, acceptez ces fleurs,
Et ces guirlandes et nos cœurs.

2. Le mois des fleurs est de retour;
Rendez nos cœurs purs, ô Marie!
Comme l'azur du plus beau jour,
Et les parfums de la prairie.

3. Salut, étoile du matin,
Porte du ciel, rose mystique!
Salut, ô vous! que du marin
Invoque le pieux cantique!

4. Oui, le Seigneur est avec vous,
O Vierge! à la grâce divine:
Priez pour nous, priez pour nous;
Que devant vous tout front s'incline.

5. Ne verrons-nous jamais le ciel,
Pauvres exilés, enfants d'Eve?
Que votre voix vers l'Eternel,
Ainsi qu'un pur encens, s'élève.

6. O Vierge-mère! ouvrez les bras
A vos enfants dans leurs alarmes;
Veillez sur eux, guidez leurs pas
Au sein de ce vallon de larmes.

7. L'auréole du Séraphin
Moins que la vôtre est radieuse;
Puissions-nous vous bénir sans fin
Dans l'éternité glorieuse!

### MÊME SUJET.

Air: *O toi céleste intelligence.* (N° 65.)

1. Beau mois de mai, mois de Marie,
Prête-moi, prête-moi tes fleurs;
Je veux orner de leurs couleurs
L'autel d'une Mère chérie.

Refr. Entends nos voix, Reine des cieux,
Daigne sur nous jeter les yeux.

2. Je veux d'une fraîche guirlande,
Faible emblème de mon amour,
Je veux le parer chaque jour....
De mon cœur j'y joindrai l'offrande.

3. Non, non : des fleurs la douce essence
Seule ne peut plaire à son cœur ;
Du lis elle aime la blancheur,
Mais c'est du lis de l'innocence.

4. Oui, chaque fleur, dans son langage,
Forme mon âme à la vertu :
Le roseau, par le vent battu,
Me dit : Enfant, ah ! crains l'orage.

5. Semblable à ce bouton si tendre,
Qui s'ouvre à peine aux feux du jour,
Mon cœur, pour garder ton amour,
Des faux plaisirs doit se défendre.

6. Ainsi que la rose parfume
Ton sanctuaire et ton autel,
J'irai sur ton sein maternel
Verser l'amour qui me consume.

7. L'humble et timide violette
Me dit encor, sous le gazon,
De fuir le monde et son poison,
De me cacher dans la retraite.

8. Comme, pour s'élever de terre,
Le lierre entoure de cent nœuds
Le tronc d'un chêne vigoureux,
Sur toi je m'appuie, ô ma Mère !

9. Sois comme moi, dit l'immortelle,
Je nais pour ne plus me flétrir.
Oui, plutôt mille fois mourir,
Si je devais être infidèle !

## MÊME SUJET.

Air : *O mon Sauveur.* (N° 199.)

C.   1. O mois heureux !
Que notre âme attendrie
Depuis longtemps appelait de ses vœux !
O mois des fleurs ! sois le mois de Marie :
Brille pour nous, brille des plus doux feux,
  O mois heureux !

2. Coulez, beaux jours,
Jours chers à l'innocence,
Jours où nos cœurs à Marie ont recours ;
Jours qu'a choisis notre reconnaissance,
Jours dont Marie embellira le cours,
Coulez, beaux jours.

3. Offrons des fleurs
A notre tendre Mère,
Consacrons-lui ces présents de nos cœurs :
Le lis si pur, la rose printanière,
La violette aux modestes couleurs ;
Offrons des fleurs.

4. Petits oiseaux,
Que le printemps ramène,
Célébrez tous par des concerts nouveaux
De l'univers l'aimable Souveraine,
Et choisissez de vos chants les plus beaux,
Petits oiseaux.

5. Tendres agneaux,
Sous ce soleil prospère,
Suivons Marie aux bords des clairs ruisseaux...
Sous ta houlette, ô divine bergère !
Daigne abriter le plus cher des troupeaux,
Tendres agneaux.

6. Mois gracieux,
Sois pour nous sans nuage ;
Que ton azur longtemps charme nos yeux.
De notre Reine, ah ! sois pour nous l'image,
Et resplendis de tout l'éclat des cieux,
Mois gracieux.

MÊME SUJET. (N°ˢ 322. 107.)

C. 1. Dans ce beau mois, lorsqu'au nom de Marie,
Un doux soleil sourit aux jeunes fleurs,
Mère si tendre et toujours plus chérie,
Souris toi-même au désir de nos cœurs.

CHOEUR.

Vierge si chère
Aux premiers ans,

Sois notre Mère
Et bénis tes enfants.

2. Voués à toi dès notre plus bel âge,
S'il faut connaître un monde criminel,
Près de Jésus, en dépit de l'orage,
Nous dormirons sur ton sein maternel.

3. Le noir dragon, qui rôde avec furie,
Veut nous ravir ce cœur, notre seul bien ;
Mais c'est en vain : ce cœur est à Marie,
L'enfer pour lui ne trouvera plus rien.

4. D'un Dieu clément la tendresse éternelle
Nous donne au ciel sa Mère pour appui ;
Heureux enfants, en travaillant pour elle,
Nous sommes sûrs de travailler pour lui.

5. Ta volonté par nous sera suivie,
Oui ! nous t'aimons et nous venons t'offrir
Tout notre cœur, nos désirs, notre vie,
Et notre mort... puisqu'il faudra mourir.

## MÊME SUJET.

Air : *Chrétiens de la Mère de Dieu.* (N° 331.)

1. De Mai le soleil radieux
Rend à la terre sa parure ;
L'oiseau reprend ses chants joyeux,
L'air ses parfums, l'eau son murmure.

*Refr.* Marie, accueillez en ce jour,
Et notre encens et notre amour.

2. Marie, à vous ce mois de fleurs !
A vous sa brise parfumée,
A vous ces chants, à vous nos cœurs,
Marie, ô Vierge bien-aimée !

3. L'humble chapelle du hameau,
La vaste nef des basiliques,
Se parent d'un éclat nouveau
Pour vous redire nos cantiques.

4. Oh! sans amour entendrez-vous
Ces soupirs, ces vœux, ces louanges,
Qui, chaque soir d'un mois si doux,
Montent vers vous, Reine des Anges?

5. Que de cœurs, en ces jours bénis,
De vous attendent, bonne Mère,
Regard de paix, clément souris,
Tendre pitié pour leur misère!...

6. Aux matelots, Astre des mers,
Montrez le tranquille mouillage;
Au voyageur, dans les déserts,
Donnez l'abri d'un sûr ombrage;

7. Du captif, qui gémit en vain,
Eclairez la sombre demeure;
Veillez sur le jeune orphelin,
Qui demande une mère, et pleure;

8. De la vierge au front calme et pur
Protégez l'heureuse innocence,
Et faites luire un ciel d'azur
Au cœur flétri par la souffrance.

### MÊME SUJET. (Nos 532, 112.)

1. La jeune fleur, flétrie
Par un souffle glaçant,
Redemande la vie
Au soleil bienfaisant.

*Refrain.*

Ainsi vers vous, ma Mère,
Quand Mai nous rend ses fleurs
Monte notre prière,
Doux parfum de nos cœurs.

2. Du lis, qui vient d'éclore,
L'abeille avec amour
Réclame, dès l'aurore,
Son miel de chaque jour.
Ainsi vers vous, etc.

3. Sur sa brûlante plage,
L'habitant du désert
Aspire au frais ombrage
Du palmier toujours vert.
Ainsi vers vous, etc.

4. Quand la mer en colère
Amoncelle ses flots,
Que vive est la prière
Des pauvres matelots!
Ainsi vers vous, etc.

5. Bien loin de sa demeure,
Perdu dans son chemin,
L'enfant gémit et pleure
Et se croit orphelin.
Ainsi vers vous, etc.

6. Rose mystérieuse,
Vierge au regard si doux,
Etoile radieuse,
Nous espérons en vous.

Oh! vers vous, bonne Mère,
Quand Mai nous rend ses fleurs
Monte notre prière,
Doux parfum de nos cœurs.

LOUANGES ET PRIÈRES A MARIE. (N° 291.)

1. Reine du ciel, ô divine Marie!
Qu'il nous est doux de chanter vos faveurs!
Heureux celui qui consacre sa vie
A vous bénir, à vous gagner des cœurs!

2. Que de bienfaits, que de grâces touchantes
Vous répandez sur vos enfants chéris!
Tous sont aimés : les âmes repentantes
Vous les traitez comme de vrais amis.

3. Juste, bénis ta bienfaisante Mère,
Qui t'embellit de toutes les vertus,
Qui t'inspira le désir de lui plair
Et te guida dans l'amour de Jésu

4. Oui, tu dois tout à cet amour si tendre,
Qui garantit et sauva ton berceau,
Et qui daigna, chaque jour, te défendre
Contre l'enfer, par un bienfait nouveau.

5. Et toi, pécheur, trop coupable victime,
Hélas! plongé dans mille égaremens,
Qui te retint sur le bord de l'abîme,
Qui différa du ciel les châtiments?

6. Ingrat, peux-tu longtemps la méconnaître,
La main d'où part un bienfait si doux?
Marie a su de ton souverain Maître,
Jusqu'à ce jour, suspendre le courroux.

7. Ah! vois pour toi ses yeux baignés de larmes
Et de son sein compte chaque soupir;
Sa voix touchante et si pleine de charmes
De ton bonheur exprime le désir.

8. Vole en ses bras, elle est encor ta Mère;
Prête l'oreille à ses tristes accents;

« Fils bien-aimé, par un retour sincère
« Viens de mon cœur combler les vœux ardents.

9. « Tu m'as coûté tout le sang de mes veines,
« Quand sur la Croix expira ton Sauveur ;
« J'ai tant souffert !.. ah ! pour prix de mes peines,
« Accorde-moi l'empire de ton cœur. »

10. Tendre Marie, à cette âme rebelle
Quand vous marquez une telle bonté,
Pourrai-je encor demeurer infidèle,
Ah ! je reviens au Dieu que j'ai quitté.

11. Il en est temps, aimable Protectrice,
Ouvrez pour moi ce cœur si plein d'amour ;
De votre Fils désarmez la justice,
Je me consacre à Jésus sans retour.

#### MÊME SUJET.

Air : *Triomphez Reine des cieux.* (N°° 401. 159.)

1. De quel éclat ravissant,
Marie, ô prodige de grâce !
De quel éclat ravissant
Vous brillez, près du Tout-Puissant ! *Fin.*
 Rien ne vous efface,
 Rien ne vous surpasse,
 Rien ne vous efface,
 Sur la terre, au ciel :
Au-dessus de votre place
Je ne vois que l'Eternel.
De quel éclat, etc.

2. Digne objet de ses desseins,
Dans l'éternité toute entière,
Digne objet de ses desseins,
Son cœur préparait vos destins.
 Les cieux, la lumière,
 L'univers, la terre,
 Les cieux, la lumière,
 Rien n'était fermé,

Qu'il vous choisit pour la Mère
De son Verbe bien-aimé.
Digne objet, etc.

3. Des rois furent vos aïeux ;
D'avance on vous prédit, ô Reine !
Des rois furent vos aïeux :
Sur vous l'univers eut les yeux.
  Qu'est la gloire humaine?
  Qu'elle est faible et vaine !
  Qu'est la gloire humaine
  Près de vos grandeurs?
D'un Dieu la main souveraine
Vous orna de ses splendeurs.
Des rois, etc.

4. Paraissez, astre charmant !
Perle trop longtemps attendue !
Paraissez, astre charmant !
Du Seigneur chef-d'œuvre étonnant !
  Sans péché conçue !
  O Vierge ingénue !
  Sans péché conçue !
  Lis immaculé !
Rose du ciel descendue !
Ruisseau pur, jamais troublé !
Paraissez, etc.

5. Un Ange apporte des cieux
Le nom chéri qui vous décore (1),
Un Ange apporte des cieux
Ce nom si saint, si glorieux.
  Tout le ciel l'honore,
  L'univers l'implore,
  Tout le ciel l'honore,
  L'aime et le bénit :
L'enfer le craint et l'abhorre,
A ce nom seul il frémit.
Un Ange, etc.

6. Vous êtes, sublime honneur !
Du Très-Haut Fille, Epouse et Mère ;

---

(1) Voir saint Jérôme saint Epiphane. saint Antonin.

Vous êtes, sublime honneur !
Vierge et Mère d'un Dieu Sauveur.
  Par vous il opère
  Un touchant mystère,
  Par vous il opère
  Le salut de tous ;
Par vous il vient sur la **terre**,
Il se communique à nous,
Vous êtes, etc.

7. Enfin, vous régnez au ciel,
Vous y triomphez d'âge en âge ;
Enfin vous régnez au ciel,
Avec le Fils de l'Eternel.
  Votre cœur partage
  Son saint héritage,
  Votre cœur partage
  Son trône au saint lieu ;
Tout le ciel vous rend hommage,
Vous ne le rendez qu'à Dieu.
Enfin, vous régnez, etc.

8. Quel mortel ne sentirait
Pour vous, Vierge au divin sourire,
Quel mortel ne sentirait
Profond respect et doux attrait ?
  Le céleste empire,
  Ravi, vous admire,
  Le céleste empire
  Vous offre ses vœux :
Qu'ici tout ce qui respire
Vous aime, ô Reine des cieux !
Quel mortel, etc.

### MÊME SUJET.

Air : *Chère Sion.* (N° 154.)

1. Tout par Marie ! elle est d'un Dieu la Mère :
Tout par Marie ! oui, c'est le cri du cœur.
Tout par Marie ! à ce mot la prière
Devient puissante et pleine de douceur.

Cette Mère chérie,
De la sainte patrie
Sourit d'amour à ce chant de bonheur.
Tout par Marie! oui, c'est le cri du cœur.

2. Tout par Marie! au ciel et sur la terre;
J'entends ce chant parmi les immortels.
Que tout esprit l'honore et le révère :
C'est le refrain des concerts éternels.
Célestes chœurs des Anges,
Souffrez qu'à vos louanges
Nous unissions nos voix et notre ardeur.
Tout par Marie! oui, c'est le cri du cœur.

3. Tout par Marie! ô chrétien! c'est ta Mère;
Ce nom chéri rendra ton bras puissant;
Tout par Marie! et toi, pécheur, espère,
Tu peux aussi devenir son enfant.
Tous les jours de la vie,
Disons : Tout par Marie!
Ces doux accents raniment la ferveur.
Tout par Marie! oui, c'est le cri du cœur.

## MÊME SUJET. (N° 334.)

1. Sainte Marie,
Mère chérie,
Du haut des cieux,
Entends nos vœux.
J'ai confiance
En ta puissance;
Sois mon secours
Toujours, toujours.

2. Toi que j'implore,
Et dont j'honore
Le cœur si pur,
Asile sûr,
Où vit heureuse
L'âme pieuse,
Sois mon secours
Toujours, toujours.

3. Toi qu'environne
Une couronne
De pureté
Et de bonté,
Sur cette terre,
En toi j'espère;
Sois mon secours
Toujours, toujours.

4. Douce Patronne,
Je m'abandonne
A ton appui :
Ah! dans l'ennui,
C'est ta parole
Qui me console;
Sois mon secours
Toujours, toujours.

5. En ce bas monde
Le vice abonde,
Et, jour et nuit,
Il nous poursuit.
Ah! Vierge pure,
Je t'en conjure,
Sois mon secours
Toujours, toujours.

6. Que rien, ô Mère!
En moi n'altère
La paix du cœur,
Ce bien meilleur
Que la science
Et l'opulence :
Sois mon secours
Toujours, toujours.

7. Vierge, appelée
Immaculée,
Conserve en moi
L'amour, la foi,
Et l'espérance,
Et l'innocence :
Sois mon secours
Toujours, toujours.

8. Je te réclame,
Sauve mon âme
De tout péril
En cet exil.
A toi, Marie,
Je me confie;
Sois mon secours,
Toujours, toujours.

P. L. A. Fray.

## C. MÊME SUJET. (N° 535.)

1. Vierge tutélaire,
Que le ciel révère,
O divine Mère
De mon Rédempteur!

*Refrain.*

Daigne de la terre,
Séjour de misère,
Porter ma prière
Aux pieds du Seigneur.

2. Toujours secourable,
O Mère ineffable!
D'un œil favorable
Reçois le pécheur.

3. Oh! de ta clémence
Couvre mon enfance ;
Rends-moi l'espérance
Et la paix du cœur.

4. Après cette vie,
Que, dans la patrie,
Je puisse, ô Marie!
Bénir mon Sauveur.

Hon. Greppo.

## MÊME SUJET. (N° 536.)

CHOEUR.

Vierge Marie,
**Daigne sourire à tes enfants ;**

Mère chérie,
Reçois leurs chants.
Ah! nous te consacrons les jours de notre vie,
Daigne en bénir tous les instants;
Et d'âge en âge
Nous t'offrirons, reconnaissants,
Nouvel hommage,
Nouveaux serments.

1. Sainte Maîtresse,
Auguste Reine de mon cœur,
T'aimer sans cesse,
Quelle douceur!
Tu souris à mes vœux : ce signe de tendresse
Bannit la crainte et la douleur;
Il est le gage
De ton amour pour un pécheur,
Et le présage
De son bonheur.

2. Vierge bénie,
Toi que mon cœur aima toujours,
Viens, je t'en prie,
A mon secours.
C'est toi qui protégeas l'aurore de ma vie,
Je t'en dois les plus heureux jours;
De mon jeune âge
Conserve en moi les sentiments :
C'est le partage
De tes enfants.

2. En vain le monde
Prétend m'engager sous sa loi;
En vain il gronde,
Je suis à toi.
Oui, c'est sur ton appui que mon espoir se fonde;
O tendre Mère! soutiens-moi :
Toujours fidèle,
A toi seule mon cœur sera
Et sous ton aile
Reposera.

5. Sur cette terre
Je veux publier à jamais,

Ma douce Mère,
Tous tes bienfaits ;
Je veux t'appartenir, et t'aimer et te plaire.
Daigne m'accorder, en retour,
Que je demeure
Ton enfant jusqu'au dernier jour,
Et que je meure
Dans ton amour.

MÊME SUJET. (Nos 170. 422.)

1. Viens, viens à moi, m'a dit souvent le monde,
Je donne à tous bonheur, plaisir sans fiel ;
Mais une Vierge au front pur comme l'onde,
M'a dit tout bas : Suis-moi, je mène au ciel.

2. Et moi j'ai dit : Je veux suivre Marie,
Le monde ment, son bonheur est trop vain :
Mais toi, Marie, au séjour de la vie
Tu nous conduis par le plus doux chemin.

3. Bonne Marie, invoque Dieu sans cesse,
Demande-lui que je sois doux de cœur,
Humble d'esprit, soumis dans la tristesse,
Mais surtout pur, pur comme un lis en fleur.

4. Tu sais, hélas ! cette terre est affreuse,
C'est un exil, un noir vallon de pleurs !
Sois près de moi, Rose mystérieuse,
Et ton parfum calmera mes douleurs.

5. Tu sais, le monde est une mer cruelle
Où trop souvent l'on rencontre la mort :
Brillante étoile, ah ! guide ma nacelle,
Et sans danger je gagnerai le port.

*Refrain à volonté.*

Vierge au divin sourire,
Reçois nos vœux :
Sous ton aimable empire
Qu'on est heureux !

MÊME SUJET. (N° 337.)

1. Trop heureux enfants de Marie,
Venez entourer ses autels ;
Venez d'une Mère chérie
Chanter les bienfaits immortels.
Et vous, célestes chœurs des Anges,
Prêtez-nous vos divins accords :
Que tout célèbre ses louanges,
Que tout seconde nos transports.

2. Vierge, le plus parfait ouvrage
Sorti des mains du Créateur,
Beauté pure, heureux assemblage
Et d'innocence et de grandeur ;
Quel éclat pompeux t'environne
Au brillant séjour des élus !
Le Très-Haut lui-même y couronne
En toi la Reine des vertus.

3. Astre propice, aimable aurore
Qui nous annonças le Sauveur,
Au faible mortel qui t'implore
Accorde un regard protecteur ;
Loin de toi, loin de ma patrie
Je me consume en vains désirs :
O ma Mère ! ô tendre Marie !
Entends la voix de mes soupirs.

4. Contre la timide innocence
L'enfer, le monde conjurés,
Veulent ravir à ta puissance
Les cœurs qui te sont consacrés.
Toujours menacé du naufrage,
Toujours rejeté loin du port,
Jouet des vents et de l'orage,
Quel sera donc enfin mon sort ?

5. Mais déjà le sombre nuage
S'éloigne : je le vois pâlir ;
Je sens renaître mon courage...
Non, non, je ne saurais périr.

Du sein de la gloire éternelle,
Ma Mère anime mon ardeur,
Si mon cœur lui reste fidèle,
Par elle je serai vainqueur.

6. Doux appui de notre espérance,
O Mère de grâce et d'amour !
Heureux qui, dès sa tendre enfance,
A toi s'est voué sans retour !
Ta main daigne essuyer ses larmes ;
Tu le soutiens dans ses combats ;
Il voit le terme sans alarmes,
Et s'endort en paix dans tes bras.

## MÊME SUJET. (N° 338.)

Toujours, toujours ton cœur, ô douce Mère !
Brûla pour moi des plus vives ardeurs ;
Toujours, toujours sensible à ma prière,
Du Tout-Puissant tu m'obtins les faveurs.
Tant de bienfaits, je veux les reconnaître ;
A te servir je consacre mes jours ;
Reine du Ciel, après le divin Maître :
Oui, dans mon cœur tu règneras toujours.

2. Toujours, toujours, de cette triste vie,
Que le chrétien doit passer dans les pleurs,
Toujours, toujours ton souvenir, Marie,
Vient adoucir les maux et les douleurs.
L'enfant pieux, qu'embellit l'innocence,
N'a rien à craindre à toi s'il a recours ;
Et le pécheur, qu'anime l'espérance,
Avec succès t'invoquera toujours.

3. Toujours, toujours, Mère compatissante,
Du haut des cieux veille sur ton enfant ;
Toujours, toujours mon âme chancelante,
Craint de céder aux efforts de Satan.
Les dons du ciel, les trésors qu'il possède,
Mon cœur les doit à ton puissant secours,
Ah ! chasse loin l'ennemi qui m'obsède,
Rends-moi vainqueur pour te bénir toujours.

4\. Toujours, toujours, de la Reine des Anges
O cœur aimable et riche en pureté !
Toujours, toujours mes plus pures louanges
Exalteront tes bienfaits, ta bonté.
Oh ! de mes chants daigne accepter l'hommage,
Et de mon cœur sois les saintes amours ;
Qu'un jour au Ciel mon bienheureux partage
Soit de te voir et de t'aimer toujours.

### MÊME SUJET. (Nos 339. 386. 413.)

1\. Sion, de ta mélodie,
Cesse les divins accords ;
Laisse-nous près de Marie
Faire éclater nos transports.
La Reine que tout révère,
Le digne objet de tes chants,
Apprends qu'elle est notre Mère
Et fais place à ses enfants.

2\. Mais comment de cette enceinte
Percer les voûtes des cieux ?
Descends plutôt, Vierge sainte,
Et viens régner en ces lieux.
Viens d'un exil trop sévère
Adoucir les longs tourments :
Ta présence, auguste Mère,
Sera chère à tes enfants.

3\. Pour toi nous sentons nos âmes
Brûler, en ce divin jour,
Des plus innocentes flammes,
Du plus généreux amour.
Ah ! puissions-nous te plaire
Consacrer tous nos instants,
Et prouver à notre Mère
Que nous sommes ses enfants !

4\. Sur tes autels, ô Marie !
Tous, d'une commune voix,
Nous jurons, toute la vie,
D'être soumis à tes lois.
De notre hommage sincère
Puissent ces faibles garants
Flatter notre tendre Mère !
C'est le vœu de ses enfants.

### MÊME SUJET. (N° 540.)

#### CHOEUR.

1\. Reine des cieux, de notre tendre hommage
Nous vous offrons le faible encens :
Que votre nom soit chanté d'âge en âge,
Qu'il soit toujours l'objet de nos accents. *Fin.*
Les cieux l'admirent en silence,
Comment oser célébrer ses grandeurs ?
Mais oublions notre impuissance,
Ne consultons que notre cœur. *Chœur.*

2. De l'homme, hélas! le crime est le partage;
Il naît coupable et corrompu :
Dieu la sauva de ce triste naufrage,
Rien n'altéra l'éclat de sa vertu.
 Ainsi du lis dans nos prairies
Rien ne ternit la brillante couleur;
 Entouré de tiges flétries,
 Il ne perd rien de sa blancheur. *Chœur.*

3. L'appât trompeur et séduisant des vices
Ne corrompit jamais son cœur ;
Plaire à Dieu fit ses plus chères délices,
Vivre pour lui fit toujours son bonheur.
 Bientôt son aimable innocence
Et ses vertus vont recevoir leur prix :
 Le jour paraît, l'instant s'avance...
 Le Fils de Dieu devient son Fils. *Chœur.*

4. Mère de Dieu! que ce titre sublime
 Coûte à son cœur! qu'il va souffrir!
De nos péchés le Fils est la victime...
Amour, amour, y peux-tu consentir?
 Quel sacrifice pour la Mère!
L'amour le veut, et l'amour le défend...
 Sa tendresse enfin nous préfère :
 Son cœur gémit ;.. mais il consent. *Chœur.*

5. O Vierge sainte! auguste protectrice,
 Que votre amour veille sur nous;
D'un Dieu sévère apaisez la justice,
Et suspendez l'effet de son courroux.
 Insensible à notre détresse,
Si des mortels vous dédaignez les vœux,
 Rappelez à votre tendresse
 Que votre Fils mourut pour eux. *Chœur.*

6. Soutenez-nous au milieu des alarmes,
 Secourez-nous dans nos malheurs.
Vous plairez-vous à voir couler nos larmes?
Vous êtes Mère, et nous versons des pleurs!
 Ah! songez que notre misère
Devient pour vous la source des grandeurs :
 Dieu vous eût-il prise pour Mère,
 Si nous n'eussions été pécheurs? *Chœur.*

MÊME SUJET. Indulg. (N°ˢ 109. 346.)

1. Quand je me dis, ô ma bonne Marie !
Quand je me dis que je suis ton enfant,
A ce penser, ô ma Mère chérie !
Je vois s'enfuir tous mes maux à l'instant.

Vierge du Ciel, oui, tu me sers de mère,
Toi qui donnas à mon Sauveur le jour :
Que puis-je encor redouter sur la terre,
Si tu veux bien m'accorder ton amour?

3. Ton amitié pourrait m'être ravie,
Et cette crainte a consterné mon cœur ;
Mais, si je t'aime, à la mort, à la vie,
Tous mes instants seront pleins de bonheur.

4. Sans ton parfum, ô rose délectable !
Tous mes plaisirs ne sont que des douleurs ;
Mais avec toi, la peine est agréable,
Mais avec toi la mort a des douceurs.

5. T'ayant pour guide, on est en assurance
De n'errer point dans le sentier des cieux ;
Si l'on te sert, rempli de confiance,
On peut s'attendre à des biens précieux.

6. O bienheureux, celui qui te réclame,
Et chaque jour augmente ses soupirs !
O fortuné le cœur, brûlant de flamme,
Qui vers toi seule exhale ses désirs !

7. Accorde-moi pour toujours, ô ma Reine !
Ton bel amour qui, me menant au Ciel,
M'y fera voir ta beauté souveraine
Brillant sans voile au séjour éternel.

*Trad. de M. Majello.*

*Refrain à volonté.*

Divine Marie,
   J'ai l'espoir,
  Au Ciel ma patrie,
   De te voir.

MÊME SUJET.

Ail : *O toi céleste intelligence.* (N° 65.)

1. Vierge Marie, aimable Reine,
Dont le front pur et radieux
Réjouit la terre et les cieux,
Vers ton autel l'amour m'entraîne.

*Refr.* Oh ! que mon cœur vole vers toi,
Mère de Dieu, protége-moi.

2. Tout n'est qu'embûche sur la terre;
Du ciel les sentiers sont glissants :
Affermis mes pas chancelants,
Prête-moi ton bras tutélaire.

3. Tu t'en souviens, Vierge fidèle,
Sur la Croix ton Fils, en mourant,
A toi me donna pour enfant :
Garde-moi toujours sous ton aile.

4. A tes pieds, ô Vierge propice !
Je suis sans crainte et sans frayeur ;
Je sens ranimer ma ferveur,
Tu rends léger tout sacrifice.

5. Quand s'achèvera ma carrière,
Entre tes bras je veux mourir :
Recueille mon dernier soupir,
Que ta main ferme ma paupière.

6. Alors tu m'enverras tes Anges
Qui m'emporteront dans les cieux ;
J'irai parmi les bienheureux,
Chanter avec eux tes louanges.

**C.** MÊME SUJET.

Air : *Peuple infidèle.* (N°ˢ 541. 40.)

1. Tendre Marie, Mère chérie,
Souveraine des cieux, Patronne de ces lieux;

Veille sur notre enfance,
Sauve notre innocence,
Et de nos jours
Viens embellir le cours.

2. Vierge bénie,
Qui peux nous rendre heureux,
De Dieu choisie
Pour combler tous nos vœux ;
Tu vois notre misère ;
Montre-toi notre Mère,
Répands sur nous
Les bienfaits les plus doux.

3. L'enfer s'élance
Et veut, dans sa fureur,
De notre enfance
Déjà ternir la fleur.
Mais, toujours invincible,
Dans ce combat terrible,
Par ton saint nom
Je vaincrai le démon.

4. Dès le bas âge,
On doit être à Jésus ;
Fais qu'en partage
Nous ayons ses vertus.
Viens embraser nos âmes
De tes célestes flammes,
Et de ton cœur
Prête-nous la ferveur.

5. O bienfaitrice
De nos plus jeunes ans !
O protectrice
De nos derniers moments !
O douce, ô tendre Mère !
Trop heureux de te plaire,
Tout notre amour
Est à toi sans retour.

## MÊME SUJET. (N°ˢ 64. 332.)

1. Salut ! douce Marie,
Mon trésor et ma paix ;
Salut ! Mère chérie,
Toi que j'aime à jamais.
Dès ma plus tendre enfance,
Je te donnai mon cœur ;
Et toi, pour récompense,
Tu m'obtiens le bonheur.

2. O Reine toute belle !
Ton doux ressouvenir
Me fait, quand je l'appelle,
Palpiter de plaisir.
Mon âme en est ravie,
Mon cœur est plein d'émoi :
Oh ! quel bonheur, Marie,
Lorsque l'on pense à toi !

3. Quand la noire tristesse
Vient assombrir mon front,
Sur l'heure je m'empresse
De murmurer ton nom :
Ton nom, ô douce Reine !
Tel qu'un charme vainqueur,
Seul il endort ma peine
Et me rend au bonheur.

4. Sur la mer de ce monde,
Où je vogue incertain,
Tout mon espoir se fonde
En ton pouvoir divin.
Oh ! sois ma bonne étoile,
Prends pitié de mon sort,
Et fais qu'à pleine voile
J'entre enfin dans le port.

5. Sous ton aile chérie,
Je veux, Mère d'amour,
Je veux passer ma vie
Jusqu'à mon dernier jour.

Ferme alors ma paupière
De ton doigt maternel,
Pour la rouvrir, ma Mère,
Pour la rouvrir au ciel.

6. Serre, oh! serre la chaîne
Qui captive mon cœur;
Dans les fers de ma Reine
Je trouve le bonheur.
Ton captif, ô Marie!
Je ne m'appartiens plus :
Donne-moi, je t'en prie,
En garde à ton Jésus.

MÊME SUJET. Indulg. (Nos 342. 168.)

1. Mon amour et mon espérance,
O Marie! ô ma douce paix!
O toi! dont l'aimable présence
Dore les jours que Dieu m'a faits;
Quand vers toi monte ma pensée,
Mon âme se fond de bonheur,
En moi tant de joie est versée!
 A toi mon cœur.

2. Si dans moi s'élève un orage,
Si mon sein est gros de soupirs,
Ton nom dissipe ce nuage,
Comme l'haleine des zéphirs.
Le flot mugit, l'air étincelle;
Blanche étoile, au rayon vainqueur,
Au port dirige ma nacelle :
 A toi mon cœur.

3. Sous ton manteau, Reine chérie,
Ah! laisse-moi vivre d'amour;
Je désire y passer ma vie,
Et j'espère y mourir un jour.
Quand sonnera ma dernière heure,
Si j'ai conservé mon ardeur,
J'aurai la céleste demeure :
 A toi mon cœur.

4. Tends sur moi ta chaîne si belle,
De mon cœur serre le lien;
Je serai prisonnier fidèle,
Mon cœur est tien, il n'est plus mien.
Prends-le donc, Mère aimable et tendre,
Daigne l'offrir à mon Sauveur;
Je ne veux jamais le reprendre :
 A toi mon cœur.  *Trad. de saint Liguori.*

MÊME SUJET. (N° 343.)

1. Vous qui régnez dans la patrie,
Souveraine auguste des cieux,
Entendez la voix qui vous prie,
Voyez mon triste sort et recevez mes vœux.

CHOEUR. Oh! quand viendra, ma tendre Mère,
Quand viendra-t-il, ce beau jour,
Où de l'exil de la terre
Je volerai dans l'éternel séjour?
Quand viendra-t-il, ce beau jour?

2. Pauvre exilé! d'amères larmes
Ont déjà sillonné mes traits;
Du bonheur je cherche les charmes,
Mais, hélas! c'est en vain : ils ont fui pour jamais.

3. Je vois tous les jours de ma vie
Se consumer dans la douleur :
Telle sur sa tige flétrie,
Au souffle de l'autan, se dessèche la fleur.

4. O vous dont l'aimable clémence
Toujours sourit au malheureux,
J'ai mis en vous mon espérance :
Sur moi, Reine du Ciel, sur moi jetez les yeux!

5. Jamais les vœux de la faiblesse
Vers vous ne sont montés en vain :
O Vierge! que votre tendresse
Dissipe de mon cœur les peines, le chagrin!

6. Hâtez, puissante Souveraine,
L'aurore qu'appellent mes vœux!
Brisez, brisez la dure chaîne
Qui me retient captif loin de vous dans ces lieux.

7. Que dans vos bras, Mère chérie,
Je m'élance au gré de mon cœur!
Vierge sainte, douce Marie,
Abrégez mon exil, finissez mon malheur.

8. Qu'un rayon de la douce flamme
Dont vous consumez vos enfants

Descende du ciel en mon âme;
Qu'il brûle mes liens, termine mes tourments!

9. Bientôt sur ses rapides ailes
Que l'Ange, exauçant mes désirs,
Me porte aux voûtes éternelles,
Pour vous voir à jamais, vous chanter, vous bénir!

#### MÊME SUJET.

Air : *Jésus vient en ces lieux.* (N° 86.)

1. Mère du Dieu Sauveur,
De l'homme aussi la Mère,
Recevez de mon cœur
L'offrande et la prière.

*Refr.* O puissante Reine des cieux!
Sur moi daignez jeter les yeux,
Et, de mes jours
Pendant le cours,
Protégez-moi toujours.

2. Ah! soutenez mes pas
Aux sentiers de la vie;
Veillez, dans ses combats,
Sur votre enfant, Marie.
O puissante, etc.

3. Gardez mon pauvre cœur
De toute flétrissure;
Comme la jeune fleur,
Que mon âme soit pure.
O puissante, etc.

4. Si je devais un jour
Ternir mon innocence,
Faites, Mère d'amour,
Que j'expire d'avance!
O puissante, etc.

#### MÊME SUJET. (N° 344.)

1. Ecoutez la plainte
D'un pauvre pécheur;
Rendez, Vierge sainte,
La paix à mon cœur.

*Refrain.*

O bonne Marie!
Veillez sur mon sort:
Dans ce monde impie,
Partout c'est la mort.

2. De mon innocence
Mourante est la fleur;
La douce espérance
Délaisse mon cœur.

3. Je courais au crime;
Hélas! sans frémir,
J'allais dans l'abîme
Tomber et périr.

4. Je touchais au gouffre
Des sombres regrets,
Où le méchant souffre
Sans voir Dieu jamais.

5. J'ai perdu la trace
Du Pasteur divin:
Voyez ma disgrâce,
Tendez-moi la main.

MÊME SUJET. Indulg. (N° 345.)

*Refrain.*

Sais-tu, ma douce Marie,
Quel est le vœu de mon cœur?
Mon espérance chérie,
T'aimer fait tout mon bonheur.

1. Je veux, ô ma belle Reine!
T'avoir toujours près de moi,
Ne m'inflige pas la peine
De me chasser loin de toi.

2. Ah! dis-moi, Rose charmante
Au parfum délicieux,
O Mère toujours aimante!
Dis-moi, qu'est-ce que tu veux?

3. Que t'offrir, ô ma Patronne?
Voici mon cœur en présent;
C'est l'amour qui te le donne
Par la main de ton enfant.

4. Mais ce cœur, ô Notre-Dame!
Déjà tu me l'as ravi,
Et pour toi seule est sa flamme,
Depuis que tu m'as chéri.

5. Hélas! ô tendre Marie!
Ne retire pas ta main,
Tant que, loin de la patrie,
Je poursuis mon dur chemin

*Trad. de saint Liguori*

MÊME SUJET. (N°ˢ 172. 522.)

1. Mère de Dieu, du monde Souveraine,
Vous qui voyez à vos pieds tous les rois;
Je vous choisis aujourd'hui pour ma Reine
Et me soumets pour toujours à vos lois.

2. Je mets ma gloire à vous marquer mon zèle,
A vous aimer, à vous faire servir :
Ah! si mon cœur devait être infidèle,
J'aimerais mieux dès à présent mourir.

3. Mais des enfers je brave la furie,
Par votre nom j'en serai le vainqueur :
Un serviteur, un enfant de Marie
Peut-il périr, peut-il mourir pécheur ?

4. Ah ! quel bonheur, Vierge, quand on vous aime
Quelle douceur ! ah ! quel glorieux sort !
En vous aimant, sûr de plaire à Dieu même,
On se procure une paisible mort.

5. Aimons, aimons la divine Marie :
Tout nous rappelle à ce juste devoir;
Et qu'à l'envi chacun de nous publie
Ses doux attraits, ses vertus, son pouvoir.

*Refrain à volonté.*

Vierge Marie,
Mère de Dieu,
Soyez bénie,
En tout temps, en tout lieu.

### MÊME SUJET.

Air : *Mortels dans un profond silence.* (N° 249.)

1. C'est dans ton sein, ô Vierge-mère !
Que fut conçu, pour nous aimer,
Celui qu'en son immense sphère
L'univers ne peut renfermer.

#### CHOEUR.

Chantons de l'auguste Marie
Les vertus, les divins attraits;
Chantons, tous les jours de la vie,
Et son amour et ses bienfaits :
A sa bonté (*bis*) gloire à jamais ! (*bis*)

2. Du nom de bienheureuse, ô Reine !
Tous les siècles t'appelleront;
Et comme Mère et Souveraine,
Les nations t'invoqueront.

3. Reine des peuples de la terre,
Daigne en accueillir les honneurs;

Et, sous ton règne salutaire,
Vers ton Fils dirige nos cœurs.

4. Jésus, qui la choisis pour Mère,
Dieu, qu'attendrissent ses accents,
Qu'avec l'Esprit-Saint et le Père,
L'on te bénisse en tous les temps.

Le P. DE GÉRAMB.

E.    MÊME SUJET. (N° 335.)

1. Vers tes autels, céleste Reine,
Que j'aime à diriger mes pas!
Oh! n'es-tu pas la Souveraine
Dont la main nous guide ici-bas?

*Refrain.*

Toujours, toujours,
Sainte Vierge Marie,
Toujours, toujours, tu seras mon secours. *Fin.*
Tu nous vois tous
A tes genoux,
Protége-nous, Mère chérie;
Tu nous vois tous
A tes genoux,
Protége-nous, exauce-nous. Toujours, etc.

2. Je veux t'aimer toute ma vie,
J'en fais aujourd'hui le serment;
Je veux que ma bouche publie
Ton nom, ta gloire à chaque instant.

3. Veille sur ma fragile enfance,
Comme un pasteur sur sa brebis,
Comme sur tous la Providence,
Comme une mère sur son fils.

4. Quand près de nous gronde l'orage,
Quand soufflent les vents furieux,
Dissipant le sombre nuage,
Divine étoile, brille aux cieux.

5. De l'innocence humble et **timide**
Ton cœur est l'asile assuré;

On dort en paix sous ton égide,
Dans ce doux cœur, abri sacré.

6. Si la douleur, aux traits de flamme,
Pénètre cuisante en mon cœur,
Ton nom seul rafraîchit mon âme,
Ton nom, parfum plein de douceur.

7. Lorsque, sur ma couche brûlante,
La mort viendra fermer mes yeux,
Oh ! daigne alors, Mère indulgente,
A ton enfant ouvrir les cieux. *P.* 203.

### C. L'ENFANCE A MARIE. (N° 327.)

1. Adressons notre hommage
A la Reine des cieux ;
Elle aime de notre âge
La candeur et les vœux.
Du beau nom de Marie
Faisons tout retentir ;
Qu'elle-même attendrie
Daigne nous applaudir.

2. Tout ici parle d'elle,
Son nom règne en ces lieux ;
Nous croissons sous son aile,
Nous vivons sous ses yeux.
Cet autel est le trône
D'où coulent ses faveurs ;
Son divin Fils lui donne
Tous ses droits sur nos cœurs.

3. Amis, qu'elle rassemble
Au pied de son autel,
Jurons-lui tous ensemble
Un amour éternel.
Marie est notre Mère,
Nous sommes ses enfants :
Consacrons à lui plaire
Le printemps de nos ans.

4. O Vierge sainte et pure
Notre cœur, en ce jour,
Vous promet et vous jure
Le plus sincère amour.
Nous voulons, avec zèle,
Imiter vos vertus :
Vous êtes le modèle
Que suivent les élus.

5. Guidez notre jeunesse,
Accompagnez nos pas ;
Protégez-nous sans cesse
Au milieu des combats.
Et, parmi les orages
D'un monde corrompu,
Sauvez-nous des naufrages
Où périt la vertu.

6. Incomparable Mère,
De vos enfants chéris
Offrez l'humble prière
A Jésus votre Fils.
Puissions-nous dans la gloire,
O trop heureux destin !
Chanter votre victoire
Et vous bénir sans fin !

## A MARIE

**TENANT L'ENFANT JÉSUS ENTRE SES BRAS.** (N<sup>os</sup> 347. 243.)

1. Toi qui donnas la vie
A notre doux Sauveur,
O divine Marie !
Jouis de ton bonheur.
L'être seul grand, immense,
   Le Tout-Puissant;
Formé de ta substance
   Est ton enfant.

2. Il est de toute chose
Le souverain Auteur :
Je le vois qui repose
Doucement sur ton cœur.
Celui qui tient le monde
   Dans une main,
Vierge pure et féconde,
   Est sur ton sein.

3. De la moindre souillure
Son œil saint est blessé :
Indigne créature,
Je l'ai tant offensé !
Je vois sous ses paupières
   Couler des pleurs;
Mes péchés, mes misères
   Font ses douleurs.

4. Oui, mon cœur est coupable;
Mais, percé de regrets,
A cet Enfant aimable
Il se voue à jamais.
Je sais que ses délices
   Sont la pudeur;
J'en veux, sous tes auspices,
   Orner mon cœur.

5. L'enfer, dans sa furie,
S'agite contre moi;
Je viens, tendre Marie,
Me cacher près de toi.
De ma vertu fragile
   Sois le soutien :
Dans cet aimable asile
   Je ne crains rien.

6. Je vois sous ta puissance
Ton adorable Fils;
Il veut, dès son enfance,
Etre à tes lois soumis.
Pour m'aider à lui plaire,
   A le servir,
Dis-lui, ma douce Mère,
   De me bénir.

## NOTRE-DAME DE CONSOLATION. (N° 249.)

1. Divine Consolatrice,
Doux espoir des malheureux,
Qu'on trouve toujours propice
Dans les maux les plus affreux :

CHOEUR.

O Reine victorieuse !
L'amour et l'honneur des cieux
Vierge toujours glorieuse,
Nous vous adressons nos vœux.

2. Voyez ce peuple fidèle
Qui, sûr de votre faveur,
S'empresse avec tant de zèle
A vous marquer son ardeur.

3. Vous de qui le divin Maître,
Le Sauveur de l'univers,
Parmi nous a voulu naître
Afin de briser nos fers.

4. Mère de miséricorde,
O Vierge pleine d'attraits!
Par qui le ciel nous accorde
Ses plus signalés bienfaits.

5. Puissante Reine des Anges,
Qui, dans l'immortel séjour,
Recevez tant de louanges
De la bienheureuse cour.

6. Vous dont la clarté surpasse
Les astres les plus brillants;
Doux canal, par où la grâce
Découle à flots abondants.

7. Sur nous, sur notre indigence
Daignez répandre à longs traits
Cette divine influence,
Qui sait combler nos souhaits.

8. Que votre bras tutélaire
Nous rende encor ces beaux jours
Où de l'amour d'une Mère
Nous ressentions le secours.

9. Quand la céleste vengeance
Vous menaçait de ses coups,
Que de fois votre clémence
Sut l'adoucir envers nous!

10. Généreuse Protectrice,
Que de vos dons précieux
Le souvenir retentisse
Dans nos cantiques pieux.

## MARIE REINE DES ANGES ET DES HOMMES.

Air : *Heureux enfants accourez tous.* (N° 560.)

1. Souveraine aimable des cieux,
Ton trône est aussi sur la terre;
Que ton empire est glorieux,
Souveraine aimable des cieux!
Dans tous les temps, dans tous les lieux
On te chérit, on te révère.

2. Reine de la céleste cour,
Au sein de la cité chérie,
Ta gloire brille en tout son jour;
Reine de la céleste cour,
Tu ravis de joie et d'amour
Les habitants de la patrie.

3. Anges aux chants harmonieux,
Avec vous je dis ses louanges;
Mais un élan délicieux,
Anges aux chants harmonieux,
Fait tressaillir vos chœurs joyeux,
Quand ma voix dit : Reine des Anges!

4. N'enviez pas à l'exilé
D'être un enfant cher à Marie !
Si cet espoir l'a consolé,
Ah ! plaignez pourtant l'exilé :
Marie est au ciel étoilé,
Il gémit loin de sa patrie.

5. Anges témoins de mes soupirs,
Offrez à ma divine Mère
Mes vœux, mes chants et mes désirs ;
Anges, témoins de mes soupirs,
Peignez-lui tous les déplaisirs
De mon pauvre cœur sur la terre.

UNE COURONNE A MARIE. (N° 350.)

1. Pourquoi cette vive allégresse,
Qui brille sur nos fronts joyeux ?
Pourquoi ces nouveaux chants d'ivresse,
Dont retentissent ces beaux lieux ?
Enfants d'une Mère chérie,
Pour fêter ce jour vénéré,
Portons nos tributs à Marie,
Au pied de son autel sacré.

### CHŒUR.

Vierge, reçois cette couronne ;
Fais qu'elle soit le gage heureux
De celle qu'auprès de ton trône,
Tu nous réserves dans les cieux.

2. Pour la gloire de votre Reine,
Quittant vos sacrés pavillons,
Autour de votre Souveraine,
Anges, rangez vos bataillons ;
Le front incliné vers la terre,
Mêlez votre amour et vos chants
A ceux que pour leur tendre Mère
Font éclater tous ses enfants.

3. Et vous, ornements de la terre,
Croissez, croissez, charmantes fleurs ;

C'est pour le front de notre Mère
Que nous destinons vos couleurs.
De sa beauté plus qu'angélique
Empruntez un éclat nouveau ;
Auprès de la Rose mystique,
Que votre destin sera beau !

4. Hélas ! de la saison nouvelle
Les fleurs ne bravent point le temps ;
Mais les dons d'une âme fidèle
Durent plus que leur doux printemps.
De tes vertus, ô Vierge pure !
Si tu daignes nous revêtir,
Rien ne flétrira la parure
Dont tu sauras nous embellir.

5. Marie, aimable protectrice,
Sur tes enfants jette les yeux ;
Vers eux étends ta main propice
Et prête l'oreille à leurs vœux.
Nous demandons tous l'espérance,
De la foi le précieux don,
L'innocent la persévérance,
Et le coupable son pardon.

## POUR UNE FÊTE DE LA SAINTE VIERGE. (N° 171.)

1. Mère de Dieu, quelle magnificence
Orne aujourd'hui ton aimable séjour !
C'est en ces lieux qu'à tes pieds mon enfance
Vint autrefois te vouer mon amour.

*Refr.* Tendre Marie,
  O mon bonheur !
  Toujours chérie,
 Tu vivras dans mon cœur.

2. O mon refuge ! ô Marie ! ô ma Mère !
Combien sur moi tu versas de bienfaits !
Combien de fois, dans ce doux sanctuaire,
Mon triste cœur a retrouvé la paix !

3. Dans les combats, que livre à l'innocence
Le monstre affreux qui perdit l'univers,

Reine des cieux, tu soutins ma constance,
Tu confondis la rage des enfers.

4. Lorsqu'au Seigneur mon cœur devint parjure,
Fatal moment! ô cruel souvenir!
A ton autel, pour laver mon injure,
Je vins verser les pleurs du repentir.

5. J'étais déjà sur le bord de l'abime :
De ton cher Fils irritant le courroux,
Je méritais d'en être la victime,
Mais de son bras tu détournas les coups.

6. Anges, soyez témoins de ma promesse :
Cieux, écoutez ce serment solennel :
Oui, c'en est fait, mon cœur plein de tendresse
Jure à Marie un amour éternel.

7. Si je devais, infidèle et volage,
Un seul moment cesser de te chérir,
Tranche mes jours à la fleur de mon âge,
Je t'en conjure, ah! laisse-moi mourir.

De Sambucy.

### MÊME SUJET.

Air : *O divine Eucharistie.* (N° 256.)

*Solo.* O divine Marie !
  Mère tendre et chérie,
Que ton nom d'âge en âge en tout lieu soit chanté.
  Tu finis nos peines,
  Le dragon est dompté ;
  Ta main brise nos chaînes
  Et nous rend la liberté.

Chœur. Aux doux accords des Anges
  A l'envi mêlons nos voix ;
  Dans nos transports de louanges,
   Répétons mille fois :
  Amour, honneur à la Fille des rois !

*Duo.* Quand ce Dieu souverain
  La choisit pour Mère,

22.

Il lui donne un droit certain
Aux vœux de la terre. *Fin.*
Empressons-nous de lui plaire ;
Servons-la d'un cœur sincère ;
Rendons gloire à son nom divin. *Chœur.*

### C. POUR UNE FIN D'OFFICE. (N° 341.)

1. A la Mère d'amour
Offrons, en ce beau jour,
Le plus juste retour
Et chantons tour à tour :
Gloire, honneur en tous lieux
A la Reine des cieux !

CHOEUR.

Mille fois, tour à tour,
Poussons ce cri d'amour :
Gloire, honneur en tous lieux
A la Reine des cieux !

2. O vous ! enfants pieux,
A la Reine des cieux
Offrez vos tendres vœux,
Et répétez joyeux :
Gloire, honneur, etc.

3. Venez, à notre appel,
D'un amour éternel
Porter à son autel
Le serment solennel.
Gloire, honneur, etc.

4. Marie, à te servir
Qu'on goûte de plaisir !
T'aimer, à l'avenir,
Sera mon seul désir.
Gloire, honneur, etc.

5. De tes bienfaits touchants
Tes fidèles enfants
Seront reconnaissants
Et diront en tout temps :
Gloire, honneur, etc.

6. Du céleste séjour,
Entends en ce beau jour
Tes enfants, tour à tour
Pousser ce cri d'amour :
Gloire, honneur, etc.

MÊME SUJET.

Air : *Bénissons à jamais.* (N°s 72. 73.)

*Refr.* Bénissons en ce jour
Et Marie et son amour.

1. Sur un trône de gloire
Je la vois dans les cieux :
Que nos concerts joyeux
Exaltent sa mémoire.
Bénissons, etc.

2. D'une palme immortelle
Ornez ses pures mains,
Sublimes Séraphins !
Rangez-vous autour d'elle.

3. Que la tendre Marie
Règne sur l'univers ;
Elle a brisé nos fers,
Nous lui devons la vie.

4. Que le ciel et la terre
L'honorent à la fois ;
Que les sujets, les rois,
La prennent pour leur Mère.

5. Que tout s'anéantisse
Au pied de ses grandeurs ;
Consacrons-lui nos cœurs,
Et que l'enfer frémisse.

6. Eblouis par les charmes
D'un monde séducteur,
Nous cherchions le bonheur,
Et nous trouvions les larmes.

7. La divine Sagesse
Avait fui loin de nous ;
Des ennemis jaloux
Nous poursuivaient sans cesse.

8. Mais l'auguste Marie
Pour nous a combattu,
Pour nous elle a vaincu
L'enfer et sa furie.

9. Sous son bras tutélaire,
Nous respirons en paix,
Heureux par les bienfaits
De notre aimable Mère.

10. Celui qui la méprise
A perdu tout soutien ;
La servir, d'un chrétien
Doit être la devise.

11. Jetons-nous pour la vie
Dans ses bras maternels ;
Entourons les autels
De la tendre Marie.

L'abbé COMBALOT. *

## MÊME SUJET. (N° 552.)

1. Que le monde,
Que l'enfer gronde,
Gloire en tous lieux
A la Reine des cieux !
Qu'on publie
Partout Marie,
Sa sainteté,
Sa gloire et sa bonté.

*Refr.* Vive, vive dans tous les lieux
L'aimable nom d'une Mère chérie !
Vive, vive dans tous les lieux
L'auguste nom de la Reine des cieux !

2. Qu'elle est belle !
Qu'elle est fidèle !
D'aucun péché
Son cœur ne fut taché.
Quelle gloire,
Quelle victoire,

Par son saint nom,
Par sa protection !

3. Dans l'orage
Point de naufrage,
Point de malheurs
Pour ses vrais serviteurs.
C'est par elle
Que j'en appelle
A la bonté
Du Seigneur irrité.

4. Dieu la laisse
Comme maitresse
De tous ses biens,
Pour en combler les siens.
Sa clémence,
Sa vigilance,
Prend mille soins
De nous dans nos besoins.

5. C'est la Reine,
La Souveraine
De l'univers,
Du ciel et des enfers.
Par la grâce,
Elle surpasse
Les plus grands Saints
Les plus hauts Séraphins.

6. O Marie !
Ma douce vie,
A vous servir
Qu'on goûte de plaisir !
Vierge aimable,
Mère admirable,
On ne peut pas
Exprimer vos appas.

7. Vierge Mère,
Je vous révère,
Je vous bénis,
Avec votre cher Fils.

Je vous aime
Plus que moi-même,
De tout mon cœur,
Après Dieu mon Sauveur.
GRIGNON DE MONTFORT.

## EN L'HONNEUR DES SAINTS ANGES. (N° 355.)

1. O vous ! qui contemplez l'Eternel sur son trône,
Sublimes Chérubins, Séraphins glorieux,
Purs Esprits que l'éclat de sa gloire environne,
J'honore vos grandeurs, je vous offre mes vœux !

2. Celui qui vous forma, comme un généreux Maître,
Vous comble à chaque instant des plus grandes faveurs :
Heureux de ses bienfaits, heureux de le connaître,
Aux lois de son amour soumettez tous les cœurs.

3. Publiez qu'il est saint, qu'il est grand, qu'il est sage;
Célébrez ses bontés en tous temps, en tous lieux ;
Et présentez pour nous le plus parfait hommage
A ce Dieu tout-puissant qui règne dans les cieux.

4. Que ne puis-je imiter votre reconnaissance !
Que ne puis-je éprouver l'ardeur de votre amour !
Que ne puis-je égaler la prompte obéissance,
Par où vous l'honorez au céleste séjour !

5. Venez nous embraser de vos célestes flammes ;
Apportez dans nos cœurs ce précieux trésor ;
Vous à qui Dieu commet de veiller sur nos âmes,
Ah ! prenez en pitié notre malheureux sort.

6. Inspirez-nous l'horreur et la fuite des vices,
Obtenez à nos vœux un favorable accès ;
Secondez nos efforts et soyez-nous propices :
Nous mettons en vos mains nos travaux, nos succès.

7. Ah ! nous vous en prions, soyez notre lumière,
Faites-nous éviter les pièges de l'erreur ;
Et soutenez nos pas dans la sainte carrière,
Qui doit se terminer à l'éternel bonheur.

8. Quand habiterons-nous ces palais magnifiques?
Quand verrons-nous enfin le Dieu qui nous a faits ?
Quand joindrons-nous nos voix à vos divins cantiques,
Pour chanter à jamais sa gloire et ses bienfaits ?

MÊME SUJET. (Nos 354, 558.)

1. Immortelle Sion, de ton auguste enceinte
Ouvre à nos yeux ravis la gloire et la grandeur;
Montre-nous du Très-Haut l'éternelle splendeur
Et la céleste cour de sa Majesté sainte.

2. Déjà je vois Michel plus brillant que l'aurore,
Qui, le glaive à la main, précipite aux enfers,
Comme un foudre lancé dans le vide des airs,
Cet archange orgueilleux que l'univers abhorre.

3. Là, je vois Gabriel, qui d'une Vierge mère
Le premier révéra la gloire et le bonheur ;
A sa voix descendit l'Homme-Dieu, le Sauveur,
Qui du joug infernal vint affranchir la terre.

4. Là, je vois Raphaël, dont le bras tutélaire
Au bras du Tout-Puissant emprunte sa vigueur ;
Il saisit le démon, il dompte sa fureur,
Et sur nos maux applique un baume salutaire.

5. Là, des groupes sacrés de protecteurs fidèles
S'attachent à nos pas, dirigent nos destins :
Et nous marchons en paix dans les sentiers divins
Sous l'abri bienfaisant de leurs puissantes ailes.

6. Salut ! Trônes, Vertus, Principautés, Archanges,
Chérubins, Séraphins et Dominations ;
Accueillez nos transports, nos bénédictions,
Accueillez le tribut de nos justes louanges.

## LES ANGES GARDIENS. Indulg.

Air : *Chantons le mystère ineffable.* (Nos 404, 250.)

1. Esprits de la céleste voûte,
   Venez à moi,
Puis au Seigneur, qui vous écoute,
   Portez ma foi.
Bon Ange, à qui la Providence
   Commit mes jours,
Bon Ange, invisible défense,
   Suis-moi toujours.

2\. Sois mon flambeau dans l'ombre obscure,
　　Guide mes pas ;
Oh ! sois ma force et mon armure
　　Dans les combats.
Et vous aussi, gardiens fidèles
　　Des nations,
Sur nous secouez de vos ailes
　　Les doux rayons.

3\. Portez notre reconnaissance
　　Au Roi puissant ;
Le don béni de sa clémence
　　Sur nous descend.
Gardez en nous les étincelles
　　Du saint amour ;
Sauvez-nous des fureurs cruelles
　　Du noir séjour.
　　　　　　*Trad. de l'italien.*

## A L'ANGE GARDIEN. (N° 355.)

1\. Dès que la naissante aurore
A mes regards fait éclore
Les premiers rayons du jour ;
Ange puissant, qui me guides,
Eclaire mes pas timides
Dans ce ténébreux séjour.

2\. C'est en tes soins que j'espère ;
Offre à mon Juge, à mon Père,
Mes désirs et mes regrets ;
Daigne implorer sa clémence,
Et suspendre sa vengeance
Prête à punir mes forfaits.

3\. Que mes malheurs t'intéressent
Aux maux divers qui me pressent
Oppose ton bras vainqueur :
Si ma volonté chancelle,
Que ta voix, toujours fidèle,
Fixe le vœu de mon cœur.

4\. Je sens un poids qui m'acca-
Prête un secours favorable[ble ;
A mon esprit abattu :
Loin du vice qui m'entraîne,
Que ta bonté me ramène
Sous le joug de la vertu.

5\. Le démon cherche à me nuire
Le monde, pour me séduire,
M'offre ses charmes pervers ;
Il tente mes sens rebelles ;
Mais que craindre, sous tes ai-
Et du monde et des enfers? [les,

6\. Excite mon indolence,
Ranime ma vigilance,
Dans la carrière où je cours :
Que, dans sa courte durée,
Je songe à l'heure ignorée
Qui doit terminer mes jours.

7\. Que, par ton bras invincible,
Vainqueur d'un combat terrible,
Je triomphe après ma mort ;
Qu'au Ciel mon âme ravie,
Dans mon immortelle vie,
Partage ton heureux sort. *P.*117

# EN L'HONNEUR DES SAINTS.

NATIVITÉ DE SAINT JEAN-BAPTISTE. (N° 51. 168.)

1. Quel prodige vient d'apparaître
Aux yeux étonnés d'Israël !
Sur cet enfant qui vient de naître
Qu'a donc arrêté l'Éternel ?
Vient-il rompre le long silence
Des saints Prophètes d'autrefois ?
Vient il, revêtu de puissance,
Asservir le monde à ses lois ?

2. Son nom ! demandez à la terre...
Elle en ignore le secret ;
Mais voilà qu'un Ange à son père
Des cieux apporte le décret.
Son nom est JEAN... que tout s'incline :
Dis, ô Jacob ! des chants joyeux ;
Que les échos de la colline
Répètent ce nom glorieux.

3. Le Prêtre, à la foi chancelante,
Près du berceau de son enfant,
A senti la vertu puissante
Dont il jouit même en naissant.
Sa langue aussitôt se délie ;
Ses yeux se fixent vers le ciel,
Et dans un transport il s'écrie :
Béni soit le Dieu d'Israël !

4. Ne cherchez point à son enfance
Un maître parmi les humains ;
Pour lui de la pure science
Sont ouverts les trésors divins.
Oui, de la sagesse immortelle
Le sceau sur son front est placé ;
En son âme innocente et belle
L'Esprit de Dieu s'est reposé.

5. Au sein de sa mère il adore,
En tressaillant, le Rédempteur,

Prophète à sa première aurore,
Du vrai soleil saint précurseur.
Il vient aux peuples dans l'attente
Annoncer la fin de leurs maux ;
Déjà l'humanité souffrante
En lui pressent des jours plus beaux.

6. Au désert commence sa vie :
Un cilice est son vêtement ;
Sa couche est la terre durcie,
Un peu de miel son aliment.
Entendez sa voix inspirée
Qui crie aux tribus d'alentour :
« Préparez la route sacrée
« Du Dieu qui nous vient plein d'amour.

7. Elevez-vous, humbles vallées ;
« Monts, abaissez votre hauteur ;
« Tressaillez, plages désolées :
« Voici venir le Dieu Sauveur.
« Que tous les chemins s'applanissent,
« Dressez les sentiers tortueux,
« Et que les peuples applaudissent :
« La terre va s'unir aux cieux. »

8. Quelle est donc cette foule immense
Qui vole aux rives du Jourdain ?
Un grand cri : Faites pénitence,
Sur ses bords retentit soudain.
Jean les convie à son baptême :
Pécheurs, dit-il, fondez en pleurs,
Fuyez le châtiment suprême
Dont Dieu menace en ses fureurs.

9. Mais qu'aperçois-je, humble Prophète ?
Auprès de toi l'Agneau divin !..
Il vient, pour incliner sa tête
Et recevoir l'eau de ta main.
Contemple, ô ciel ! ce grand mystère ;
Aux pieds d'un mortel étonné,
Celui qui vient sauver la terre
Demeure humblement prosterné.

10. Illustre Saint, un roi barbare
A son orgueil t'immolera ;

Mais, par la mort qu'il te prépare,
Ta gloire au tyran survivra.
Obtiens-nous ton noble courage,
Ici-bas soutiens nos efforts ;
Et que ton nom soit, d'âge en âge,
L'objet de nos plus vifs transports.

Alexandre DUFOUR.

#### MÊME SUJET. (N<sup>os</sup> 373, 57.)

1. O toi ! de qui nous fêtons la naissance,
Du Dieu Sauveur Précurseur glorieux,
Toi, dont Jésus exalte l'excellence,
Protége-nous, grand Saint, du haut des cieux.

2. Auprès de lui tout me dit ta puissance :
Tu lui fus cher par l'excès de rigueur
Où tu livras ta céleste innocence,
Par ton amour et ton humble douceur.

3. De son saint nom tu fus la voix fidèle,
L'adorateur, l'apôtre et le martyr :
Fais que, semblable à Jésus mon modèle,
Je sache aussi pour lui vivre et mourir.

Le P. DE LATOUR.

#### DÉCOLLATION DE SAINT JEAN-BAPTISTE. (N° 387.)

1. Pour prix d'une danse coupable,
Le Précurseur périt sous le fer d'un bourreau ;
Sa tête, qu'on promène à table,
Au milieu du festin, devient un mets nouveau.

2. Elle est donc à jamais éteinte,
Cette voix qui tonnait sur les bords du Jourdain,
Cette voix qui porta la crainte
Jusques au fond du cœur d'un tyran inhumain

3. Le sang coule, prince barbare,
De ta brûlante soif satisfais les ardeurs ;
Dans la coupe qu'on te prépare
Bois, et dans ce breuvage assouvis tes fureurs.

Le ciel pâlit, à cette vue ;
La cour se trouble, Hérode a de lui-même horreur :
Seule, parmi la foule émue,
L'indigne Salomé triomphe sans pudeur.

5. Il est mort, ce sage Prophète,
Mais sa présence au crime inspire encor l'effroi ;
Son sang, si la langue est muette,
Crie et venge l'honneur de la divine loi.

6. On voit sur ce front vénérable
D'une gravité pure éclater les attraits ;
D'une douceur inaltérable,
Dans le sein de la mort, il conserve les traits.

7. Jean a précédé la naissance
De ce divin Enfant, qui vient nous sauver tous ;
Par sa mort cruelle, il devance
L'Agneau qui va bientôt être immolé pour nous.

POUPIN.

## C. SAINT JOSEPH. (N° 358.)

1. Issu du sang des rois, dont tu soutiens la gloire,
Joseph, que les époux célèbrent tes grandeurs ;
Que des Vierges les chœurs, jaloux de ta mémoire
De leurs lis en ce jour te consacrent les fleurs.

2. Par les ordres du ciel, le Fils de Dieu lui-même
Vit confier ses jours à ta fidélité ;
Tu partageais alors avec le Dieu suprême
Les travaux et les droits de la paternité.

3. Pour sauver l'univers quand Jésus-Christ veut naître,
Cet aimable Sauveur s'abandonne à tes soins ;
Tu nourris au berceau ton Dieu, ton Roi, ton Maître,
Et tes yeux vigilants préviennent ses besoins.

4. A peine à Bethléem a-t-il vu la lumière,
Que l'Ange t'avertit de sortir de ce lieu :
Evite, disait-il, une main meurtrière,
Enlève à sa fureur ton épouse et ton Dieu.

5. Prompt à suivre sa voix, en toute diligence,
Avec ton saint dépôt tu pars durant la nuit ;

De l'adorable Enfant la sage intelligence
Te découvre l'Egypte où sa main te conduit.

6. Mais bientôt revenu dans ton humble demeure,
A tes moindres désirs Jésus sera soumis;
Et, lorsqu'enfin pour toi viendra la dernière heure,
Tu mourras dans les bras de la Mère et du Fils.

7. De Jésus ici-bas tu protégeas l'enfance,
Saint vieillard, daigne aussi nous prendre pour enfants;
Contre un monde pervers défends notre innocence,
Protége-nous encore à nos derniers instants. *P.* 220.

POUPIN. *

## SAINT PIERRE. (N° 151.)

1. Grand Saint, le prince des Apôtres,
Jésus vous nomme bienheureux;
Il vous élève sur les autres,
Voyant votre amour généreux:
M'aimez-vous, dit ce divin Maître?
— Vos yeux, Seigneur, en sont témoins.
— Je vous établis donc pour paître
Mon troupeau, commis à vos soins.

2. Vous confessez avec courage
La divinité du Sauveur;
Aussitôt il vous donne un gage
De votre future grandeur:
Heureux, vous dit-il, Simon-Pierre,
Dieu vous révéla ses secrets;
Je veux sur vous, sur cette pierre,
Fonder mon Eglise à jamais.

5. L'esprit d'erreur et les cabales
Contre l'Eglise s'armeront:
Ni les erreurs, ni les scandales
Jamais ne la renverseront.
Grand Saint, votre foi sur la terre,
Jésus l'a dit, ne peut manquer;
Tout l'enfer lui fit-il la guerre,
C'est en vain qu'il veut l'attaquer.

4. Par vous que d'étonnants miracles !
Votre ombre aux uns rend la santé ;
A votre voix, nouveaux spectacles,
On voit le mort ressuscité ;
Devant vous disparait l'idole,
Le culte des dieux est proscrit ;
L'idolâtre, à votre parole,
Croit et confesse Jésus-Christ.

5. Tout l'enfer contre vous conspire,
Un tyran vous attache en croix ;
Par ce cruel et long martyre
Vous couronnez tous vos exploits.
Jésus a souffert ce supplice,
Supplice pour vous glorieux ;
Vous allez, par ce sacrifice,
Régner avec lui dans les cieux.

6. Maintenant assis sur le trône,
Digne pasteur, secourez-nous ;
L'esprit d'erreur nous environne,
Satan voudrait nous cribler tous :
Nous ne craignons pas qu'il prévale
Contre l'Eglise et son flambeau ;
Procurez une grâce égale
A tous les membres du troupeau.

7. En Jésus-Christ, par l'Evangile,
Vous êtes le père commun ;
Faites qu'ayant un cœur docile,
Dans la foi nous ne soyons qu'un.
Vicaire de Jésus sur terre,
Obtenez-nous cette faveur
Que votre foi, que votre chaire
Nous préserve de toute erreur.

## SAINT PIERRE ET SAINT PAUL.

Air : *Oh ! si l'on pouvait bien comprendre* (N<sup>os</sup> 559. 165.)

1. Princes illustres de l'Eglise,
Vos travaux enfin sont finis,
Et de votre sainte entreprise
Vous avez obtenu le prix.

2. Les dieux sont réduits en poussière,
Le Christ seul règne dans ce jour ;
Rome soumit la terre entière,
Et Rome est soumise à son tour.

3. Ta main contr'eux, tyran, se lève,
Mais les victimes ont vaincu ;
Et, par la croix et par le glaive,
On vit triompher leur vertu.

4. Leur sang fertilise le monde,
Et c'est de ces flots fortunés
Que vient la semence féconde
Dont partout les chrétiens sont nés.

5. En vain toute une ville impie
Vous élevait au rang des dieux
Fiers Césars ; à l'ignominie
Vos corps sont livrés en ces lieux.

6. Rome se glorifie encore
Des cendres de ces deux vainqueurs ;
Sur ses collines on honore
La Croix et ses adorateurs.

7. O ville ! ô cité somptueuse !
D'où sont sortis tant de héros,
Rome, que vous êtes heureuse
D'avoir ces fondateurs nouveaux !

8. Jadis vos guerriers invincibles
Ont soumis cent peuples divers ;
Mais, par ces conquérants paisibles,
Vous régnez sur tout l'univers.

## CONVERSION DE SAINT PAUL. (N° 555.)

1. Téméraire ennemi, dont l'audace inhumaine
Prétendait immoler les chrétiens sous ses coups,
Qu'il m'est doux de te voir, renversé sur l'arène,
Trembler et d'Ananie embrasser les genoux !

2. Tu triomphes, Seigneur, et, témoin de ta gloire,
Non, Saul n'est déjà plus l'ennemi de ton nom ;

Lui-même il veut au loin publier ta victoire
Et par de longs combats mériter son pardon.

3. Apôtre généreux, son zèle le dévore ;
Le monde se réveille aux accents de sa voix ;
L'Evangile a brillé du couchant à l'aurore
Et cent peuples divers ont embrassé la Croix.

4. Jésus !.. à ce nom seul, qu'il maudissait naguère,
PAUL tressaille et son cœur, embrasé sans retour,
Peut défier le ciel et l'enfer et la terre
De lui ravir jamais l'objet de son amour.

5. Ne sois plus, ô pécheur ! à la grâce rebelle ;
Courbe aux pieds de Jésus ton front audacieux ;
Comme PAUL, à l'aimer sois désormais fidèle,
Si tu veux avec lui régner un jour aux cieux.

## SAINT FRANÇOIS-XAVIER,

2ᵉ PATRON DE LA PROPAGATION DE LA FOI. (Nᵒˢ 517. 353.)

1. « A quoi te serviront les trésors de la terre,
Sa gloire, ses plaisirs, pénible vanité,
Si ton âme, oubliant le seul bien nécessaire,
Doit pleurer, ô mortel ! toute une éternité ? »

2. Toute une éternité !.. cette grave parole
A du jeune François troublé le cœur altier ;
Il soupire, il gémit, le prestige s'envole,
Et la croix de Jésus a reconquis XAVIER.

3. Terre de l'Orient, pousse un cri d'allégresse !
Battez, battez des mains, îles, déserts, forêts !
Les temps sont accomplis : le Seigneur vous adresse
L'Apôtre au cœur brûlant, doux messager de paix.

4. Plus rapide et plus prompt que le léger nuage
Qu'emporte dans les airs l'orageux aquilon,
Voyez voler XAVIER des bords riants du Tage
Aux sables de l'Afrique, aux rochers du Japon.

5. De cette âme de feu qui dira les souffrances ?
Qui dira ses dangers, ses saints ravissements,
Et ses larmes d'amour, et ses projets immenses,
Et sa voix qui commande à tous les éléments ?

6. Ile de Sancian! sur ta grève sauvage,
Baisant un crucifix, des yeux cherchant le ciel,
Quel est cet étranger, seul, glacé par l'orage,
Sur sa natte expirant loin du seuil paternel?

7. C'est Xavier!.. de ses yeux tombent de nobles larmes;
Il pleure sur ces bords qui n'ont pas vu la foi;
Intrépide soldat, il voudrait sous les armes
Longtemps combattre encor pour le céleste Roi.

Mais dix ans de combats ont tressé sa couronne;
Et Marie, et les Saints, et les Anges émus,
Qui de l'Agneau divin environnent le trône,
L'appellent comme un frère au repos des élus.

9. Régnez, régnez, Xavier! et, du sein de la gloire,
Obtenez à nos cœurs l'ardente charité,
A l'Eglise en tristesse une entière victoire,
A tous de voir un jour l'immortelle cité.

## SAINT VINCENT DE PAUL.

Air: *Goûtez âmes ferventes.* (Nos 405. 525.)

*Refrain.*
Amour, reconnaissance
Au bienheureux Vincent,
De l'Eglise de France
Le plus bel ornement!

1. Dans le sein de la gloire
Il règne pour jamais:
Célébrons sa mémoire,
Ses vertus, ses bienfaits.

2. Brûlant dès son jeune âge
D'une céleste ardeur,
Vincent pour héritage
Ne veut que le Seigneur.

3. Quelle tendresse immense
Dans son cœur généreux!
Il est la providence
De tous les malheureux.

4. Sa parole puissante
Convertit les pécheurs,
Et sa main bienfaisante
Partout sèche des pleurs.

5. Le pauvre en sa chaumière,
L'esclave et l'orphelin,
Trouvent en lui leur père,
Leur sauveur, leur soutien.

6. Toi que la France honore
D'un culte solennel,
Veille sur elle encore
De ton trône immortel.

## SAINT LOUIS DE GONZAGUE. (N° 560.)

C. 1. Heureux enfants, accourez tous,
A Louis venez rendre hommage :
De vos amis c'est le plus doux,
Heureux enfants, accourez tous ;
A son culte consacrez-vous,
Il est le patron de votre âge.

2. Astre brillant dès son matin,
Louis n'a point connu d'aurore ;
Un feu sacré brûle son sein ;
Astre, brillant dès son matin,
Jésus attise de sa main
La sainte ardeur qui le dévore.

3. Pour lui tout n'est que vanité ;
Il foule aux pieds le diadème :
Jeunesse, esprit, talent, beauté,
Pour lui tout n'est que vanité ;
Son unique félicité
Est de jouir du Dieu qu'il aime.

4. Présentez-vous, jeune héros,
Dans une illustre compagnie ;
Jésus vous veut sous ses drapeaux,
Présentez-vous, jeune héros ;
Allez par de sanglants travaux
Imiter l'Auteur de la vie.

5. La peste ouvre un vaste tombeau,
Et Rome est en proie au ravage
De ce redoutable fléau ;
La peste ouvre un vaste tombeau ;
Venez, Louis, ô tendre agneau !
Venez vous offrir à sa rage.

6. Animé d'un divin transport,
Il vole au secours des victimes,
Brave la fureur de la mort,
Animé d'un divin transport,
Et tombe en partageant leur sort,
Sans avoir partagé leurs crimes.

7. Montez au ciel, enfant d'amour,
C'est le prix de votre victoire;
Quittez le terrestre séjour,
Montez au ciel, enfant d'amour;
Dieu vous appelle en ce beau jour,
Il vous couronne de sa gloire.

8. Troupes célestes, dans les airs,
Entonnez vos sacrés cantiques;
Unissez-vous à nos concerts,
Troupes célestes, dans les airs :
De Louis que tout l'univers
Chante les vertus angéliques.

9. Portes de Sion, ouvrez-vous,
C'est Gonzague, enfant de Marie;
Ce trésor n'est plus fait pour nous;
Portes de Sion, ouvrez-vous;
Le ciel, de la terre jaloux,
Le rappelle dans sa patrie.

10. « Quelle est ta grandeur, ô Louis !
Que ton triomphe est admirable !
Il charme mes yeux éblouis:
Quelle est ta grandeur, ô Louis !
Le trône, où je te vois assis,
Brille d'un éclat ineffable (1). »

11. Oui, Gonzague fut un martyr,
Ami des croix, des sacrifices,
Mort aux honneurs, mort au plaisir,
Oui, Gonzague fut un martyr;
Mais l'amour, qui le fit souffrir,
Le comble aujourd'hui de délices.

12. Aimable saint, priez pour nous;
Obtenez qu'en suivant vos traces,
Au ciel nous montions après vous :
Aimable saint, priez pour nous;
Nous implorons, à vos genoux,
Le secours des célestes grâces.

---

(1) Paroles de sainte Madélaine de Pazzi, dans une vision qu'elle eut après la mort de saint Louis de Gonzague.

MÊME SUJET. (N°⁸ 361. 362. 152.)

C. 1. Fortunés habitants des cieux,
Quittez un moment vos portiques ;
A nos accents harmonieux
Mêlez vos célestes cantiques.
Unissons nos sacrés accords ;
Au saint Patron de la jeunesse
Consacrons les pieux transports
D'une douce et vive allégresse.

2. Chantons Louis en ce beau jour ;
De la vertu de l'innocence
Son nom seul inspire l'amour,
Et la fait chérir de l'enfance.
Foulant aux pieds les biens du temps,
Louis fut pur comme les Anges :
Il n'est que des cœurs innocents
Qui puissent chanter ses louanges.

3. Encor dans le sein maternel,
Il reçoit l'onde salutaire ;
Il semble naître pour le ciel
Avant de naître pour la terre.
Ravis d'un spectacle si beau,
Anges saints, avec complaisance
Entourez son jeune berceau,
Veillez sur sa fragile enfance.

4. Croissez, enfant chéri des cieux,
Croissez sous l'aile tutélaire
De celle qu'un prodige heureux
En naissant vous donna pour Mère.
Quand la mort menaçait vos jours,
Elle protégea votre vie,
Et vous en finirez le cours
Sous les auspices de Marie.

5. Ni le monde, ni ses appas,
Ni la splendeur du diadème,
Rien ne peut ralentir ses pas
Quand il entend la voix suprême.
Il fuit les douceurs de la cour,
Il se dérobe à ses hommages ;

23.

Dans l'oubli d'un pieux séjour
Il cache le plus beau des âges.

6. Tel on voit un jeune arbrisseau
Croître en un vallon solitaire,
Et se parer du fruit nouveau
Qu'en son temps il donne à la terre :
Ainsi, sous les yeux du Seigneur,
De Louis la vertu naissante,
A l'abri d'un monde enchanteur,
Se forme et va toujours croissante.

7. Mûr pour le ciel, dès son printemps,
Sans regrets il quitte la terre ;
Mais il sut en quelques instants
Remplir une longue carrière :
Et, sur les ailes de l'amour,
Porté vers sa chère patrie,
Il vole au céleste séjour
Où déjà son âme est ravie.

8. Heureux, bienheureux mille fois
L'enfant qui le prend pour modèle,
Qui de bonne heure entend la voix
De ce guide aimable et fidèle !
Pour l'enfant qu'elle a mis au jour
Une mère a moins de tendresse
Que Louis ne ressent d'amour
Pour notre timide jeunesse.

9. Grand Saint, qui, dans un corps mortel,
Parus un Ange sur la terre ;
Dépose aux pieds de l'Eternel
De nos cœurs l'ardente prière :
Si nous ne pouvons obtenir
La couronne de l'innocence,
Fais qu'il accorde au repentir
La palme de la pénitence.

## SAINTE ANNE, MÈRE DE LA SAINTE VIERGE.
(N°s 406. 157.)

1. Rayon, précurseur de l'aurore
Qui nous donna le vrai soleil,
Tige aimable, qui vis éclore
Un lis à nul autre pareil.

CHOEUR.

Mère, entre les mères bénie,
Recevez nos vœux en ce jour ;
Vous nous avez donné Marie,
C'en est assez pour notre amour.

2. De quelle touchante allégresse
Dut être inondé votre cœur,
En voyant briller la sagesse
Sur ce front béni du Seigneur !

3. C'est à vos soins que Dieu confie
Cette rose au parfum divin ;
C'est la gloire de votre vie,
Car un Dieu naîtra de son sein.

4. Oh ! que notre voix suppliante
Monte à vous de ces tristes lieux ;
Sainte ANNE, vous êtes puissante
Auprès de la Reine des cieux.

5. Demandez pour nous cette grâce
Qui fait pratiquer les vertus,
Et daignez garder notre place
Dans l'heureux séjour des élus.

## SAINTE PHILOMÈNE,

VIERGE ET MARTYRE. (N<sup>os</sup> 563. 532.)

1. O Dieu ! quelles merveilles,
Dans ces jours de douleurs,
Ont frappé nos oreilles
Et consolé nos cœurs !
Déjà la terre est pleine
De votre nom si doux :
Illustre PHILOMÈNE,
Intercédez pour nous.

2. La nuit des catacombes
Ne cache plus son nom ;
Du fond des saintes tombes
Perce un nouveau rayon.
Quelle splendeur soudaine
Jaillit autour de vous,
Illustre PHILOMÈNE !
Intercédez pour nous.

3. Exercez votre rage,
Bourreaux, sur cette enfant ;
Et toujours son courage
Sortira triomphant.
Plus forte que la haine,
Elle a brisé leurs coups
Constante PHILOMÈNE,
Intercédez pour nous.

4. La palme du martyre
Et le lis le plus beau,
Quand Philomène expire,
Brillent sur son tombeau.
Un saint amour amène
Les affligés vers vous,
O tendre Philomène !
Intercédez pour nous.

5. Quel sort, quel mal extrême
Resterait sans espoir ;
Quand on voit la mort même
Céder à son pouvoir ?

Tous, d'une foi certaine,
Tombons à ses genoux.
O sainte Philomène !
Intercédez pour nous.

6. Gloire de l'Italie,
Secours des malheureux,
Ah ! sur notre patrie
Veillez du haut des cieux.
Marie est votre Reine ;
Son Fils est votre Epoux :
O sainte Philomène !
Invoquez-le pour nous.

POUR LES SAINTS PATRONS. (N°ˢ 364. 45.)

1. Illustre Saint, qui dans les cieux
Possédez l'éternelle gloire,
Recevez aujourd'hui nos vœux ;
Nous célébrons votre victoire,
Et les plaisirs toujours nouveaux
Dont Dieu couronne vos travaux.

2. Dans le sein de la vérité
Vous voyez toute la nature ;
Dans le feu de la charité
Vous puisez votre nourriture ;
La connaissance avec l'amour
Comblent vos désirs tour à tour.

3. Dans sa propre divinité
Dieu trouve son bonheur suprême :
Pour vous cependant sa bonté
Le rend prodigue de lui-même ;
Sans réserve il se donne à vous :
Quoi de plus beau ? quoi de plus doux ?

4. Pour des travaux courts et légers,
Jouir d'un plaisir ineffable,
Vivre sans trouble et sans dangers,
Dans un repos inaltérable,
Toujours contents, toujours en paix :
Voilà votre sort à jamais.

5. Mais, tandis qu'à votre bonheur
Le ciel et la terre conspirent,
Dans la tristesse et la douleur,
Hélas! ici nos cœurs soupirent:
Nous nous voyons si loin des cieux !
Que notre exil est ennuyeux !

6. Ah! quand viendra cet heureux jour,
Qui doit finir toutes nos peines ?
Lassés de ce triste séjour,
Quand verrons-nous briser nos chaînes ?
Quand vivrons-nous en liberté,
Au sein de l'immortalité ?

7. Saint protecteur, secourez-nous
Et soyez sensible à nos larmes ;
Puissions-nous bientôt, avec vous,
Du Paradis goûter les charmes !
Par vos soins, une sainte mort
Nous obtiendra cet heureux sort.

## MÊME SUJET.

Air : *Heureux qui dès son enfance.* (Nos 565. 7.)

*Refr.* Vous qui régnez dans la gloire
  Patron chéri ⎱
  O Patronne ⎰ de ces lieux,
 Honneur à votre mémoire !
 Ecoutez nos humbles vœux.

1. D'immortels rayons de lumière
Ornent votre front glorieux :
Peut-on trop louer sur la terre
Ce que Dieu même honore aux cieux ?
  Vous qui régnez, etc.

2. Autrefois si le monde injuste
Vous fit éprouver ses fureurs,
Aujourd'hui votre rang auguste
Vous rend l'objet de ses honneurs.
  Vous qui régnez, etc.

3. Tandis qu'aux flammes dévorantes
Vos ennemis sont condamnés,
Au ciel, de palmes éclatantes
Vos mérites sont couronnés.
  Vous qui régnez, etc.

4. Prompt à fuir du siècle et du vice
Les faux et dangereux appas,
Vers les sentiers de la justice
Vous tournâtes toujours vos pas.
  Vous qui régnez, etc.

5. Dieu vous donne à nous pour modèle,
Votre exemple est notre leçon ;
Qu'en vous suivant l'âme fidèle
Rende hommage à votre saint nom.
  Vous qui régnez, etc.

6. Sous votre main puissante et sainte
Sa Providence nous a mis ;
Défendez-nous de toute atteinte
De nos perfides ennemis.
  Vous qui régnez, etc.

7. Tandis qu'au rang le plus sublime
Vos vertus vous font élever,
Ne souffrez pas que dans l'abîme
Le vice nous fasse tomber.
  Vous qui régnez, etc.

8. Pour suivre constamment vos traces
Au chemin de la sainteté,
Sollicitez pour nous les grâces
De l'inépuisable bonté.
  Vous qui régnez, etc.

9. Qu'après avoir brûlé de zèle,
Ainsi que vous, pour le Seigneur,
Un jour dans la gloire éternelle
Nous partagions votre bonheur.
  Vous qui régnez, etc.

## COMMUN DES SAINTS.

### SAINTS APOTRES. (N<sup>os</sup> 405. 515.)

1. Incomparables chefs des tribus glorieuses,
Apôtres qui régnez au céleste séjour,
Aux yeux de l'univers lumières précieuses,
    Vous serez nos juges un jour.

2. C'est par vous que l'éclat d'une pure doctrine
Dissipa de nos cœurs l'épaisse obscurité :
L'erreur céda bientôt à la clarté divine,
    Qui nous montra la vérité.

3. Sans armes, sans appui, sans art, sans éloquence,
Vous sûtes triompher du plus rebelle esprit ;
La croix que vous prêchiez fut la seule puissance
    Qui le soumit à Jésus-Christ.

4. L'univers gémissait sous un dur esclavage ;
Mais, en brisant ses fers, vous comblez son bonheur ;
On le voit s'applaudir du sublime avantage
    D'obéir aux lois du Seigneur.

5. Par vous il reconnaît, il respecte, il adore
Les vastes profondeurs de nos mystères saints ;
Et les peuples, instruits du couchant à l'aurore,
    Chantent vos exploits tout divins.

6. Priez que notre foi, par l'espoir soutenue,
Soit constamment fidèle au milieu des dangers ;
Et que la charité, dans nos cœurs répandue,
    Au monde les rende étrangers.

POUPIN. *

### MARTYRS.

Air : *Bénissez le Seigneur suprême.* (N° 67.)

1. Héros sacrés du Roi de gloire,
Ecoutez nos vœux et nos voix ;
Nous célébrons vos saints exploits
    Par des chants de victoire.

2. Tant que vous fûtes sur la terre
Dieu resta seul votre recours ;
Le monde ingrat vous fit toujours
  Une sanglante guerre.

3. Par les souffrances les plus dures
Le ciel voulut vous éprouver ;
En face on vous a vu braver
  La mort et les tortures.

4. Dans les cachots, dans les supplices
Vous trouviez votre sort heureux,
Et des tourments les plus affreux
  Vous faisiez vos délices.

5. Du glaive la pointe cruelle
Sans pitié vous perçait le flanc ;
Le Seigneur vit tout votre sang
  Couler pour sa querelle.

6. Mais de ce sang vertu féconde !
Doux prix d'un héroïque effort !
Mille chrétiens, par votre mort,
  Renaissaient dans le monde.

7. Malgré les vents, malgré l'orage,
Vous marchiez en vrais conquérants ;
Sur vous des bourreaux, des tyrans
  S'usait en vain la rage.

8. Dignes enfants d'un divin Père,
Vous braviez l'horreur du trépas,
Jaloux d'accompagner ses pas
  Jusqu'au haut du Calvaire.

9. Que votre mort fut précieuse,
Saints martyrs ! après mille maux
Elle couronna vos travaux
  D'une fin glorieuse.

10. Vous possédez le bien suprême,
Dieu vous rend heureux aujourd'hui ;
Vous vous étiez livrés pour lui,
  Il se donne à vous-même.

11. Enflammez-nous de votre zèle :
Nous ferons nos soins les plus doux
De mériter, ainsi que vous,
  Une gloire immortelle,

PELLEGRIN.

## SAINTS CONFESSEURS. (N° 366.)

1. Ce saint Confesseur, de qui tant de mortels
Chantent les grandeurs au pied des saints autels,
En ce jour monta triomphant, glorieux,
  Au plus haut des cieux.

2. Tant qu'il a vécu, pour Dieu toujours ardent,
Juste et tempérant, humble, chaste et prudent,
Rien n'a pu troubler, dans sa rare douceur,
  La paix de son cœur.

3. Près de son tombeau les malades rangés
Dans les plus grands maux se trouvaient soulagés;
Son crédit faisait échapper sans effort
  Aux coups de la mort.

4. C'est à ses vertus que ce chœur trop heureux
Offre avec respect ses louanges, ses vœux;
Afin qu'au besoin nous ressentions toujours
  Son puissant secours.

5. Saint ami de Dieu, puissant auprès de lui,
Obtenez-nous donc cette grâce aujourd'hui
De vous imiter, de suivre en tous les temps
  Vos enseignements.

6. Salut, gloire, honneur, pendant l'éternité,
Au Dieu souverain, un dans la Trinité,
Qui, du haut des cieux, par des ordres divers
  Régit l'univers!

## SAINTS PONTIFES. (N°ˢ 315. 408.)

1. Jésus, dans les desseins de ton auguste Père
A jamais établi Pontife souverain,
Pour régir ton troupeau, tu remplis de lumière
 Les pasteurs que choisit ta main.

2. Celui dont nous fêtons aujourd'hui la mémoire,
Quoique plein de vertus, malgré sa sainteté,
N'accepta qu'en tremblant le haut degré de gloire
  Où l'élevait ta volonté.

3. Connaissant les dangers de cet état suprême,
Les biens et les grandeurs excitent son mépris ;
Ce pasteur vigilant se dérobe à lui-même
　　Pour ne penser qu'à ses brebis.

4. Pontife infatigable, il prêche, il édifie ;
De son troupeau fidèle il éclaire l'esprit ;
Il porte dans ses mœurs, par une chaste vie.
　　La bonne odeur de Jésus-Christ.

5. Il étend sur le pauvre une main secourable,
Il pourvoit aux besoins, soutient l'infirmité ;
Il se fait tout à tous, et chaque misérable
　　Est l'objet de sa charité.

6. O Jésus ! des pasteurs ineffable modèle,
Qui nourris de ton sang la brebis et l'agneau,
Accorde-nous des chefs dont la voix et le zèle
　　Au ciel conduisent ton troupeau.

　　　　　　　　　　　　　　POUPIN.

## SAINTS DOCTEURS. (N°ˢ 315. 408.)

1. Sainte religion, dans tes enfants fidèles
Tu sais toujours trouver d'invincibles soldats ;
Tu moissonnes autant de palmes immortelles
　　Que l'on te livre de combats.

2. L'idolâtre veut-il venger son culte impie ?
Tes martyrs généreux vont braver ses fureurs ;
Faut-il dans ses détours démasquer l'hérésie ?
　　Tu te suscites des Docteurs.

3. De la foi de l'Eglise ils ont pris la défense,
Ils veillent nuit et jour à son intégrité ;
Et la voix des enfers, qu'ils forcent au silence,
　　Ne peut ternir sa pureté.

4. Grand Dieu ! que de combats soutenus pour ta gloire !
Que de temples sacrés brillent de toutes parts !
Dans une main le glaive assure leur victoire,
　　Et l'autre élève des remparts.

5. Par vous la vérité triomphe et nous enflamme ;
Par vous, ô saints Docteurs ! la foi brille en tous lieux ;
vous Jésus se plaît à répandre en notre âme
　　Ses trésors les plus précieux.

6. De vos divins écrits coule cette onde pure,
Qui du Christ fait fleurir et féconde le champ;
Vous donnez à l'enfant le lait pour nourriture,
  A l'homme un solide aliment.

7. Tout ce qu'ils ont appris de ta bouche divine,
Seigneur, viens l'imprimer dans le fond de nos cœurs;
Et fais-nous retracer leur céleste doctrine
  Par l'innocence de nos mœurs.
POUPIN. *

## SOLITAIRES (N° 568.)

1. Que j'aime ton heureux séjour,
  Tranquille solitude !
J'y repose en Dieu nuit et jour,
  Libre d'inquiétude ;
Et la douceur de son amour
  Fait toute mon étude.

2. Les rossignols font dans les airs
  Retentir leur ramage ;
Au Souverain de l'univers
  Ils rendent leur hommage :
J'apprends par leurs charmants concerts
  A l'aimer davantage.

3. De chanter moi même avec eux
  Souvent le ciel m'inspire ;
Je chante ce Roi glorieux
  Pour qui mon cœur soupire,
Et les plaisirs délicieux
  De son aimable empire.

4. Quand je vois d'innocents moutons
  Errer dans la prairie,
Quand je les vois, par mille bonds,
  Fouler l'herbe fleurie,
Leur douceur me fait des leçons
  Dont mon âme est ravie.

5. Un clair ruisseau roule à mes yeux
  Son onde vive et pure ;
Son cours paisible et gracieux
  Me dit, par son murmure,

Qu'il faut offrir au Roi des cieux
Une âme sans souillure.

6. Rafraîchi par les doux zéphirs,
Sous un épais feuillage,
Je pousse mes tendres soupirs
Au céleste héritage :
Que Dieu, l'objet de mes désirs,
Entend bien ce langage !

7. Ainsi je vois couler mes jours
Dans une paix profonde;
En vain, pour en troubler le cours,
Satan contre moi gronde;
Un saint repos nous suit toujours,
Quand nous fuyons le monde.

## VIERGES. (N° 567.)

1. Le ciel s'ouvre à nos yeux : vierges, saintes épouses
Formez à l'Epoux vierge un triomphe nouveau :
De votre pureté jalouses,
Volez sur les pas de l'Agneau.

2. Ce jour, cet heureux jour des noces immortelles,
Faisait l'unique objet de vos chastes soupirs;
D'un Dieu les grandeurs éternelles
Comblent aujourd'hui vos désirs.

3. O célestes attraits ! voluptés ravissantes !
Comment peindre l'amour qui brûle dans vos cœurs ?
Pourriez-vous, âmes innocentes,
Exprimer ses pures douceurs ?

4. Quel désir formerait la vierge à Dieu promise ?
Rien ne manque à ses vœux après un si beau choix :
Pour cet Epoux, elle méprise
L'éclat et la pourpre des rois.

5. O virginale noce ! où la faible nature
Se transforme aux rayons du soleil de beauté !
Doux liens, par qui l'âme pure
S'unit à la divinité !

POUPIN.

## POUR UNE VIERGE MARTYRE. (N° 369.)

1. La vierge monte en son char de victoire,
Elle a paru : les cieux se sont ouverts ;
Dans leurs palais elle n'a plus mémoire
  Des maux qu'elle a soufferts.

*Refr.* Dans la sainte patrie
  Que ton bonheur est doux !
  O Patronne chérie !
  Près de toi conduis-nous.

2. Un doux souris sur ses lèvres joyeuses
A remplacé la plainte des douleurs,
Et son Jésus en perles précieuses
  A converti ses pleurs.

3. D'un laurier vert ses mains tiennent les branches
Pour annoncer son courage indompté :
Son front se pare avec des roses blanches,
  Fleurs de virginité.

4. Sa belle robe a l'éclat de la neige,
Et la lumière a formé son manteau ;
Ainsi brillante, elle suit le cortége
  De l'immortel Agneau.

5. Elle s'assied chaque jour à la table
Du saint Epoux, qui fait tout son bonheur,
Qui lui parait chaque jour plus aimable
  Et plus cher à son cœur.

6. De voluptés Dieu lui-même l'abreuve,
A ce torrent qui ne tarit jamais ;
Il récompense un court instant d'épreuve
  Par d'éternels bienfaits.

A. Delacour.

## DÉDICACE. (N° 570.)

1. Quoi ! dans les temples de la terre
Le Dieu du ciel daigne habiter !

Le puissant Maître du tonnerre
Sur nos autels veut résider.
Quel respect sa sainte présence
Doit inspirer à nos esprits !
Et de quel amour sa clémence
Doit remplir nos cœurs attendris !

2. L'Eternel, au bruit des tonnerres,
Vint donner ses lois aux Hébreux ;
Ici, de consolants mystères
Nous cachent son front glorieux.
S'il fit entendre ses oracles,
C'est au Grand-Prêtre seulement ;
Ici, prodiguant les miracles,
Il est avec nous constamment.

3. Israël offrait pour hostie
Le sang des boucs et des taureaux ;
Ici, c'est l'Auteur de la vie
Qui nous guérit de tous nos maux.
Israël dans son sacrifice
Ne pouvait trouver son pardon ;
Jésus ici nous est propice,
Nous obtenons tout en son nom.

4. Salut, ô sacré tabernacle !
Où, plus que dans nul autre lieu,
Eclate l'étonnant miracle
De la tendresse de mon Dieu.
Pour garder mon âme fragile
Des traits du monde séducteur,
Près de toi je prends mon asile,
Aux pieds de Jésus mon Sauveur.

5. Vers ce refuge salutaire,
Porté sur l'aile de l'amour,
Comme la colombe légère,
Je prendrai mon vol chaque jour.
Caché dans cette solitude,
Je ferai la cour à mon Roi ;
Nul autre soin, nulle autre étude
N'auront autant d'attraits pour moi.

6. Tel qu'un enfant, près de son père,
Je m'épancherai dans son sein :

Je découvrirai ma misère
A ce tout-puissant médecin.
Puisse jusqu'à ma dernière heure
Durer ce saint ravissement!
Puissé-je dans cette demeure
Attendre mon dernier moment!

### MÊME SUJET. (N° 571.)

#### Soin des autels.

1. Allons parer le sanctuaire,
Ornons à l'envi nos autels;
Jésus, du sein de la lumière,
Descend au milieu des mortels:
　　Plus il s'abaisse,
　　Plus sa tendresse
Mérite un généreux retour.
　　A nos louanges,
　　O chœurs des Anges!
Mêlez vos cantiques d'amour.

2. Baignons de pleurs l'auguste Table
Où son sang coule encor pour nous;
Au pied de ce Calvaire aimable,
Enfants de Dieu, prosternez-vous.
　　De la justice
　　Ce sacrifice
Arrête le bras irrité,
　　Et sur le juste
　　Sa voix auguste
Du ciel appelle la bonté.

3. Accourons tous à l'arche sainte;
Riches, ornez-la de présents;
Tous, saisis d'amour et de crainte,
Portons-y des cœurs innocents.
　　L'or, la poussière,
　　Dieu de lumière,
Devant toi sont d'un même prix:
　　Un cœur qui t'aime,
　　Beauté suprême,
Voilà les dons que tu chéris.

Attribué au P. DE LATOUR.

## MÊME SUJET. (N° 372.)

### Ps. 83. *Quàm dilecta.*

1. Dieu des vertus, pour moi qu'il a de charmes,
Ce temple saint par toi-même habité !
Ici mon cœur, à l'abri des alarmes,
Trouve la paix et la félicité.

2. Quand l'air mugit, quand la tempête gronde,
L'oiseau craintif vole au nid paternel ;
Mon âme aussi, dans les troubles du monde,
Cherche un asile au pied de ton autel.

3. Heureux, Seigneur, qui dans ta maison sainte
Aime ici-bas à placer son séjour !
Admis, un jour, dans l'éternelle enceinte,
Il chantera le cantique d'amour.

4. Faible mortel, c'est dans ton sanctuaire
Qu'il vient puiser la force des élus ;
Enfant du Ciel, on le voit sur la terre
Aller toujours de vertus en vertus.

5. A chaque instant, de tes divins oracles
L'âme fidèle éprouve les douceurs :
Un jour passé dans tes saints tabernacles
Vaut mieux qu'un siècle aux tentes des pécheurs.

6. Oh ! que toujours ton amour nous accorde
Tous les bienfaits qu'implore notre foi !
Daigne bénir, dans ta miséricorde,
L'humble chrétien dont l'espoir n'est qu'en toi.

7. Exauce-nous, lorsque de tes louanges
Nos faibles voix remplissent le saint lieu :
Et puissions-nous, au Ciel, avec les Anges,
Bénir sans fin le Seigneur, notre Dieu !

Hon. Greppo.

## MÊME SUJET. (N° 200.)

1. Temple, témoin des premiers vœux
Et du bonheur de l'innocence

Je te dois, image des cieux
Les plus beaux jours de mon enfance.

Inspire-moi des chants divins,
Sainte Sion, terre chérie;
Puissent un jour mes doux refrains
Charmer l'écho de la patrie!

2. Ces fonts ont reçu mes serments,
Serments heureux, qu'en traits de flamme
Pour affermir mes sentiments,
L'amour a gravés dans mon âme.

3. Un Dieu m'absout... quels souvenirs
Ce jour rappelle à ma mémoire!
Contre le monde et ses plaisirs
Quel plus sûr gage de victoire!

4. Pontife et victime d'amour,
Sur l'autel, le Sauveur lui-même
Vient, en s'immolant chaque jour,
Donner la vie à ceux qu'il aime.

5. C'est ici que Dieu s'est montré
Prodige touchant de tendresse!
C'est là qu'à son banquet sacré
Il renouvelle ma jeunesse.

6. Aux divins rayons de la foi,
Sa main se plaît à me conduire;
Dans la science de sa loi
Lui-même il daigne encor m'instruire.

7. De tant d'amour et de bienfaits,
O Jesus! source intarissable,
Qui ne chérirait vos attraits!
Combien votre joug est aimable!

6. Souvent la pourpre des palais
Cache à nos yeux d'amères larmes:
Ce temple est celui de la paix,
La foi l'embellit de ses charmes.

9. Auguste temple, où l'Eternel
Descend de sa gloire infinie,
Accueille en ce jour solennel
Des cœurs et des voix l'harmonie.

10. Sous ces portiques révérés,
Où nous venons courber nos têtes,
Que toujours les échos sacrés
Répétent nos hymnes de fêtes.

### C.  MÊME SUJET. (N° 297.)

1. Que je me plais dans ton enceinte,
Lieu sacré, fortuné séjour,
Où Dieu m'instruit de sa loi sainte
Et grave en mon cœur son amour!
Ecole où Jésus à l'enfance
Révèle ses plus hauts secrets;
Saint asile où mon innocence
Brave le vice et ses attraits.

2. Ici, je vois par quels miracles
Dieu jadis, montra son pouvoir;
Je médite ses saints oracles,
Ses préceptes et mon devoir;
Ici, sous un joug salutaire
L'Eglise enchaîne mon orgueil,
Et d'une audace téméraire
M'apprend à fuir le triste écueil.

3. S'il faut que ma raison révère
Le nuage mystérieux,
Qui me dérobe une lumière
Dont l'éclat blesserait mes yeux;
La foi, d'une main secourable,
Me prêtant ici son flambeau,
Du sanctuaire impénétrable
Soulève pour moi le rideau.

4. Si ma juste reconnaissance
Présente à mon Dieu, chaque jour,
L'hommage de ma dépendance
Et le tribut de mon amour;
De mes parents si, plus docile,
Sans murmurer, j'entends la voix,
C'est à tes leçons, cher asile,
A tes conseils que je le dois.

5. Monde, ne vante plus tes charmes,
Tu n'enflammes pas mes désirs ;
Je sais quels dégoûts, quelles larmes
Suivent tes coupables plaisirs.
Ce n'est qu'ici que mon enfance
Des vrais biens goûte la douceur :
Les plaisirs purs de l'innocence
Peuvent seuls donner le bonheur.

Mgr Borderies.

## MÊME SUJET. (N° 413.)

### Irrévérence dans les Eglises.

1. Temples sacrés, divins autels,
Vous fûtes toujours des mortels
L'asile et le plus doux refuge ;
C'est là, qu'avec humilité,
Ils doivent, pour fléchir leur Juge,
Rendre hommage à sa Majesté.

2. Mais quoi ! jusque dans ce saint lieu
Ils osent insulter leur Dieu,
Loin de célébrer ses louanges ;
Tandis que, dans le haut des cieux,
Les troupes soumises des Anges
Tremblent de respect à ses yeux.

3. L'on vit ces esprits immortels
Autrefois du pied des autels
Chasser l'impie Héliodore :
Que la même peine aujourd'hui
Vous conviendrait bien mieux encore,
Vous qui l'outragez plus que lui !

4. Jésus, quoique plein de douceur,
S'arma d'une sainte rigueur
Contre ceux qui vendaient au temple ;
Que fera-t-il à des pécheurs,
Qui, par un scandaleux exemple,
Y viennent lui ravir les cœurs ?

5. Jusque sur le trône d'amour,
Où le Tout-Puissant, nuit et jour,

Nous écoute et nous est propice,
Si nous l'irritons contre nous,
Où fléchirons-nous sa justice ?
Où calmerons-nous son courroux ?

6. Un jour ces pierres parleront,
Et contre toi s'élèveront,
Pécheur, pour tant d'irrévérences ;
Un jour viendra plein de fureur
Où Dieu, terrible en ses vengeances,
Punira le profanateur.

7. Ne souffrez pas, divin Jésus,
Qu'en cet asile vos élus
Fassent un funeste naufrage ;
Seigneur, vous leur donnez ce port
Pour se garantir de l'orage :
Pourraient-ils y trouver la mort ?

## SUJETS DE CIRCONSTANCE.

#### OUVERTURE D'UNE MISSION.

Air : *Chère Sion*. (N° 154.)

1. Enfants d'un Dieu, d'un Dieu chère conquête,
Qu'il acheta de son sang précieux,
Qu'avez-vous fait de cette paix parfaite,
De son amour gage délicieux ?

*Refr.* Chrétien, ton Dieu t'appelle :
A cette voix fidèle,
Viens te jeter dans ses bras paternels,
La paix t'attend au pied de ses autels.

2. Tu l'as perdu, le divin caractère
D'enfant chéri de cet auguste Roi ;
Tu l'as souillé, le tendre nom de frère
De ce Jésus qui s'immola pour toi.

5. As-tu trouvé, dis-nous, loin de ton Père,
Tous ces attraits que se promit ton cœur,
Ces plaisirs purs, ce repos salutaire,
Qui dans son sein t'offraient tant de douceur ?

4. Reviens, reviens à ce Maître adorable,
Reviens, son cœur pour toi n'est point fermé;
Il te rendra son amour ineffable,
Par un soupir ce cœur est désarmé.

5. Enfant prodigue, hélas! de tant de grâces,
Ce tendre Père a pleuré ton trépas;
Tu reparais, il accourt; tu l'embrasses,
De tes erreurs il ne se souvient pas.

6. Voilà, pécheur, voilà l'instant propice,
Où de ton Dieu veut triompher l'amour :
Oui, cet amour a vaincu la justice,
Le glaive fuit de ses mains en ce jour.

7. Ce n'est point toi qui fournis la victime,
Tu ne peux rien, hélas! que t'égarer;
C'est ton Sauveur qui rachète ton crime :
Il ne te reste, à toi, qu'à le pleurer.

8. Venez, vieillards, dans ces jours de miracles,
Vous reprendrez vos premières ardeurs;
Et, près d'entrer dans les saints tabernacles,
Un nouveau zèle enflammera vos cœurs.

9. Venez aussi, vous, pères de famille,
Vous dont l'exemple entraine à la vertu :
Quand parmi nous quelque piété brille,
C'est à vos soins que l'honneur en est dû.

10. Et vous, enfants, dont l'aimable innocence
Des faux plaisirs ignore les attraits,
De la sagesse apprenez la science,
Et qu'en vos cœurs elle reste à jamais.

11. Venez, enfin, ô vous, chère jeunesse !
Offrir vos cœurs au Dieu qui nous a faits;
De s'enflammer un doux penchant les presse,
Mais à lui seul donnez-les pour jamais. *P.* 22.

## JUBILÉ. (Nos 151. 168.)

1. Voici le jour de la clémence :
Chrétiens, pour nous quel temps heureux!

Tous les trésors de l'indulgence
Sont offerts aux cœurs généreux.
Guidés par une foi soumise,
Hâtons, précipitons nos pas;
Ecoutons la voix de l'Eglise :
Un Dieu Sauveur nous tend les bras.

2. Ce Dieu, dont la vertu puissante
Efface les plus noirs forfaits,
Répand sur l'âme pénitente
Tout son amour, tous ses bienfaits :
Ici, de la peine éternelle
Il éteint les brasiers ardents;
Là, par sa bonté paternelle,
Il remet les peines du temps.

3. Joignons au jeûne, à la prière,
Les regrets d'un saint repentir,
De nos péchés l'aveu sincère,
L'aumône faite avec plaisir.
Pour satisfaire à la justice,
Soyons unis d'esprit, de cœur,
A l'adorable sacrifice
De notre aimable Rédempteur.

4. Contre votre Epouse chérie,
Seigneur, que d'ennemis ardents!
Opposez-vous à leur furie,
Rendez leurs efforts impuissants;
Mettez à l'ombre de vos ailes
Sa doctrine, sa vérité,
Son culte, ses sujets fidèles,
Ses sacrements, son unité.

5. Sur le successeur de saint Pierre
Versez l'esprit de sainteté;
Daignez en faire le vicaire
De votre tendre charité.
Comme il tient la première place,
Qu'il soit le premier en vertu;
Affermissez par votre grâce
Les droits dont il est revêtu.

6. Jésus, évêque de nos âmes,
Gardez notre premier Pasteur :

Daignez l'embraser de vos flammes,
Le rendre selon votre cœur.
Formez, Seigneur, pour nous conduire,
Des guides puissants devant vous,
Fervents, zélés pous nous instruire,
Remplis de charité pour tous.

7. L'hérétique fut notre frère,
Nous ressentons au fond du cœur
Une tristesse vive, amère,
De le voir plongé dans l'erreur.
A ses yeux que votre lumière
Fasse lever un jour nouveau ;
Par vos soins que la terre entière
N'offre qu'un pasteur, qu'un troupeau.

8. En faveur d'un peuple rebelle
Moïse éteint votre couroux :
Vous aimez voir l'âme fidèle
Prier, s'opposer à vos coups.
Christ, exaucez notre prière,
Touchez, ramenez le pécheur :
S'il mérite votre colère,
N'êtes-vous pas le Dieu Sauveur ?

9. Dieu, regardez d'un œil propice
Les rois et les peuples chrétiens ;
Que votre culte les unisse
Par d'indissolubles liens :
Aux uns donnez votre sagesse,
Aux autres la soumission,
Et que partout règne sans cesse
L'ordre, la paix et l'union.

MÊME SUJET. (N° 555. 517.)

1. Sortez, peuples heureux, de la nuit déplorable,
Qui vous tenait plongés dans un fatal sommeil :
Des plus beaux jours renaît la clarté favorable ;
Le salut s'offre à nous, hâtez votre réveil.

2. Du Père des chrétiens la voix sainte et touchante
Déjà s'est fait entendre au loin, dans l'univers ;

Et l'Eglise, envers nous mère tendre et puissante,
Ouvre, par lui, le sein de ses trésors divers.

3. Dieu n'use point toujours des droits de sa vengeance,
Ce n'est qu'avec regret qu'il se montre irrité;
Et tous les temps, pour lui, sont des temps de clémence,
Quand un pécheur contrit recourt à sa bonté.

4. C'est en ces jours, surtout, de grâce et de lumière,
Que sa miséricorde étale tous ses traits,
Que son cœur paternel remplit la terre entière
De ses plus riches dons, de ses plus grands bienfaits.

5. Son sang divin, versé pour la rançon du monde,
N'a point perdu son prix, sa force, sa valeur,
Et pour nous coule encor cette source féconde,
Qui de tous les forfaits efface la noirceur.

6. O vous! que du péché la chaîne criminelle
Captive sous le joug du monde et des enfers,
Courez entre ses bras : sa bonté vous appelle,
Pour guérir tous vos maux et rompre tous vos fers.

7. L'aveu de ses excès, humble, simple et sincère,
Le vœu d'aimer son Dieu, l'espoir en son saint nom,
Une douleur de cœur, vive, profonde, amère,
Au plus grand des pécheurs assure le pardon.

8. Qu'il est doux, qu'il est bon le Dieu qui nous pardonne!
Il change en passagers d'éternels châtiments;
Il fait plus dans ces jours, il nous offre, il nous donne
Le moyen d'échapper même aux peines du temps.

9. Jeûnons, ouvrons nos mains aux maux de l'indigence,
Prions, selon les vœux du Prince des pasteurs,
Portons au saint banquet l'amour et l'innocence,
Et nous serons exempts des peines des pécheurs.

10. Aux grâces du Seigneur ne soyons point rebelles;
Allons, volons à lui puisqu'il nous tend les bras;
Peut-être, hélas! un jour, trop longtemps infidèles,
Pourrions-nous le chercher et ne le trouver pas.

11. O doux Sauveur! ô Dieu de clémence éternelle!
O vous! qui seul tenez tous les cœurs dans vos mains,
Touchez, changez le nôtre, et rendez-le fidèle
A recueillir les fruits de vos bienfaits divins.

12. Daignez encor, Seigneur, de notre sainte Mère,
Etendre, maintenir le triomphe à jamais,
Détruire toute erreur à ses dogmes contraires
Et des princes, ses fils, éterniser la paix.

Le P. DE LATOUR.

## PERSÉVÉRANCE.

Air : *Il me semble le voir.* (N° 17.)

1. Dieu rempli de bonté,
Vous avez écouté
Les regrets d'un coupable :
Pour rendre à l'avenir
Mon changement durable,
Daignez me soutenir.

2. Ne permettez jamais
Que de trompeurs attraits
M'entraînent dans le vice :
Que, par votre secours,
L'amour de la justice
En moi règne toujours.

3. Dans ce monde pervers,
Mille ennemis divers
Attaquent l'innocence.
Quel est notre malheur !
Souvent notre inconstance
Rend le péché vainqueur.

4. Quel déplorable exil !
Toujours être en péril !
Toujours dans les alarmes !
Roi souverain des cieux,
Soyez témoin des larmes
Qui coulent de mes yeux.

5. Puis-je être sans effroi,
Quand je ne vois en moi
Qu'une extrême faiblesse ?
Mon Dieu, mon Créateur,
Défendez-moi sans cesse
Contre mon propre cœur.

6. De quoi peut me servir
Que, par mon repentir,
Je sois sorti du vice,
Si, par un nouveau choix,
Pour suivre l'injustice
J'abandonne vos lois ?

7. Eloignez un tel sort :
Ah ! plutôt que la mort
Termine ma carrière !
Tirez-moi d'un séjour
Où je puis vous déplaire
Et perdre votre amour.

8. Vous ne la perdrez plus,
O bienheureux élus !
Qui possédez la gloire ;
Sans péril désormais,
Sûrs de votre victoire,
Vous régnez dans la paix.

9. Quand viendra l'heureux
Que sans cesse j'attends, [temps
Où, délivré de crainte
Et sûr de mon bonheur,
Dans la demeure sainte
Je verrai le Seigneur ?

10. Plein d'un espoir si doux,
Je veux n'aimer que vous,
Mon Dieu, mon tendre Père ;
Augmentez mon amour,
Et que j'y persévère
Jusqu'à mon dernier jour. p.168

## AVANT LE SERMON. (N° 573.)

1. Esprit divin, céleste et pure flamme,
Venez des cieux, descendez dans nos cœurs;
D'un zèle ardent pour Dieu brûlez notre âme,
Et comblez-nous de vos saintes faveurs.

2. Vierge sans tache, ô divine Marie!
Mère d'un Dieu, Sauveur du genre humain,
Soyez l'appui d'un peuple qui vous prie,
Daignez du ciel nous ouvrir le chemin.

## MÊME SUJET. (N° 574.)

1. Je viens à vous, Seigneur, instruisez-moi:
L'homme sans vous ne peut rien nous apprendre;
Vous seul pouvez enseigner votre loi,
Vous seul au cœur pouvez la faire entendre.

2. Embrasez donc d'une céleste ardeur
Celui qui vient annoncer l'Evangile;
Et donnez-nous à nous-mêmes, Seigneur,
Pour l'écouter un cœur humble et docile.

3. Mère de Dieu, refuge des pécheurs,
Priez Jésus, le Sauveur de nos âmes,
Qu'à sa parole il soumette nos cœurs,
Pour les remplir de ses divines flammes.

## MÊME SUJET. (N° 575.)

1. Esprit d'amour, céleste flamme
Par qui brûlent les cœurs des Saints,
Daigne répandre dans mon âme
Les rayons de tes feux divins.

2. Etends sur moi ton doux empire;
Viens m'embraser, et dans mon cœur
Fais que tout autre amour expire
Et n'y laisse que ton ardeur. *P.* 103.

Le P. DE LATOUR.

## APRÈS LE SERMON. (N° 576.)

1. Esprit divin, dont les saintes ardeurs
Font prospérer la divine semence,
Vivifiez celle qui dans nos cœurs
Est répandue en si grande abondance.

2. Ne souffrez pas que ce précieux grain
Tombe sans fruit sur ce peuple fidèle;
Faites plutôt que, reçu dans son sein,
Il soit fécond pour la vie éternelle.

## POUR LES CATÉCHISMES. (N° 412. 159.)

*Avant.*

C. 1. A votre école, divin Maître,
Nous venons ici nous former;
Apprenez-nous à vous connaître,
A vous servir, à vous aimer.

2. Seigneur, qu'attentif et tranquille,
Mon esprit s'ouvre à votre voix;
Et que mon cœur, toujours docile,
Se soumette au joug de vos lois.

*Après.*

1. Nous révérons cette loi sage,
Que l'on vient de nous expliquer;
Achevez, Seigneur, votre ouvrage,
Aidez-nous à la pratiquer.

2. Soyons à Dieu dès notre enfance;
Passons nos jours à le servir;
Et que toute notre science
Soit de croire, aimer, obéir.

MÊME SUJET. (N° 377.)

JÉSUS.

C. 1. Mon fils, pour apprendre
Le vrai chemin du Paradis,
Ah! venez entendre
Ce que je dis :
Heureuse doctrine!
Ecoutez-la, pour observer
Ma loi divine
Et vous sauver.

*L'Enfant.*

2. Sauveur débonnaire,
Docteur de toute vérité,
On ne peut vous plaire
Sans charité.
Notre cœur s'empresse
A bien apprendre à vous aimer
Votre tendresse
Sait nous charmer.

JÉSUS.

3. Ma parole sainte
Demande un cœur humble et soumis;
Accourez sans crainte,
Vous, mes amis.
Un enfant bien sage
Chérira mes enseignements,
Et le volage
Ses passe-temps.

*L'Enfant.*

4. Faites-nous la grâce,
Pour profiter de vos bontés,
Que notre cœur fasse
Vos volontés.
A votre doctrine
Nous irons tous avec ferveur :
C'est l'origine
Du vrai bonheur.

MÊME SUJET. (N° 378.)

C. 1. Venez, Esprit-Saint, pur amour,
Descendez sur nous en ce jour ;
Allumez par vos traits vainqueurs
Le feu divin dans tous les cœurs.

Refr. Vive le Seigneur, le Seigneur, le Seigneur !
Vive le Seigneur dans notre cœur !

2. Grand Dieu, souverain Créateur,
Envoyez le Consolateur ;
Vous verrez, malgré les enfers,
Renouveler tout l'univers.

3. Vous qui seul êtes notre fin,
Guidez-nous par l'Esprit divin ;
Faites, Seigneur, qu'à tous moments
Nous en suivions les mouvements.

MÊME SUJET. (N° 417.)

C. 1. Esprit-Saint, Dieu de vérité,
Exaucez nos prières ;
Ouvrez nos yeux à la clarté
Des traits de vos lumières :
Divin Esprit, instruisez-nous
Et tournez notre cœur vers vous.

2. Daignez de vos tendres enfants
Rendre l'esprit docile ;
Formez leurs jours encor naissants
Au jour de l'Evangile ;
Faites sur eux tomber vos dons,
Faites-leur goûter vos leçons.

Gravez en eux de votre loi
Et l'amour et la crainte :
Que dans leurs cœurs la vive foi
Ne soit jamais éteinte ;
Que son flambeau jusqu'au trépas
Eclaire et conduise leurs pas.

4. Venez, Esprit de charité,
Vous fixer dans nos âmes;
Allumez-y l'activité
De vos célestes flammes :
Esprit d'amour, venez en nous,
Nous apprendre à n'aimer que vous.

MÊME SUJET. (N°ˢ 10. 66. 159.)

Actes des principales vertus.

C. 1. Je crois en vous, en vous j'espère,
Je vous aime de tout mon cœur,
Je vous adore, ô vous! mon Père,
Mon Dieu, mon Roi, mon Créateur.

2. De vos biens je vous remercie;
De mes péchés je me repens :
Qu'à vous je sois toute ma vie,
Qu'à moi vous soyez en tout temps.

MÊME SUJET. (N° 579.)

C. 1. Conservez-moi dans l'innocence,
O mon Sauveur! gardez-moi de périr ;
Avant que mon cœur vous offense,
O mon Dieu ! faites-moi mourir.

2. Je veux ici vivre sans vice,
Ou succomber dans un âge innocent :
Il vaut bien mieux que je périsse
Sans péché, que vivre en péchant.

3. Gardez-moi donc pur et sans tache,
Soyez, mon Dieu, le Maître de mon cœur ;
Et que jamais rien ne m'arrache
De vos mains, ô mon doux Sauveur!

4. Que votre grâce me délivre
De tout orgueil et de tous vains désirs ;
Que mon cœur jamais ne se livre
A l'attrait des biens, des plaisirs.

5. Que le monde, avec ses faux charmes,
Et que la chair, avec tous ses appas,
Le démon même avec ses armes,
O mon Dieu! ne me vainquent pas.

## POUR UN TEMPS DE PERSÉCUTION. (N° 580.)

1. Permettras-tu que ton culte périsse,
O Dieu Sauveur, ô Fils de l'Eternel?
Quoi! désormais l'auguste sacrifice
N'aura donc plus de temple ni d'autel?

2. L'Eglise en deuil, plaintive, désolée,
Ne cesse, hélas! d'implorer son Epoux;
Par les méchants d'insultes accablée,
Doit-elle enfin succomber sous leurs coups?

3. Des loups cruels, ô Dieu! confonds la rage;
Défends, Seigneur, tes fidèles brebis;
De ton troupeau, de ton faible héritage,
Epargne au moins les malheureux débris.

4. Mais c'en est fait: je vois fuir la tempête,
Je vois briller l'aurore d'un beau jour.
Sainte Sion, pour toi quel jour de fête!
De tes enfants célèbre le retour.

5. Sèche tes pleurs, mets un terme à ta plainte;
Non, non, tes murs ne seront point déserts:
Déjà la foule inonde ton enceinte,
Sous tes parvis j'entends mille concerts.

6. O culte saint! l'enfer en vain conspire
Pour diviser ce que tu réunis;
Du Dieu de paix tu rétablis l'empire:
La foi triomphe, il n'est plus d'ennemis.

Mgr. LE TOURNEUR.

## APRÈS LA PERSÉCUTION. (N°ˢ 57. 179.)

1. Des temples saints on rouvre les portiques,
Séchons nos pleurs, infortunés mortels;

Au Roi des cieux adressons nos cantiques,
Qu'un pur encens fume sur ses autels.

2. Cachant, hélas ! errants et solitaires,
De notre foi les signes révérés,
Il nous fallait célébrer nos mystères
Dans des réduits du méchant ignorés.

3. C'est là qu'au Dieu qu'ont adoré les Mages,
Etre clément, immuable, éternel,
Offrant tout bas de timides hommages,
Nous nous jetions dans son sein paternel.

4. Malgré les cris menaçants et sinistres
De l'homme injuste et du blasphémateur,
Là, du vrai culte écoutant les ministres,
Nous retrouvions un Dieu consolateur.

5. Ils ne sont plus, ces jours épouvantables,
Où de Sion les malheureux enfants
Ne rencontraient qu'ennemis inplacables,
Levant sur eux des regards triomphants.

6. Nous ne marchions qu'au bord du précipice ;
On l'a comblé, le fourbe est abattu ;
A la terreur succède la justice,
L'impiété fait place à la vertu.

7. O vous! Seigneur, dont la volonté sainte
Parle à nos cœurs soumis et satisfaits,
Nous pouvons donc, dans cette auguste enceinte,
Unir nos voix pour chanter vos bienfaits !

8. Nous pouvons donc orner de fleurs nouvelles
Le tabernacle à nos yeux présenté,
Et, de la Croix adorateurs fidèles,
Porter son joug avec solennité !

9. Des temps d'effroi le souvenir funeste
Ne trouble point nos esprits éperdus :
Ah ! tout nous dit que l'homme, à qui Dieu reste,
Est consolé des biens qu'il a perdus.

10. Dieu, nous voici dans votre sanctuaire ;
Nous y venons, loin des profanateurs,
Chercher en vous un appui tutélaire,
Et vous prier pour nos persécuteurs.

11. Vous qui donnez la vie à la matière,
Qui d'un seul mot avez produit le jour,
Maître absolu de la nature entière,
Objet sacré de respect et d'amour ;

12. Versez, du haut de l'immortel empire,
L'oubli des maux, l'espérance et la foi ;
Faites, ô Dieu ! que tout ce qui respire
S'unisse à nous pour bénir votre loi.

## POUR UNE DISTRIBUTION DE PRIX. (N<sup>os</sup> 581. 151.)

1. Vers les collines éternelles
Portons nos regards, nos soupirs ;
Que les récompenses mortelles
Réveillent d'immortels désirs !
Qu'il vive dans notre mémoire,
Ce jour désiré des élus,
Où Dieu couronne dans la gloire
Ses propres dons et leurs vertus !

2. Oh ! quel spectacle plein de charmes !
Qu'il est consolant pour nos cœurs !
Dieu lui-même essuira les larmes
De ses fidèles serviteurs.
Chère Sion, ô cité sainte !
Que tes palais sont ravissants !
Ah ! puisses-tu, dans ton enceinte,
Unir un jour tous tes enfants !

3. Doux espoir ! ô brillante aurore !
Quand, fuyant la nuit du tombeau,
Verrons-nous le bonheur éclore
Aux feux de ton divin flambeau ?
Alors, mon Dieu, libres de chaînes,
Assis sur des bords enchantés,
Nous boirons l'oubli de nos peines
Au torrent de tes voluptés.

4. Oui, mon Dieu, voilà ta promesse,
Et le sort heureux qui m'attend ;
Mais je succombe à ma faiblesse,
Sans l'appui de ton bras puissant.

Les vertus qui forment ton trône,
Je puis les chanter en ce jour ;
Mais ton amour seul nous les donne,
Et j'ose implorer ton amour.

## MÊME SUJET. (N° 127.)

### Adieux à Marie.

1. Il faut quitter le sanctuaire
Où j'ai retrouvé le bonheur ;
Mais je veux auprès de ma Mère,
Je veux ici laisser mon cœur.
Je pars : adieu, Mère chérie,
Soyez ma force et mon secours ;
Ah ! que toujours j'aime Marie,
    Toujours. (ter)

2. Temple sacré, dans ton enceinte
J'ai fui loin d'un monde pervers ;
Mais je vais l'affronter sans crainte,
Marie a dompté les enfers ;
Je vais leur déclarer la guerre,
Sûr de vaincre par ses bienfaits :
Jamais je n'oublirai ma Mère,
    Jamais.

3. Cesse, cesse, monde perfide,
De me vanter tes vains plaisirs ;
Mon âme n'en est point avide,
Ailleurs j'ai porté mes désirs.
Le nom d'une Mère chérie
Sera ma force et mon secours ;
Toujours je veux aimer Marie,
    Toujours.

4. Plutôt que de vivre infidèle,
Plutôt que d'abjurer ses lois,
Puisse à l'instant ma main rebelle
Ne pas obéir à ma voix !
Puissent mes yeux de la lumière
Ne plus connaître les bienfaits,
Si je puis oublier ma Mère !
    Jamais.

5. Quand la mort de sa main de glace
Touchera mes membres flétris,
Vous entendrez, Mère de grâce,
Vous entendrez mes derniers cris.
Alors surtout, Mère chérie,
Soyez ma force et mon secours :
Ah ! je vous aimerai, Marie,
  Toujours.

6. Oui, je veux vivre pour ma Mère,
Toujours je veux suivre ses pas ;
Au terme heureux de ma carrière,
Je veux expirer dans ses bras.
Près d'elle enfin, dans la patrie,
Je veux célébrer ses bienfaits,
Heureux de ne quitter Marie
  Jamais.

L'abbé Lefebvre.

## POUR LA VISITE DE Mgr L'ÉVÊQUE. (N° 420.)

1. Conserve-nous longtemps, Seigneur,
  Notre guide fidèle ;
Garde au troupeau son bon pasteur,
  Au juste son modèle.
Comme un miel pur, ta loi toujours
  Découle de sa bouche ;
Et, plus encor que ses discours,
  Son exemple nous touche.

2. Au chrétien laisse encor longtemps
  Le flambeau qui l'éclaire ;
Longtemps encore à ses enfants
  Laisse un si tendre père.
Ne l'appelle à toi que vieillard,
  Diffère son attente ;
Et, si le prix lui vient plus tard,
  Que ta bonté l'augmente.

Mgr Borderies.

# TABLE

## DES COUPES D'*AIRS* SEMBLABLES.

─◆◇◆◇◆◇◆─

### COUPES RÉGULIÈRES DE 8 VERS.

Timbre. — *Cœur de Jésus, cœur à jamais aimable.* N°⁵ 119. 156. 166. 295. 135. 195.
*Heureux qui dès le premier âge.* N°⁵ 31. 33. 46. 76. 121. 151. 168. 178. 197. 237. 249. 257. 278. 284. 296. 297. 303. 306. 319. 321. 324. 330. 337. 370. 381. 414. 64. 157. 307. 405.
*Age pur, aimable saison.* N°⁵ 116. 152. 311. 312. 361. 362. 384.
*Sion de la mélodie.* N°⁵ 42. 52. 147. 148. 177. 208. 256. 275. 309. 313. 339. 386. 399. 413. 1. 20. 128.
*Je mets ma confiance.* N°⁵ 6. 23. 25. 38. 60. 61. 124. 132. 133. 207. 217. 234. 310. 327. 332. 363. 388. 112.
*O divine Enfance.* N°⁵ 220. 270. 308. 348. 341.

### COUPES RÉGULIÈRES DE 4 VERS.

*Est-ce vous que je vois, ô mon Maître adorable.* N°⁵ 41. 45. 114. 263. 317. 353. 354. 358.
*Qu'ils sont aimés, grand Dieu, tes tabernacles.* N°⁵ 34. 37. 53. 71. 100. 104. 105. 109. 134. 162. 169. 170. 172. 179. 180. 184. 189. 206. 216. 221. 223. 235. 240. 242. 258. 265. 276. 277. 282. 290. 291. 356. 372. 373. 380. 403. 416. 419.
*L'Ange de Dieu dit à Marie.* N°⁵ 10. 66. 69. 88. 141. 159. 165. 288. 301. 359. 395. 412.

### COUPES PARTICULIÈRES.

*Aimons Jésus pour nous en croix.* N°⁵ 9. 45. 113. 283. 364. 411.
*A la mort.* N°⁵ 13. 32.
*Allons parer le sanctuaire.* N°⁵ 371. 383.
*Autour de nos sacrés autels.* N°⁵ 212. 274.
*Ayez toujours tendre jeunesse.* N°⁵ 222. 392.
*Bénissez le Seigneur suprême.* N°⁵ 67. 259. 264.
*Bénissons à jamais.* N°⁵ 72. 75.
*Chantons le mystère adorable.* N°⁵ 153. 244.

*Chaste Epoux d'une Vierge Mère.* N°ˢ 157. 406.
*Dans cette étable.* N°ˢ 110. 142. 407.
*Dieu va déployer sa puissance.* N°ˢ 16. 18.
*D'où me vient ce bonheur suprême.* N°ˢ 102. 164.
*D'une Mère chérie.* N°ˢ 323. 405.
*Esprits de la céleste voûte.* N°ˢ 230. 401.
*Hélas! quelle douleur.* N°ˢ 36. 174.
*Heureux qui de la sagesse.* N°ˢ 185. 191.
*Heureux qui dès son enfance.* N°ˢ 7. 289.
*Il faut prier.* N°ˢ 62. 409. 410.
*J'ai péché dès mon enfance.* N°ˢ 12. 173.
*J'engageai ma promesse au baptême.* N°ˢ 118. 130.
*Je viens à vous, Seigneur, instruisez-moi.* N°ˢ 374. 376.
*L'encens divin embaume cet asile.* N°ˢ 107. 171. 322.
*Mon Bien-aimé, le trésor des fidèles.* N°ˢ 218. 248.
*O Dieu! que vous êtes aimable.* N°ˢ 225. 233.
*O mon Jésus! ô mon bien et ma vie.* N°ˢ 181. 226. 268.
*O prodige! ô merveille! un Dieu se sacrifie.* N°ˢ 315. 408.
*O Victime... De tout crime.* N°ˢ 213. 233.
*Peuple infidèle.* N°ˢ 40. 341.
*Pourquoi ces vains complots, ô princes de la terre.* N°ˢ 29. 48. 59. 138. 387.
*Quand l'eau sainte du baptême.* N°ˢ 117. 293.
*Quel spectacle... Le Maître des cieux.* N°ˢ 85. 418.
*Toi qui donnas la vie.* N°ˢ 245. 347.
*Triomphez Reine des cieux.* N°ˢ 139. 401.
*Un Dieu vient se faire entendre.* N°ˢ 1. 20.
*Venez Créateur de nos âmes.* N°ˢ 283. 375.
*Venez divin Messie.* N°ˢ 140. 144.
*Venez, ô doux Jésus! hâtez-vous de paraître.* N°ˢ 246. 247.
*Viens dans nous don de Sagesse.* N°ˢ 57. 214.

# TABLE ALPHABÉTIQUE GÉNÉRALE

## A

| | Pag. | Airs | | Pag. | Airs |
|---|---|---|---|---|---|
| Accourez, heureux enf. | 371 | 139 | Aux chants de la vict. | 427 | 294 |
| Accourez, ô troupe | 403 | 278 | Avec transport | 467 | 300 |
| Adore Dieu, respecte | 70 | 26 | A votre école, divin | 557 | 412 |
| Adorons ici notre Dieu | 135 | 91 | Ayez toujours, tendre | 390 | 222 |
| Adorons le Seigneur | 304 | 238 | | | |
| Adorons sous ce nuage | 289 | 214 | **B** | | |
| Adorons tous dans ce | 135 | 89 | | | |
| Adorons tous sur cet | 310 | 384 | Beau ciel, éternelle | 54 | 22 |
| Adressons notre | 508 | 327 | Beau mois de mai | 482 | 65 |
| Age pur, aimable | 173 | 116 | Bénissez le divin Maît. | 238 | 177 |
| Aimons Jésus | 95 | 45 | Bénissez le Seigneur | 118 | 67 |
| A la Mère d'amour | 514 | 351 | Bénissons à jamais | 122 | 72 |
| A la mort | 41 | 13 | Bénissons en ce jour | 514 | 75 |
| Allons parer le sanct. | 545 | 371 | Bergers une voix vous | 363 | 395 |
| Amour divin, ô sagesse | 321 | 253 | Bien que mes yeux ne | 309 | 163 |
| Amour, honn. et gloire | 138 | 95 | Bravons les enfers | 101 | 50 |
| Amour, hon. louanges | 178 | 144 | Brûlons d'ardeur | 58 | 24 |
| Amour, reconnaiss. | 528 | 305 | | | |
| Ange gardien je vous | 117 | 66 | **C** | | |
| Anges, applaudissez | 158 | 317 | | | |
| Après le cours heur. | 43 | 15 | Ce bas séjour n'est | 256 | 189 |
| Après mille tourments | 408 | 283 | Cédons mon âme | 332 | 258 |
| A quoi te serviront | 527 | 317 | Célébrons ce grand jour | 338 | 387 |
| Armons-nous, la voix | 100 | 49 | Célébrons la victoire | 97 | 47 |
| Assis sur des trônes | 437 | 278 | Célestes chœurs anges | 303 | 235 |
| A tes pieds, Dieu que | 86 | 51 | Ce saint confesseur | 539 | 366 |
| Au déclin de ce jour | 242 | 182 | Cesse tes concerts fun. | 184 | 118 |
| Au Dieu d'amour | 172 | 123 | C'est dans ton sein | 506 | 219 |
| Au Dieu de l'univers | 231 | 5 | C'est le mois de Marie | 481 | 323 |
| Au fond des brûlants | 201 | 51 | C'est trop longtemps | 394 | 273 |
| Au fond de vos tristes | 348 | 392 | C'est votre Dieu | 191 | 82 |
| Au sang qu'un Dieu va | 91 | 42 | Chantez ma voix | 421 | 290 |
| Au Seigneur Dieu des | 438 | 304 | Chantons en ce jour | 154 | 108 |
| Auteur des temps et de | 384 | 269 | Chantons en chœur | 301 | 232 |
| Autour de nos sacrés | 286 | 242 | Chantons la Reine des | 461 | 149 |

| | Pag. | Airs | | Pag. | Airs |
|---|---|---|---|---|---|
| Chantons le mystère | 197 | 153 | De quel éclat ravissant | 488 | 101 |
| Chantons l'enfance | 389 | 407 | Descendez divin Messie | 353 | 393 |
| Chantons les combats | 434 | 303 | Descends des cieux | 280 | 206 |
| Ch. l'heureuse naiss. | 369 | 399 | Des feux de la brillante | 239 | 178 |
| Ch. mortels de nos | 289 | 215 | Dès que cette Vierge | 466 | 326 |
| Ch. mortels l'amour | 423 | 292 | Dès que la naissante | 519 | 355 |
| Chantons un cantique | 186 | 150 | Des sombres lieux | 140 | 82 |
| Chaste époux | 220 | 157 | Des temples saints | 561 | 179 |
| Chère Sion | 191 | 154 | Des temps marqués | 347 | 37 |
| Chrétiens c'est à la | 78 | 67 | De tes enfants reçois | 441 | 307 |
| Chrétiens de la Mère | 481 | 331 | Devant l'autel, trône | 310 | 272 |
| Chr. oh! l'heureuse | 23 | 2 | Dieu d'amour En ce jour | 101 | 55 |
| Chrétien sois dans | 425 | 293 | Dieu d'amour un monde | 102 | 122 |
| Chrétiens, quel spect. | 290 | 122 | Dieu de bonté d'un cœur | 260 | 292 |
| Ciel! quel auguste | 297 | 230 | Dieu descend sur cet | 131 | 81 |
| Cieux tressaillez | 291 | 216 | Dieu des vertus | 546 | 372 |
| Cœur de Jésus | 198 | 156 | Dieu rempli de bonté | 555 | 17 |
| Cœur sacré de Marie | 211 | 133 | Dieu sensible à nos | 368 | 398 |
| Comblez mes vœux | 319 | 251 | Dieu tout aimable | 391 | 142 |
| Comme au réveil | 243 | 215 | Dieu va déployer sa | 45 | 46 |
| Comment douter de ta | 429 | 297 | Disciple que Jésus | 379 | 114 |
| Comment goûter | 81 | 35 | Disparaissez pourpre | 406 | 281 |
| Conserve-nous | 565 | 420 | Divin Enfant Devant | 373 | 261 |
| Conservez-moi dans | 560 | 379 | Divin Enfant exaucez | 375 | 262 |
| Contemple, ô ciel! | 291 | 218 | Divin Jésus | 145 | 82 |
| Courbons nos fronts | 135 | 90 | Divine Consolatrice | 509 | 349 |
| Croix auguste | 96 | 46 | Douce espérance | 349 | 142 |
| Cruel hiver saison | 374 | 216 | D'où me vient ce bonh. | 144 | 164 |
| | | | Du céleste séjour | 308 | 39 |
| **D** | | | Du ciel brillant | 372 | 215 |
| | | | Du ciel hâte-toi de | 108 | 155 |
| Dans ce beau mois | 484 | 322 | Du Dieu d'amour | 346 | 390 |
| Dans ce profond myst. | 136 | 161 | Du haut du céleste | 207 | 126 |
| Dans ce séjour de l'inn. | 446 | 371 | D'un amour extrême | 279 | 205 |
| Dans cette étable | 177 | 142 | D'un Dieu plongé dans | 433 | 302 |
| Dans les transports | 112 | 171 | D'une douce harmonie | 364 | 396 |
| Dans nos concerts | 212 | 62 | D'une mère chérie | 470 | 323 |
| Dans une paisible retr. | 432 | 10 | D'un mortel la voix | 292 | 148 |
| De ce profond | 84 | 37 | D'un peuple élu mère | 72 | 31 |
| De Jésus la tendre | 456 | 316 | Du sein des sombres | 202 | 52 |
| De la sainte patrie | 291 | 217 | Du séjour de la gloire | 56 | 23 |
| De l'homme ici-bas la | 245 | 383 | Du triste poids qui | 76 | 168 |
| Délivre-moi, Seigneur | 250 | 190 | | | |
| De mai le soleil radieux | 485 | 331 | **E** | | |
| De notre Dieu c'est auj. | 422 | 291 | | | |
| De nouveaux feux | 385 | 168 | Ecoutez la plainte | 504 | 344 |

|  | Pag. | Airs. |  | Pag. | Airs. |
|---|---|---|---|---|---|
| Enfants de la plus | 468 | 321 | Honneur, hommage | 301 | 80 |
| Enfant d'un Dieu | 550 | 154 | Humilité | 277 | 411 |
| Enfin de son tonnerre | 215 | 132 | | | |
| Entendrons-nous | 249 | 188 | **I** | | |
| Entends, mon fils, la | 407 | 356 | | | |
| Entonnons, chrétiens | 171 | 122 | Il est minuit | 341 | 223 |
| Esprit d'amour | 556 | 375 | Il est né ce divin | 365 | 397 |
| Esprit divin, céleste | 556 | 373 | Il est vivant et l'univers | 313 | 135 |
| Esprit divin dont les | 557 | 376 | Il faut prier | 113 | 62 |
| Esprit-Saint comblez | 105 | 56 | Il faut quitter le sanct. | 564 | 127 |
| Esprit-Saint descendez | 103 | 54 | Illustre saint qui dans | 534 | 364 |
| Esprit-S. Dieu de lum. | 119 | 289 | Il me semble le voir | 46 | 17 |
| Esprit-S. Dieu de vérité | 559 | 417 | Il n'est pas loin l'heur. | 352 | 411 |
| Esprits de la céleste | 518 | 404 | Il n'est pour moi qu'un | 266 | 154 |
| Est-ce vous que je vois | 93 | 43 | Il n'est qu'un Dieu | 69 | 30 |
| Éternel vengeur du | 401 | 160 | Immortelle Sion de ton | 518 | 354 |
| Etienne de Jésus la | 378 | 263 | Incomparables chefs | 537 | 408 |
| Eveillons l'écho des | 366 | 414 | Issu du sang des rois | 523 | 358 |
| **F** | | | **J** | | |
| Fortunés habitants | 534 | 364 | | | |
| Fuyez, fuyez | 304 | 237 | J'ai péché dès mon enf. | 37 | 173 |
| | | | Je crois en vous | 560 | 10 |
| **G** | | | Je mets ma confiance | 303 | 124 |
| | | | J'engageai ma promesse | 165 | 118 |
| Gloire à Jésus dans la | 141 | 82 | J'entends là-bas dans | 369 | 400 |
| Goûtez, âmes ferventes | 158 | 112 | J'espère en vous | 259 | 409 |
| Grâce, grâce Seigneur | 89 | 41 | Jésus charme ma solit. | 272 | 201 |
| Grand saint le prince | 524 | 151 | Jésus-Christ ô tendre | 334 | 259 |
| | | | Jésus dans les desseins | 539 | 315 |
| **H** | | | Jésus est la bonté même | 267 | 42 |
| | | | Jésus paraît en vainq. | 185 | 149 |
| Hélas ! j'ai vécu sans | 398 | 35 | Jésus quitte son trône | 325 | 161 |
| Hélas ! quelle douleur | 83 | 36 | Jésus vient en ces | 133 | 86 |
| Héros sacrés du Roi | 537 | 67 | Jetez un œil favorable | 441 | 160 |
| Heureux enfants acc. | 529 | 360 | Jeunes chrétiens voici | 418 | 122 |
| Heureux moment jour | 330 | 90 | Je veux célébrer par | 208 | 130 |
| Heureux qui de la sag. | 252 | 191 | Je viens à vous Seigu. | 556 | 374 |
| Heureux qui de l'opul. | 282 | 208 | Je vois s'ouvrir | 308 | 242 |
| Heureux qui dès le | 209 | 168 | Je vous adore en silence | 304 | 239 |
| Heureux qui dès son enf. | 31 | 365 | Je vous salue aug.et div. | 474 | 325 |
| Heureux qui du cœur | 471 | 324 | Je vous salue aug. et s | 211 | 154 |
| Heur. qui fait paraître | 60 | 25 | Joignons-nous aux | 383 | 263 |
| Heureux qui goûte | 116 | 64 | Jour heureux, sainte | 168 | 120 |
| Honneur au Monarque | 134 | 87 | Jour mille fois heureux | 207 | 129 |

|   | Pag. | Aire |
|---|---|---|
| **L** | | |
| La jeune fleur flétrie | 486 | 332 |
| La mort peut de son | 456 | 132 |
| La mort toujours peut | 39 | 67 |
| L'ange de Dieu dit à | 120 | 68 |
| L'astre du j. commence | 239 | 179 |
| L'astre du jour du haut | 242 | 181 |
| La troupe angélique | 364 | 205 |
| L'aurore fuit et le | 241 | 180 |
| La Vierge monte en son | 543 | 369 |
| Le ciel s'ouvre à nos | 542 | 367 |
| Le cœur brisé par la | 312 | 243 |
| Le Dieu puissant | 395 | 274 |
| Le Dieu que nos soupirs | 176 | 141 |
| Le Dieu qui dans les | 129 | 79 |
| Le don de notre cœur | 247 | 186 |
| Le Fils du Roi de gloire | 178 | 143 |
| Le monde en vain par | 149 | 104 |
| Le monde par mille | 65 | 28 |
| L'encens divin | 153 | 107 |
| Le Roi des rois quitte | 292 | 202 |
| Les cieux, la terre | 475 | 135 |
| Le Seigneur a régné | 90 | 48 |
| Le Seigneur donne | 335 | 260 |
| Le soleil vient de | 121 | 71 |
| Le temps de la jeunesse | 30 | 167 |
| L'Eternel voilant sa | 128 | 77 |
| Le voici l'agneau si | 323 | 382 |
| L'heureux jour, ô mon | 336 | 245 |
| Lorsque tout dort | 244 | 184 |
| Louange, gloire | 70 | 284 |
| Louez, chantez le | 345 | 139 |
| Louez, innocente jeune. | 341 | 136 |
| Louez le Dieu de Sion | 344 | 56 |
| **M** | | |
| Malheureuses créatures | 48 | 160 |
| Malheureux où vas-tu | 161 | 114 |
| Marie aux regards des | 450 | 311 |
| Mère de Dieu du monde | 505 | 172 |
| Mère... quelle magn. | 512 | 171 |
| Mère du Dieu Sauveur | 504 | 86 |
| Mère du Fils, fille du | 224 | 159 |
| Mon amour et mon esp- | 502 | 342 |

|   | Pag. | Aire |
|---|---|---|
| Mon bien-aimé le trés. | 316 | 248 |
| Mon cœur en ce jour | 159 | 113 |
| Mon cœur soupire dès | 317 | 249 |
| Mon Dieu, mon cœur | 35 | 11 |
| Mon Dieu quelle guerre | 276 | 203 |
| Mon doux Jés. d'un cœur | 269 | 267 |
| Mon doux Jésus enfin | 139 | 93 |
| Mon doux Jésus viens | 309 | 416 |
| Mon Fils pour apprend. | 558 | 377 |
| Mortels dans un prof. | 293 | 219 |
| Mortels écoutez vos | 440 | 160 |
| **N** | | |
| Ne gémis plus ô terre | 294 | 221 |
| Ne me traitez pas | 139 | 163 |
| Nous n'avons à faire | 33 | 8 |
| Nous passons comme | 39 | 67 |
| Nous soupirons vers | 478 | 98 |
| Nous te louons, Seign. | 345 | 389 |
| Nuit entre toutes bén. | 357 | 239 |
| **O** | | |
| O ciel! quel miracle | 294 | 220 |
| O cœur divin, Cœur | 430 | 298 |
| O cœur si bon de la | 473 | 154 |
| O croix! cher gage | 105 | 280 |
| O Dieu de clémence | 347 | 391 |
| O Dieu dont je tiens | 112 | 60 |
| O Dieu dont la provid. | 121 | 70 |
| O Dieu du pur amour | 420 | 36 |
| O Dieu! quelles merv. | 533 | 363 |
| O Dieu! que vous êtes | 297 | 225 |
| O digne objet de mes | 265 | 198 |
| O divine Enfance | 387 | 270 |
| O divine Eucharistie | 308 | 236 |
| O divine Marie, Encore | 419 | 310 |
| O div. Mar. mère tendre | 513 | 236 |
| O divine Sagesse | 356 | 144 |
| O douce Providence | 258 | 340 |
| O doux Jésus, ô salut. | 134 | 89 |
| O doux mom. oh! quel | 325 | 163 |
| O doux mom., ô raviss. | 295 | 223 |
| O faveur inestimable | 324 | 255 |
| O Fils de Dieu | 428 | 295 |

| | Pag. | Airs | | Pag. | Airs |
|---|---|---|---|---|---|
| Oh! que je suis heureux | 147 | 103 | **P** | | |
| Oh! qu'il fait beau voir | 452 | 3 | | | |
| Oh! si l'on pouvait bien | 34 | 10 | Pardessus tout aim. | 273 | 202 |
| O Jésus, aimable vict. | 295 | 222 | Par les chants les plus | 195 | 76 |
| O jour heureux pour | 320 | 252 | Parmi les doux transp. | 169 | 121 |
| O Marie, espoir des | 140 | 99 | Par un accent prophét. | 453 | 313 |
| O Marie, Qu'on publie | 464 | 383 | Par un amour inconcev. | 312 | 244 |
| O Mère chérie Du Dieu | 448 | 308 | Pauvre pécheur reviens | 74 | 125 |
| O mois heureux | 483 | 199 | Pécheurs ne troublez | 229 | 58 |
| O mon Jésus! ô mon | 382 | 225 | Pécheur un temps fav. | 393 | 128 |
| O mon Sauveur | 268 | 199 | Pendant ces jours de | 402 | 279 |
| O nuit charmante | 358 | 280 | Perçant les voiles de | 197 | 155 |
| O nuit toute de charmes | 356 | 144 | Permettras-tu que ton | 561 | 380 |
| O peuples de la terre | 344 | 388 | Peuple fidèle | 411 | 285 |
| O prodige d'amour Inef. | 138 | 98 | Peuple infidèle | 88 | 40 |
| O prod. d'am. spectacle | 123 | 74 | Plaisirs inouïs | 25 | 3 |
| O prodige! ô merveille | 155 | 315 | Pleins d'un respect | 124 | 89 |
| O prodige! ô mystère | 132 | 83 | Pleurez mes yeux | 408 | 282 |
| O prodige! ô puissance | 296 | 194 | Pour prix d'une danse | 522 | 357 |
| Ornons de fleurs notre | 469 | 322 | Pourquoi cette vive | 511 | 350 |
| O Roi des cieux | 137 | 94 | Pourquoi ces vains | 66 | 29 |
| O saint autel qu'envir. | 155 | 109 | Pourquoi différer sans | 397 | 275 |
| O sainte croix signe | 405 | 261 | Pour trouver le Seign. | 284 | 209 |
| O sainte Hostie | 137 | 97 | Princes illustres de | 525 | 359 |
| O Saint-Esprit daigne | 417 | 288 | Profondeur, abîme | 431 | 299 |
| O Saint-Esprit donnez | 103 | 53 | Prosternés au pied | 129 | 78 |
| O Saint-Esprit Roi glor. | 416 | 287 | Prosternez-vous l'heur. | 299 | 227 |
| O seul ami que j'adore | 311 | 184 | Prosternons-nous | 307 | 125 |
| O terre! ô cieux | 302 | 233 | Puisque mon cœur | 261 | 197 |
| O toi céleste intelligence | 117 | 65 | Puisque, ô Jésus | 326 | 436 |
| O toi de qui nous fêt. | 522 | 373 | Puissante protectrice | 477 | 6 |
| O toi qui lis dans le | 166 | 166 | Puissant Roi des rois | 94 | 44 |
| O toi qui me donnas la | 263 | 371 | Puniras-tu, Seigneur | 399 | 276 |
| O toi qu'un voile épais | 190 | 165 | | | |
| Oui, c'est Jésus qui | 298 | 226 | **Q** | | |
| Où puis-je me cacher | 38 | 17 | | | |
| Où va ma mère | 459 | 281 | Quand de la terre où | 53 | 21 |
| Ouvrages du Seigneur | 236 | 176 | Quand je me dis ô ma | 499 | 346 |
| Ouvrez-vous, portes | 463 | 319 | Quand l'eau sainte du | 164 | 117 |
| O victime d'amour | 307 | 241 | Quand vous contemple. | 255 | 194 |
| O victime... daignez | 315 | 383 | Que cette voûte retent. | 134 | 88 |
| O victime... ô Jésus | 288 | 213 | Que j'aime ce divin Enf. | 182 | 146 |
| O Vierge des vierges | 451 | 312 | Que j'aime ton heureux | 541 | 368 |
| O vous dont les tendres | 388 | 271 | Que je me plais dans | 548 | 297 |
| O vous qui contemplez | 517 | 353 | Que Jésus est un bon | 64 | 27 |

|  | Pag. | Airs. |
|---|---|---|
| Que je te plains péch. | 252 | 192 |
| Quel beau jour vient | 216 | 138 |
| Quel bonheur inestim. | 184 | 20 |
| Quel charme vainqueur | 244 | 185 |
| Que le monde | 515 | 352 |
| Que les conquérants de | 382 | 267 |
| Quel est ce roi qui dans | 413 | 202 |
| Quel feu s'allume dans | 169 | 58 |
| Quelle est cette aurore | 443 | 306 |
| Quelle est la voix ench. | 318 | 250 |
| Quelle étonnante merv. | 337 | 386 |
| Quelle fatale erreur | 253 | 193 |
| Quelle merveille | 354 | 394 |
| Quelle nouvelle et sainte | 111 | 122 |
| Quel noble feu | 150 | 106 |
| Quel objet adorable | 302 | 234 |
| Quel prodige vient | 520 | 31 |
| Quels accords | 436 | 286 |
| Quel spectacle le maître | 132 | 85 |
| Quel spectacle nouveau | 285 | 211 |
| Quel spectacle s'offre à | 188 | 151 |
| Quels traits de feu | 359 | 202 |
| Que ne puis-je, ô Roi de | 329 | 256 |
| Que tout cède à la foi | 115 | 63 |
| Qu'ils sont aimés | 149 | 105 |
| Quoi ! dans les temples | 543 | 370 |
| Qu'une vive allégresse | 477 | 328 |

### R

|  |  |  |
|---|---|---|
| Rayon précurseur de | 532 | 406 |
| Recueillons-nous la | 130 | 80 |
| Reine des cieux de notre | 497 | 340 |
| Reine… exilés sur la | 212 | 135 |
| Reine du ciel, ô divine | 487 | 291 |
| Rendons à Dieu toute | 157 | 111 |
| Reviens, pécheur | 79 | 34 |

### S

|  |  |  |
|---|---|---|
| Sainte cité, demeure | 55 | 171 |
| Sainte Marie, Mère | 491 | 334 |
| Sainte Religion, dans | 540 | 315 |
| Saintes cohortes | 465 | 285 |
| Sais-tu ma douce | 505 | 345 |
| Salut blanche étoile | 474 | 326 |

|  | Pag. | Airs. |
|---|---|---|
| Salut, douce Marie | 501 | 61 |
| Salut, ô beau mois de | 479 | 330 |
| Salut ô croix | 405 | 172 |
| Salut, salut, divine | 306 | 240 |
| Sans hésiter et d'une | 115 | 89 |
| Sans pitié verrons-nous | 139 | 305 |
| Seigneur, à peine | 384 | 265 |
| Seigneur, dans ta gloire | 257 | 196 |
| Seigneur dès ma prem. | 122 | 73 |
| Seigneur Dieu de clém. | 85 | 6 |
| Seigneur Dieu dont la | 213 | 137 |
| Si la chasteté vous | 278 | 204 |
| Silence ciel… demeurez | 179 | 145 |
| Silence ciel… Le plus | 131 | 84 |
| Sion, de ta mélodie | 497 | 339 |
| Sortez, bergers, de | 362 | 2 |
| Sortez peuples heureux | 553 | 353 |
| Soupirons, gémissons | 162 | 115 |
| Sous ce dehors obscur | 130 | 92 |
| Sous ces symboles | 306 | 231 |
| Sous le firmament | 26 | 4 |
| Souvenez-vous, chrét. | 42 | 14 |
| Souvenez-vous ô tendre | 477 | 329 |
| Souveraine aimable | 516 | 360 |
| Souveraine des Anges | 476 | 327 |
| Soyons remplis d'allég. | 148 | 309 |
| Spectacle ravissant | 305 | 86 |
| Suivons les Rois dans | 183 | 147 |
| Suivons sur la montagne | 222 | 158 |
| Sur ce que je vais faire | 112 | 61 |
| Sur cet autel, ah ! que | 131 | 82 |
| Sur cet autel avec | 300 | 229 |
| Sur cet autel Le Fils de | 295 | 224 |
| Sur les Apôtres | 189 | 152 |

### T

|  |  |  |
|---|---|---|
| Téméraire ennemi | 520 | 357 |
| Temples sacrés, divins | 549 | 415 |
| Temple témoin de | 546 | 200 |
| Tendre jeunesse | 248 | 187 |
| Tendre Marie | 500 | 341 |
| Toi dont la puissance | 331 | 157 |
| Toi qui donnas la vie | 509 | 347 |
| Toi qui m'ouvres les | 299 | 228 |
| Toujours, toujours | 496 | 338 |

|  | Pag. | Airs. |
|---|---|---|
| Tout l'univers est plein | 230 | 175 |
| Tout n'est que vanité | 27 | 5 |
| Tout par Marie | 490 | 154 |
| Travaillez à votre salut | 34 | 9 |
| Tremblez, habitants de | 47 | 18 |
| Triomphez, Reine des | 219 | 139 |
| Triomphez, victimes | 380 | 264 |
| Trop heureux enfants | 495 | 337 |
| Troupe innocente | 156 | 110 |
| Tu vas remplir le vœu | 142 | 162 |

### U

|  | Pag. | Airs. |
|---|---|---|
| Un ange au nom du | 119 | 139 |
| Un ange ayant dit à | 218 | 136 |
| Un autre jour en cet | 243 | 183 |
| Un Dieu paraît | 305 | 84 |
| Un Dieu vient se faire | 22 | 1 |
| Un fantôme brillant | 87 | 39 |
| Unis aux concerts des | 206 | 128 |
| Un nouvel astre | 441 | 248 |

### V

|  | Pag. | Airs. |
|---|---|---|
| Venez, Créateur de | 416 | 286 |
| Venez, divin Messie | 175 | 140 |
| Venez, Esprit-Saint | 559 | 378 |

|  | Pag. | Airs. |
|---|---|---|
| Venez, Jésus, venez | 321 | 254 |
| Venez, ô doux Jésus | 315 | 246 |
| Vers les collines | 563 | 381 |
| Vers tes autels | 507 | 333 |
| Victime sublime | 137 | 96 |
| Viens dans nous, don | 106 | 57 |
| Viens pécheur et vois | 457 | 46 |
| Viens, viens à moi | 494 | 170 |
| Vierge des vierges la | 460 | 318 |
| Vierge Marie aimable | 500 | 65 |
| Vierge Marie, daigne | 492 | 336 |
| Vierge sainte, rose | 205 | 127 |
| Vierge tutélaire | 492 | 335 |
| Vive Jésus, c'est le cri | 62 | 26 |
| Vive notre aimable | 63 | 150 |
| Voici les jours de la | 551 | 151 |
| Voici l'étendard glor. | 401 | » |
| Voilà donc mon partage | 280 | 207 |
| Vole au plus tôt | 431 | 300 |
| Votre Fils, ô Marie | 314 | 245 |
| Vous de qui nous tenons | 592 | » |
| Vous dont le trône | 284 | 210 |
| Vous m'ordonnez | 143 | 101 |
| Vous qu'en ces lieux | 202 | 125 |
| Vous que rassemble | 270 | 200 |
| Vous qui ourez sans | 250 | 189 |
| Vous qui régn. dans la gl. | 535 | 7 |
| Vous... dans la patrie | 503 | 343 |

# TABLE DES MATIÈRES (*).

## INTRODUCTION.

Chant des louanges de Dieu, 229. — Cantique du matin, 112. 239. — De midi, 243. — Du soir, 121. 242. — De la nuit, 244.— Dieu béni dans ses œuvres, 118. 231.

## VÉRITÉS GÉNÉRALES.

Monde, 20. 244. 249. — Service de Dieu, 247. — Id. dans la jeunesse, 30. 248. — Loi du Seigneur, 245. — Bonheur des justes, 252. — Béatitudes et malédictions, 282. — Providence, 258.— Salut, 33. — Péché, 34. — Fins dernières, 250. — Mort, 39. — Mort du juste, 43. — Mort du pécheur, 252. — Jugement dernier, 45. — Enfer, 47. 253. — Paradis, 53. 255. — Appel au pécheur, 74. 79. 393. — Retour du pécheur, 81. 89. 139. 398. — Croyance chrétienne, 69. — Commandements, 70. — Sacrements, 72. — Confession, 76. — Saint Sacrifice, 123. 285. — Elévation et Bénédiction, 128. 288. — Communion, 141. 316. — Première Communion, 150. 155. 334. — Vœux du baptême, 164. — Indigne communion, 161. — Amende honorable, 162. — Confirmation, 103. 416. 189. — Persévérance, 168. 555. — Tentation, 166. 276. —Résolution, 102. 159. — Combat spirituel, 100. — Respect humain, 101. — Actions de grâces, 122. 171. 343. — Vertus théologales, 115. — Foi, 115. — Espérance, 259. — Charité : Amour de Dieu, 58. 116. 122. 261. — Dieu seul, 266. — Amour du prochain, 273. — Connaissance de Jésus, 60.—Nom de Jésus, 62. 382. — Jésus bon Pasteur, 268. — Amour à Jésus, 63. 269. 272. — Ingratitude envers Jésus, 267. 88. — Jésus et Marie, 270. — Ferveur, 158. — Travail, 112. — Prière, 113. 284. 474. Humilité, 277. — Chasteté, 278.—Modestie, 280. — Souffrances, 260. — Triomphe de l'Eglise, 66.

## TEMPS ET FÊTES DE L'ANNÉE.

Avent, 175. 347. — Noël, 177. 311. 354. — Noël des enfants, 371. — Litanies de l'Enfant-Jésus, 375.—Circoncision, 381. 183,

(*) Les chiffres désignent la *Page*, qui, souvent, ouvre une série de cantiques sur le même sujet.

— Premier jour de l'An, 384. — Les Rois, 183. 385. — Présentation de Jésus, 455. — Sainte Enfance, 387. — Sainte Famille, 391.— Carême, 392. 139. 312. — Jeudi-Saint, 312. 421. 195. — Passion, 91. 401. 407. — Sainte Croix, 95. 403. — Couronne d'épines, etc., 406.—Jésus mourant, 407.—Pâques, 184. 408. 313. — Ascension, 188. 113. 53. — Pentecôte, 189. 416. — Trinité, 190. — Fête-Dieu, 191. 138. 421. — Présence réelle, 429. — Sacré-Cœur de Jésus, 197. 430.

MARIE. Immaculée Conception, 215. 441. — Nativité, 216. 444. — Présentation, 443. — Annonciation, 450. 176. — Visitation, 451. — Cantique, 218. 453. — Purification, 455. — Compassion, 456. — Assomption, 458, 219. 503. — Rosaire, 468. 224. — Nom de Marie, 212. — Saint Cœur de Marie, 211. 471. — Mois de Marie, 479. — Archi-Confrérie, 473. — Le pécheur à Marie, 504. — L'enfance à Marie, 508. — N.-D. de Consolation, 509. — Litanies, 213. — Une couronne à Marie, 511. — Fête à Marie, 512. — Consécration à Marie, 207. 505. 512. — Louanges et prières à Marie, 205. 314. 140. 470. 487. 564.

Saints Anges, 517. — Ange Gardien, 117. 518. — Saint Jean-Baptiste, 520. — Décollation, 522. — Saint Joseph, 220. 523. — Saint Pierre, 524. — Saint Pierre et saint Paul, 525. — Conversion de saint Paul, 526. — Saint Etienne, 378. — Saint Jean, ap., 379. — Les Saints Innocents, 380. — Saint François Xavier, 527. — Saint Vincent de Paul, 528. — Saint Louis de Gonzague, 529. — Sainte Anne, 532. — Sainte Philomène, 533. — Saints Patrons, 534. — Apôtres, 537. — Martyrs, 537. — Confesseurs, 539. — Pontifes, 539. — Docteurs, 540 — Solitaires, 541. — Vierges, 542. — Vierge martyre, 543. — Toussaint, 434, 53. — Saintes Reliques, 437. — Les Morts, 201. 140. 315. 438. — Dédicace, 543. — Soin des autels, 515. — Irrévérences dans les églises, 549.

Les 7 Cantiques indulgenciés, 372. 407. 417. 499. 502. 505. 518

## SUJETS DE CIRCONSTANCE.

Mission, Jubilé, Retraite, 22. 550. — Avant le sermon, 103. 556. — Après le sermon, 557. — Départ du matin, 112. — Départ du soir, 119. 121. 242. — Fin d'office, 122. 343. 514.— Plantation de Croix, 97. 401.—Chemin de la Croix, 221.—Messe à l'autel de N. D., 314. — Bénédiction des enfants, 173. — OEuvre de la sainte Enfance, 387. 375. — Propagation de la foi, 527. — Réunion de charité, 528. Pour les Catéchismes, 557. — Temps de persécution, 66. 561. — Après la persécution, 561. — Distribution de prix, 563. — Adieux à Marie, 564. 203. — Visite de Mgr l'Evêque, 565.

# PIÈCES LITURGIQUES

Traduites, paraphrasées ou imitées.

adoro te, 123. — Alma Redemptoris, 475. — Angelus, 119. — Audi benigne, 392. — Ave Maria, 474. — Ave, maris stella, 474. — Ave, Regina cœlorum, 476. — Benedictus es, Domine (Cant.), 231. — Cantemus Domino, 171. — De profundis, ps. 84, — Domine, non secundùm, 139. — Domine, quis habitabit, ps. 257. — Exurgat Deus, ps. 99. — Iste Confessor, 539. — Languentibus, 140. — Lauda Sion, 195. Laudate Dominum, ps. 343. — Laudate, pueri, ps. 841. — Libera me, 250. — Litaniæ B. Mariæ Virginis, 213. 478. — Magnificat, 218. 453. 326. — Memorare, 477. — Miserere, ps. 89. — Nunc dimittis, 456. — O filii, 186. — O Salutaris, 291. 296. 299. — O Sapientia (Ant.), 350. — Pange lingua, 421. — Pater, 284. — Quàm dilecta, ps. 149. 546 — Quarè fremuerunt gentes, ps. 66. — Regina cœli, 477. Salve Regina, 211. — Salvete flores (Hymne), 380. — Stabat, 456. — Statuta (Hymne), 347. — Sub tuum, 477. — Te Deum, 345. — Veni Creator, 108. 416. — Veni Sancte Spiritus (Prose), 417. — Veni Sancte Spiritus (Ant.), 559. — Vexilla. 401. 402. — Virgo Dei Genitrix, 506. — Hymnes modernes, 378. 379. 382. 451. 455. 458. 522. 523. 525. 537. 539. 540. 542.

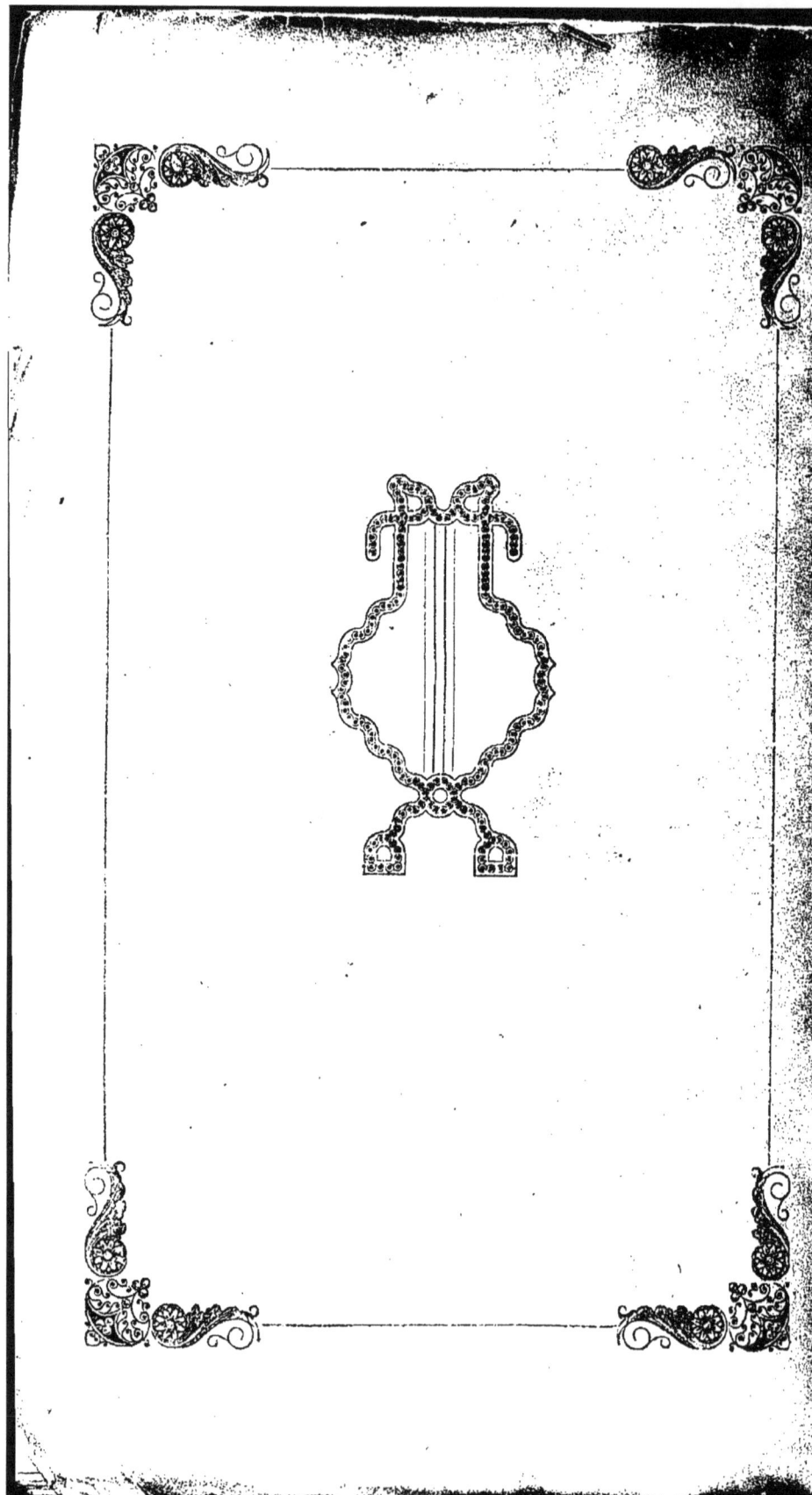

www.ingramcontent.com/pod-product-compliance
Lightning Source LLC
Chambersburg PA
CBHW050746170426
43202CB00013B/2320